社会工作督导系列培训教材
中国社会工作教育协会社会工作督导专业委员会 编写

SHEHUI GONGZUO DUDAO
SHIWU ANLI FENXI

社会工作督导
实务案例分析

黄 红 李晓凤
主 编

中国社会出版社
国家一级出版社·全国百佳图书出版单位

图书在版编目（CIP）数据

社会工作督导实务案例分析 / 黄红、李晓凤主编 . —北京 ：中国社会出版社，2018.7（2024.9 重印）

社会工作督导系列培训教材

ISBN 978-7-5087-6037-7

Ⅰ. ①社… Ⅱ. ①黄… ②李… Ⅲ. ①社会工作－监督－案例－教材 Ⅳ. ①C916

中国版本图书馆 CIP 数据核字（2018）第 165808 号

社会工作督导实务案例分析

出 版 人：程 伟

终 审 人：李 浩

责任编辑：杨 晖 张 杰 李林凤

装帧设计：时 捷

出版发行：中国社会出版社

（北京市西城区二龙路甲 33 号 邮编 100032）

印刷装订：北京九州迅驰传媒文化有限公司

版 次：2019 年 4 月第 1 版

印 次：2024 年 9 月第 2 次印刷

开 本：170mm × 240mm 1/16

字 数：260 千字

印 张：18.25

定 价：50.00 元

社会工作督导系列培训教材
编委会

总 序

2015年李克强总理在《政府工作报告》中提出“发展”专业社会工作，这是继党的十六届六中全会提出的“建设一支宏大的社会工作人才队伍”战略部署后，中央再一次就发展专业社会工作作出明确政策安排。2016年李克强总理在《政府工作报告》中强调要“支持”专业社会工作发展，2017年和2018年李克强总理在《政府工作报告》中又提出“促进”专业社会工作的发展，这对整个社会工作发展、加强和创新社会治理都具有非常重大的意义，标志着专业社会工作发展进一步进入国家决策层面，并成为保障改善民生、加强社会建设和创新社会治理的重要手段。

社会工作督导是专业社会工作发展的重要组成部分，也是社会建设和创新社会治理的重要环节，社会工作督导队伍是社会工作人才队伍建设的关键和核心元素。2012年3月，19部门联合发布的《社会工作专业人才队伍建设中长期规划（2011—2020年)》中明确提出培养8万名社会工作督导人才的目标；2015年9月，中国社会工作联合会出台了《注册社会工作督导培训标准体系（试行)》文件。2009年至今，各省市为推动社会工作督导的发展，相继出台了近四十个相关的政策和指导意见，其中包括社会工作督导人才资质、选拔、培养、职责、使用、考核评估、薪酬津贴和认证等内容的政策，其后，广东省及其所辖的广州市、深圳市、东莞市、中山市，以及重庆市、上海市及其所辖浦东新区、南京市、浙江省安吉县等省市和地县相继出台了地方社会工作督导人才培养及专业督导标准的文件。近年，福建省及其所辖厦门市、北京市、湖南省及杭州市也都相继出台了有关社会工作专业督导人才选拔和管理办法。上述政策及指导意见的相继出台，标志着中国社会工作督导的发展已经有了国家、地方政府和行业协会的标准，社会工作督导对社会工作专业水平发展的重要作用日益得到各级政府主管部门和专业协会的重视。

在政策保障和指导下，在专业社会工作发展和创新社会治理的需求和推动下，中国社会工作督导实务有了进一步发展。首先是督导人才队伍建设的发展。2013 年社会工作师委员会启动实施“全国社会工作督导人才培养计划”，该计划以专业课程培训、实务训练、进修学习三种方式在全国重点培养见习督导、初级督导、中级督导和高校实习督导等专业人才。同时，中国社会工作教育协会也组织了全国规模的社会工作督导人才培训。地方上，深圳市自 2009 年开始建立社会工作专业督导体系，截至 2016 年 6 月底，深圳社会工作者协会培养本土督导 804 人，督导队伍已成规模。广州市委托广州社会工作协会开办社会工作督导培训班，培养了 300 多名优秀的本土督导者。截至 2014 年底，上海市浦东新区培养助理督导和初级督导 24 名，杨浦区培养督导和助理督导 22 名，静安区培养见习督导 15 名。其次是机构设置的完善。中国社会工作教育协会社会工作督导专业委员会于 2016 年 10 月 30 日成立，标志着社会工作督导教育、实务和研究有了专门的组织去推动。2016 年 11 月和 2017 年 7 月社会工作督导专业委员会分别在山东大学和首都经济贸易大学召开了关于社会工作督导的专门会议和年会，中国社会工作督导研究得到了国内外学者和督导同人的高度关注和重视，中国社会工作督导标准的制定也进入了快车道。

随着中国社会工作督导政策、人才队伍和实务的发展，中国社会工作督导的研究也在不断发展。据中国知网（CNKI）统计数字显示，自 1998 年至 2017 年，关于中国社会工作督导研究的文献有 101 篇，如果取平均值，每年的发文量仅为 6 篇，发表文章数量最多的年份是 2017 年，数量达到 15 篇。这说明，单从学术成果来看，目前我国对于社会工作督导的研究亟待加强，中国社会工作督导在政策、实务和研究等方面虽然得到了前所未有的发展，但是还存在一些问题，如社会工作督导人才队伍的实际发展与相关政策规划所制定的社会工作督导人才队伍的规模数量间还存在一定的距离，督导人才的实际能力与督导实践的发展需求间还存在一定差距，督导实践中适应中国本土所需的社会工作督导的理论知识体系还需要建构，督导培训中所需要的社会工作督导教材需要建设等。鉴于此，中国社会工作教育协会社会工作督导专业委员会与中国社会出版社合作，共同编写出版了这套中国社会工作督导系列培训教材，以回应社会工作专业发展对督导人才和实践的需要。

本套丛书共5册，包括《社会工作督导基础知识》《社会工作督导理论与方法》《为服务一线社工而来——13位社会工作督导者的心路历程》《社会工作督导实务案例分析》和《社会工作督导文件汇编》（后续出版）。丛书坚持国际性、本土性、逻辑性和系统性原则，参照借鉴国外专家学者的观点，力图体现督导理论和实务知识的国际规范，展现中国不同情境中的督导实践，体现督导理论和实务知识的情境性和特殊性。《社会工作督导基础知识》从督导理论和实务知识的逻辑性角度概括性地阐释了社会工作督导的内涵；《社会工作督导理论和方法》比较详细地阐释了社会工作督导的相关理论和方法；《为服务一线社工而来——13位社会工作督导者的心路历程》呈现了发展中的中国社会工作督导、督导实务与管理、多元化督导的发展历程，以及社会工作教育者和实务者对督导实践的探索；《社会工作督导实务案例分析》则按照价值和伦理、政策、专业性和有效性、文化能力、理论转化、专业方法和技巧、关系处理和情感支持等议题展现了督导实务案例；《社会工作督导文件汇编》将国家和地方、行业协会出台的有关督导实践和人才培养的文件按照时间顺序编排成册，供实务者使用。丛书包含的五本书是一个体系，从社会工作基础知识，到社会工作督导理论与实践的知识，再从督导者的心路历程等角度，多侧面呈现我国社会工作督导发展的过程，以期给读者以感悟、启发和行动的动力；督导实务案例是社会工作督导者实务经验的集合，是与国际社会工作督导理论和实务的对话、反思，是我国社会工作教育者和实务者的自我、自域的督导实践，从中可以发现我国社会工作督导发展的方向；最后是国家和地方有关社会工作督导人才和实务发展的文件汇编，可为社会工作研究者、教育者和实务者提供社会工作督导理论和实务发展的政策依据。我们真诚地期待“社会工作督导系列培训教材”的出版能够为社会工作的研究者、教育者、实务者及专业督导人才的培养提供本土化的社会工作督导理论和实务知识。同时，书中不可避免会存在不当之处，敬请广大社会工作教育者和实务者斧正!

本套丛书中的《社会工作督导基础知识》的主编是童敏，《社会工作督导理论和方法》和《社会工作督导文件汇编》的主编是张洪英，《为服务一线社工而来——13位社会工作督导者的心路历程》的主编是吕新萍，《社会工作督导实务案例分析》的主编是黄红、李晓凤。丛书的出版得到中国社会出版社的大力支持，感谢社会工作分社的杨晖主任、张杰副主任及全体编辑的辛勤劳动！感谢为丛书出版付出努力的所有编写者及提供案例的社会工作服务机构！感谢中国社会工作教育学会的指导和支持！

北京大学社会学系教授

中国社会工作教育协会副会长、秘书长

马凤芝

目录
Contents

第一章　价值与伦理议题

第一节　价值选择

在纷繁复杂的诸多专业群里，社会工作作为一个专业，其独特性在于其承担着极强的价值背负，离开价值或价值判断，就根本无法界定社会工作专业。这不仅是由于社会工作的缘起与宗教理念、人文情怀和社会承诺有关，还在于百年来这个专业的从业者有着比较强烈的道德自律和价值自觉。高登斯坦（H. Goldstein）在其著作《社会工作》（Social Work Practice：A Unitary Approach）中强调："社会工作者是注满价值的人。"实践证明，在社会工作者开展的具体服务过程中，价值可以给社会工作带来专业的眼界和精准的洞察力，而且可以使社会工作者自身在社会服务中实现自己的某种价值。因此，社会工作是一种价值取向的专业，专业价值的自觉及由此产生的专业伦理操守制约不断帮助社会工作者生产出适合的社会工作知识。在社会工作的实务路上，关于专业价值和伦理的迷茫、挣扎与选择，就成为每一个社会工作者时常面对的敏感话题，而社会工作督导也自然不能绕开这样的议题。

一、案例背景

社会工作者小刘（化名）的服务对象是某市一批在中老年时期失去独生子女的失独家庭，该市于2013年被国家确定为全国第二批计生特殊家庭帮扶模式探索项目49个试点城市之一。同年，当地计划生育协会通过政府购买社会工作服务的方式，引入专业社会工作力量，关怀失独家庭。该市首家民办社会工作服务机构——致尚社会工作服务中心承接了该项目。在3年多的服务期内，社会工作者小刘和其同事共服务超过100个失独家庭。他们采用入户建档、评估需求、建立专业关系、制订服务方案及实施包括个案辅导、小组服务、主题大组活动和社区活动等方式介入失独家庭的重建工作，根据项目第三方评估结果显示，小刘他们的服务项目成绩为优秀，社会工作者在帮扶失独家庭走出悲伤、摆脱困境、精神慰藉、重建生活、回归社区与社会等方面成效显著。小刘撰写了《失独家庭社会工作服务案例和项目总结报告》，并在全国帮扶计生特殊家庭经验交流会上作为典型代表发言，其他地区的计划生育协会纷纷慕名而来学习、交流经验，一些主流媒体开始关注和报道失独家庭社会工作实践。可以说，小刘和其团队开拓性的失独家庭社会工作服务实践取得了不错的成绩。

但是，一段时间以来小刘感觉到前所未有的困惑，他们遭遇到来自项目购买方（市、县计划生育部门）和项目服务方的质疑与压力。问题的导火索是该项目的服务对象中十几名失独家庭人员结队到省里和北京上访，服务对象成为地方社会治理的难题。项目购买方的某些人员认为社会工作者应对此承担一定的责任，他们确信阻止失独家庭上访应是社会工作者的服务内容，并倒推出假使没有社会工作者介入失独家庭就不会结队上访，正是社会工作者的各项服务让失独家庭走出家门并形成结社。购买方声称来年将终止服务项目的购买。真是屋漏偏逢连夜雨，一波未平一波又起。社会工作者面对的不仅是来自项目购买方的压力，同时服务对象也对社会工作者表示不满。到省里和北京上访的失独家庭认为在劝访问题上社会工作者是政府的帮凶，失独家庭觉得社会工作者应支持他们向上级表达自己的诉求，而不是站在政府的立场劝阻他们。面对这样的焦虑与困境，社会工作者小刘及其团队成员手足无措，亟须社会工作督导的支持与帮助。

二、督导核心问题确认

一般来说，社会工作督导具有三重功能：行政功能、教育功能和支持功能。在本案例中，督导给社会工作者的支持应涵盖以上三种功能，社会工作者小刘面临的社会工作实务困境需要督导给予行政、技巧与情感的支持。从行政功能来看，督导必须指导和协助社会工作者协调好项目购买方（计划生育协会、维稳部门）、社会工作者与服务对象（上访失独家庭）之间的关系，沟通并消弭彼此之间的误会。从教育功能来看，这是督导最重要的任务，督导必须向社会工作者传授处理本案例需要的知识、态度及技巧，提升社会工作者的服务品质，理解社会工作哲理、专业价值与本土政策实践的冲突实质。从支持功能来看，社会工作者小刘及其同伴面临的焦虑与压力显而易见，督导需要给他们情绪上的支持，帮助其舒缓压力，克服来自政府及服务对象质疑产生的焦虑不安及挫折感。督导需预估和确认本案例的核心问题包括以下三个方面。

（一）社会工作价值观的审思与实践适应问题

社会工作的价值背负决定了其助人行为受特定专业价值和伦理的约束，其价值体系中关于个人的价值与社会价值承诺既有相同之处，亦有冲突使然。其具体表现是：个人的眼前利益、局部利益及直接利益与社会的长远利益、整体利益及有限利益提供之间存在冲突。本案例中，按照社会工作价值观关于最大限度保护服务对象权益的论述，支持失独家庭表达诉求显然是社会工作的专业行为。但问题是在社会价值的论述中社会价值也是高高在上，对其他价值处于指导和决定地位，是在社会上占统治地位的主流文化话语。这种冲突需要社会工作者在我国具体的社会工作实践中对价值观的多元表述进行审思，在尊重失独家庭诉求的同时扁平化处理社会价值，在突出社会价值主导作用的同时充分考虑失独家庭的切身利益。

（二）社会工作价值观的具体实践必须考虑中国的国情问题

我国社会工作价值观的形成与发展离不开国际社会工作经验的指导，但在具体实践中应考虑本土的国情、社情与民情，并积极汲取中国优秀的传统文化建构适合本土的社会工作价值体系。社会工作的发展是在全面建成小康社会决胜阶段的框架内进行的，也必须融入建设富强、民主、文明、和谐和美丽的社会主义现代化强国的伟大洪流中。因此，注重以人为本和回应需要是社会工作价值观，重视和谐与促进发展，尤其是个人发展与社会发展相并重同样是社会工作价值观。在本案例中，失独家庭需要政府和社会的关爱，需要社会工作者的专业帮助与支持，回应失独家庭诉求是社会工作的专业使命。但同时，维护国家安全与社会稳定同样需要社会工作者做出行动，作为国家实现社会治理重要手段的社会工作不能单纯只谈个人价值而对政府的立场置之不理。

（三）协调政府与服务对象之间关系的隔阂问题

尽管自2015年以来李克强总理连续三年在政府工作报告中强调要支持、促进和发展社会工作，但基层政府及社会大众对专业社会工作的认同度依然较低。社会工作究竟是什么？其在社会治理体系中充当什么角色？社会工作与政府什么关系？这些问题人们常常不得而知，甚至将社会工作与义工等同。中国社会工作发展离不开进一步的宣传和普及，社会工作督导过程本身其实就是一个宣传普及社会工作的过程，同时更是一个生产本土社会工作知识的过程。之所以出现政府有关部门及服务对象对社会工作者小刘等人工作的质疑，原因之一就是这两者对社会工作的认知程度低，导致彼此之间产生误解与隔阂，当然也有社会工作者自身专业能力限制方面的问题。此时，督导必须协助社会工作者沟通他们之间的关系，提升社会工作者的专业水平，表明社会工作的专业立场，平衡各方利益诉求，消解各自猜疑，增进沟通、理解。

三、督导总体方案设计

每个督导者及受督导者都会有无数经验和故事被带入督导过程。这些经验不是恒定的，而是动态的，因为某个个体的经验和其他经历会相互交融。督导要做的事情就是厘清受督导者的经验层次并作出判断，因时、因地、因事将受督导者的经验纳入督导过程中，并设计出具体个案督导的总体方案。当然，社会工作督导方案只是一个框架，或者说是一种形态，它并非是线性的操作程序，而是一个行动指南。在实践中，社会工作者必须根据社会工作实务的具体发展做出回应和调整。就本督导案例来说，督导总体方案设计如下。

（一）督导工作目标

经过前期的调查与核心问题确认，督导初步认为社会工作者遭遇的困境主要集中在专业价值的挣扎与判断、专业实践的本土化问题、行政协调与平衡各方关系、情绪低落与压力问题等几方面。具体确定的督导工作目标如下：

（1）提升社会工作者的专业价值认识。

（2）厘清社会工作专业价值与本土实践的冲突性及一致性问题。

（3）协调政府项目购买方的关系问题。

（4）协调失独家庭夫妻的关系问题。

（5）疏导社会工作者的情绪困扰与压力问题。

（二）督导总体思路

根据督导的工作目标，本案例督导工作确立的总体思路按照提升专业社会工作能力，厘清专业社会工作价值与本土实践的冲突，协调各方利益诉求矛盾等方面进行设计。具体包括：

（1）开展个别督导和集体督导，有针对性地与小刘开展个别督导，与社会工作者团队开展集体督导。

（2）与政府相关部门（计划生育协会、维稳部门）进行沟通与协调。

（3）与失独家庭人员见面，了解他们上访的诉求，缓解紧张关系。

（4）召开多方工作协调会，面对面沟通彼此的隔阂与分歧，寻找共同点和契合点。

四、督导过程描述

我国香港资深社会工作督导梁建雄先生，一直非常关注大陆的社会工作督导体系建设及督导成长，他认为督导传递给社会工作者最重要的未必是掌握千种百样的技巧，而是帮助社会工作者成长为一个成熟、富有弹性和本身懂得解决问题的人。在本案例中，如何妥善处置西方社会工作专业价值与本土实践的有机融合是一个督导教育功能体现的核心，而富有弹性地平衡利益各方关系则是督导行政功能的一个挑战。因此，社会工作督导形式并非是关起门来的知识传授与情感增能，督导也不是高高在上的纸上谈兵的指挥官，督导是与社会工作者同行，一起去面对来自各方挑战的同行者。

（一）为社会工作者增能，从情感上支持社会工作者并缓解其压力

在本案例中，督导首先通过召开内部督导会议的方式对社会工作者进行专业督导，第一步是一对一的督导会议，通过与核心成员小刘进行面对面的督导，督导目标是一起分析本案例出现困境的主要原因，督导过程是聆听小刘对本案例困难的叙述，倾听小刘的困惑与想法。这个过程是非常重要的，因为督导只有认真地倾听小刘完整地说出他的故事，适当地同理倾听，督导才有可能对未来的督导工作作出有针对性的回应。Shulman（1993）曾指出，社会服务的工作者难免在服务过程中遭遇压力甚至创伤，假使督导能够在压力初期支持社会工作者，反而能够增进社会工作者的工作士气，为服务对象提供更有效的服务。[①] 通过一对一的督导，社会工作者小刘得到督导的情感支持和工作肯定，清楚目前的服务困境并非是自身造成的，而是整个社会大背景使然。只要社会工作者厘清自己的专业使命与责任，结合现实社会的实际要求，就能找到彼此的平衡点。第二步是召开团体督导会议，与核心成员社会工作者小刘深度沟通后，接下来的工作就是进行整个社会工作服务团队的督导。在这个过程中，督导倾听了项目

① Shulman，L.（1993）*Interactional Supervision.* Washington，DC：NASW Press.

服务团队成员在本案例中的亲身经历及主观感受，明白社会工作者的最大困惑并非是这个事件的严重程度，而是事件的压力挑战了他们个体对自己职业及现实社会的信念。督导要告诉他们，我们每一个社会工作者都有对专业的美好自信和对世界根深蒂固的信念，但这些东西往往要在具体的社会工作实践中受到碰撞和动摇后才真正认识到它们究竟是什么。借此，督导与社会工作者一起讨论专业社会工作价值观的本土冲突问题及接下来的服务行动方案。

（二）讨论社会工作价值观的本土适应性，从专业上帮助社会工作者重塑社会工作价值观

在社会工作领域中，专业价值不仅一直被社会工作者看作是安身立命的严肃偏爱物，而且也被看作是社会工作技巧产生的源泉。正如伯恩斯坦强调，除非价值已经被界定、评估和实施，否则这个专业是在那里盲目飞翔。价值给予它见识、视野和洞察力，而没有实施方法的价值同样将是不幸的。[①] 经由一系列关乎人与社会的论述构成的社会工作专业价值特别重视人的尊严、至高无上、自我决定、个别化、尊重、非批判、接纳和保密等相关专业伦理操作，正是这些专业价值体系帮助社会工作者确立了专业自信和社会认同，同时推动了专业社会工作的百年发展。但是，由于当今社会价值日益多元化和相对主义的发展，要怀抱以上专业价值无选择地推动社会工作实践已是困难重重。为此，库格林（Coughlin）的感叹并非没有道理："在一个哲学上、文化上、政治上和宗教上多元主义的社会，无论怎样进行价值选择都不会赢得朋友。"显然，社会工作专业价值具有普适性和较广泛的实践意义，但在风格迥异的社会、制度与文化中，这些专业价值必然会遭遇制度、道德尤其是主流社会价值的挑战。寻求一条社会工作专业价值契合本土具体国情、社情及民情的发展道路，对于专业社会工作者来说，不仅是重要的而且是必要的。

就本案例来说，社会工作者面对的主要挑战就是社会工作专业价值选择的挣扎与迷茫。一方面，按照社会工作专业价值的指引，社会工作者遵

① 王思斌. 社会工作导论［M］. 北京：北京大学出版社，2011：74.

循利他主义和个别化的原则，坚持服务对象优先，通过入户探访、评估建档、需求分析归类、个案辅导、小组活动、大型社区活动等方式帮助失独家庭父母走出家门、抱团取暖、重拾信心、表达诉求、重建生活和跨越伤悲，这完全符合社会工作的价值理念和伦理操作指引。另一方面，政府购买社会工作服务失独家庭使他们重建生活的初衷在“上访问题”面前变得事与愿违。如政府相关部门对于社会工作者举办的大型社区活动引发的媒体关注赞赏有加，却在个别失独家庭上访事件中责怪并归因是社会工作者搞的活动导致他们“结成团伙”。

因此，帮助社会工作者澄清社会工作价值观是一个非常重要和迫切的事情。在专业社会工作价值观的指引下，社会工作者的伦理操作应该站在失独家庭一边，支持和鼓励他们采取社会行动合理表达诉求。在社会治理和上访管控的逻辑中，社会工作者必须协助政府劝阻失独家庭上访，而这样的行为极易导致失独家庭将社会工作者看成是政府的帮凶，是“一伙的”，是“他们”。因此，督导帮助社会工作者要在这里找到平衡点，也就是专业社会工作价值与政府社会治理要求的结合点。督导指导社会工作要对社会工作者专业价值观进行批判性反思，要同理失独家庭表达诉求的意愿，梳理失独家庭的具体诉求是什么？厘清哪些诉求是合理诉求？哪些诉求是理想诉求？当地基层政府可以解决的诉求是什么？并且跟失独家庭沟通表达这些诉求，除上访形式之外最容易实现的方式是什么？当社会工作者完成这些工作之后，失独家庭对社会工作者的态度自然发生转变。社会工作者再将失独家庭的这些诉求与政府相关部门沟通，争取政府部门落实或者承诺失独家庭的合理诉求，而失独家庭也放弃了继续上访的胁迫，这样各方就找到契合点和平衡点，社会工作专业价值自然地被放置于本土实践的框架之中。

（三）召开各方工作联席会议，帮助社会工作者协调各方利益诉求和关系重建

在失独家庭社会工作服务项目中，社会工作督导在社会工作者、机构、服务对象与政府各部门之间扮演桥梁的角色，其中最重要的是缓冲器的角色和倡导者的角色。督导角色的发挥不仅有助于建立服务各方关系的正常化，而且可以培养社会工作者具备良好的发展和维持关系的能力、服务中管理情感的能力以及对矛盾信息做出判断和决定的能力。在本案例中，协调政府相关部门（计划生育协会、维稳部门、街道等）和上访失独家庭的关系至关重要，督导如果不亲自处置和推动机构作出行动，单纯依赖社会工作者承担如此沉重的背负势必会使社会工作者倍感压力，而且会使事情越来越糟。因此，这个督导过程也是保护社会工作者的一种具体表现，由于督导的行政干预，使社会工作者不必处理失独家庭对其角色模糊产生的强烈对抗情绪，同时使社会工作者不必承担由于处遇化遭遇带来的不合理工作压力等。

1. 召开上访父母见面督导会议

会议之前，督导与社会工作者走访了上访失独家庭的核心人员，入户倾听他们的声音与故事，并就要召开的会议发出邀请。失独家庭表示到省里和北京上访并非真意，而是一种无奈，是一种不满声音的表达。这个会议由机构召集，参会人员包括督导、社会工作者和上访失独家庭代表。会议的核心是重建专业关系、厘清失独家庭的上访诉求和上访动机、分析各种诉求的合理性与理想性、区分近期实现诉求目标和远期目标，在会议中，督导、社会工作者与失独家庭达成一致的行动目标，还制订了具体工作方案，并就方案的实施做了明确的分工。通过耐心指导和沟通，督导会议取得初步成效。首先，明晰了失独家庭上访的主要原因有三个：一是全国失独家庭网络串联的压力，全国失独家庭自组织群体要求各地必须参与集体行动进行维权和表达诉求，这是自 2011 年以来的统一行动，失独家庭表示如果不参加会让人看不起，这是“面子”问题。二是当地把这些上访的失独家庭列为维稳对象，在社区生活、出门购买动车票及机票、外出行动等方面进行管控，这无形中激发了失独家庭的反感情绪。“一方面代表政府来关爱我们，另一方面又管控我们，我们是麻烦的制造者吗？我们是被制造的麻烦者！”一位失独父母愤怒地说。三是当地颁布的关于关爱失独家庭文件中的部分政策没有落实，而且出现不同街道落实情况迥异的问题。其次，厘清了失独家庭诉求中的合理部分、理想部分和非理性部分。如失独家庭提出的一次性补偿两万元问题，是文件规定的合理诉求，有些街道已落实，有些街道没有落实或者落实不到位。而关于要求国家针对失独家庭进行立法和成立专门部门的要求，大家将其列为理想诉求。关于将失独家庭列为与离退休老同志同等待遇的诉求，督导分析为非理性诉求。最后，向失独家庭父母澄清社会工作者的立场与角色，重建社会工作者与服务对象的专业关系。督导以机构的身份向失独家庭再次澄清社会工作者与政府相关部门及服务对象的关系，社会工作者并非是政府的帮凶，而是政府的“助手”和失独家庭的“好朋友”，是“我们”不是“他们”。社会工作者一定会协助失独家庭维护合理的权益，但同时要求失独家庭放弃到上一级上访，将表达诉求的方式转变为与政府相关部门对话。失独家庭在督导与社会工作者的谆谆诱导和春风化雨中，不断被感动，最终同意督导和社会工作者的建议，放弃到上一级上访而同政府相关部门见面。

2. 召开政府相关部门督导工作会

在与失独家庭的督导见面会取得初步成效之后，随之召开的是政府相关部门督导协调会。这个会议由政府综治办负责召集（当地的上访问题管控由综治部门负责，责任人是政法委书记），参会人员包括综治部门相关同志、计划生育协会相关同志、各街道相关负责同志、督导及社会工作者。有了失独家庭放弃到上一级上访的承诺，政府相关部门的同志如释重负，对社会工作的看法有所转变，对社会工作者的工作方法及能力也表示认可，督导工作会的召开得以顺利进行。会上督导介绍了社会工作者与失独家庭见面达成的一些共识，再次澄清了社会工作者的角色及社会工作专业服务的原则，并强调了社会工作者的专业立场。督导指出，失独家庭父母的上访问题并非是社会工作者组织的活动导致的，即使没有社会工作者介入及实施的专业服务，失独家庭一样会上访。失独家庭的上访问题其实质是人口计划生育独生子女政策造成的后果，是政府化解失独家庭父母压力及诉求困境失能的后果，是整个国家发展处于转型期中矛盾与问题集中爆发的一个典型体现。社会工作是中国实现国家治理的一种重要手段，是国家实现社会治理体系和治理能力现代化的一种重要表现，而非是失独家庭上访问题出现麻烦的助推者，政府相关部门领导对此表示认同。会议的另一核心是研究如何解决失独家庭的合理诉求，督导强调对于部分失独家庭上访，从维稳和社会治理大局看加强管控虽然是必要的，但同时要恩威并施，对失独家庭表达关爱并落实相关政策不可或缺。为此，综治部门要求各街道和相关单位，快速落实失独家庭一次性补偿两万元的全覆盖，并对上访失独家庭的一些合理诉求进行及时回应。撤销上访失独家庭的维稳管控名单，改之为重点关爱和救助对象。

3. *召开政府相关部门和失独家庭代表督导协调会*

上述两个会议取得的阶段性成效为随之召开的各方协调会奠定了坚实的基础。有沟通就会找到共同点，就会出现“我们”感，尊重彼此的不同点，就是“我”。各方代表协调会继续由政府综治办负责召集，参会人员包括综治部门相关同志、计划生育协会相关同志、各街道相关负责同志、上访失独家庭代表、督导及社会工作者。会议刚开始时气氛依然严肃而紧张，个别失独家庭情绪非常激动。“说实在的，看到你们（指计生干部）我就来气！让我们只能生一个的是你们，今天来制止我们出门（指上访）的还是你们!”此时需要督导与社会工作者先稳定住失独家庭父母的情绪，由失独家庭代表先把需要政府相关部门解决的诉求表达出来。随后督导做了重点发言，内容主要包括：一是以同理心感受失独家庭父母的不易与艰辛，赞许了失独家庭几年来在政府购买社会工作服务项目实施过程中表现出来的参与、坚强与自信，重温了社会工作服务过程中失独家庭的改变与进步。从封闭到走出，从放不下到放下，从抑郁到感动，从疏离到回归，微光处处，充满感动。在场的参会人员从督导的发言中感受到社会工作服务的正向引领，感知到失独父母对生活的信心与期待。二是赞许了政府购买社会工作服务失独家庭群体的政策实践。政府之所以投入专项财政资金购买社会工作服务介入失独家庭服务项目，本身就是关爱这个群体的体现，而且针对失独家庭的关爱行动政府只会逐步升温，不会停息。问题的焦点在于失独家庭采用上访的方式表达利益诉求为基层政府所不能接受，“息访”和“零上访”的目标促使基层政府上下夹缝，左右为难。这样的困境希望失独家庭能够理解，把到上级上访的形式改变为平级对话，上访的诉求最终还是需要基层政府来处理。此时，基层政府要及时回应和处理失独家庭群体的合理诉求，不能无故拖延和相互推诿。三是表明社会工作者的专业角色与立场。从社会工作的专业伦理责任上看，社会工作者必须维护失独家庭利益，失独家庭群体的存在是本项社会工作服务的基本前提，这正是社会工作专业存在的意义和使命。帮助失独家庭跨越伤悲和重建生活是社会工作服务设计的目标，只有整合多方力量帮助失独家庭重建生活才可以从根本上消弭他们上访的动机。当然社会工作作为专业实践的主体，也应对社会承担相应的伦理责任，专业社会工作者应本着负责任和建设性的态度，向社会成员宣传党和国家的政策、方针和法规，从维护国家与社会安全的角度化解社会矛盾和社会问题。

督导作完主题发言之后，政府相关部门代表政法委书记做了表态，一是承诺在一周内将失独家庭一次性补偿金落实到位；二是建立由社会工作者牵头的工作联动机制，政府相关部门定期与失独家庭见面，倾听他们的声音与诉求，及时回应和解决他们的问题；三是落实政府出台的关于关爱失独家庭群体的相关政策。对于这些表态，失独家庭代表给予了积极的回应与肯定，并表示不会再去上级部门上访。

（四）再次召开集中督导见面会

工作至此，不能停歇。在社会工作督导处理本案例的过程中，督导不仅给予社会工作者情感、专业、行政和处理问题能力的支持，督导与社会工作者更是同行者，彼此承受着来自各方的压力，并一起去面对和化解这些困境。因此，必须通过再次召开督导会去巩固、总结、反思和提升督导过程的经验与问题。

（1）回顾整个督导过程的人与事，尤其是督导过程的重点与难点。

（2）巩固社会工作者在督导过程中获得的经验与改变。

（3）讨论社会工作价值观与伦理在本次具体案例情境中的处遇。

（4）总结督导工作过程中使用的专业方法与智慧。

（5）反思督导工作中出现的问题与不足，进而提升社会工作者今后成长的技巧。

（6）安排下一步工作机制的落实及服务跟进。

五、督导成效分析及督导反思

著名学者周晓虹（2002）曾经说过，对于每一个或具有宗教，或具有政治，再或具有学术信仰的人来说，他的心中都会有一片圣地。犹太教徒有他们的圣地耶路撒冷；伊斯兰教徒有他们的麦加；革命者有红场或是延安；而对于以社会学为职业的人来说，他心中的圣地就是芝加哥。没有人说过专业社会工作者的圣地是何方？英国、美国或其他国，但我坚信，所有社会工作者都会认同自己之所以坚守专业信仰的圣地必然是对专业价值的追求。因为，社会工作乃是通过人际关系的工作，改善和增强个人、家庭、小组及社区的功能与福祉，在代表公众利益和实现社会目标的大原则下介入个人、家庭或群体的生活。这样的一种实践行动并非只简单地停留在单纯的技术层次，而是包含政治和道德元素并负载价值的实践。

由此可知，将专业的价值判断和伦理抉择交给每一位社会工作者，由他在一线作出个人化的诠释和发挥，真是非常考验社会工作者。因为社会工作者的专业价值并非建立在社会真空之内，而是为了对应和解决具体实践时面对的问题而产生。随着社会工作服务范围和目标日益变得世俗化和事务性，社会工作者与政府（服务购买方）和服务对象之间的关系变得扑朔迷离。因此，从理论上讲，社会工作价值是社会工作实践的核心，所有的专业行动必须遵循专业价值进行。但实际上，当社会工作服务挑战了作为服务购买方——政府威权的时候，社会工作本身就已经失去存在的可能。

（一）督导工作对社会工作服务的重要性

督导工作水平的高低决定了社会工作者能否快速提升专业技术水平和确保专业服务品质，通常情况下，高质量的督导是良好的、安全的、有创造性的社会工作实务的基础。从本案例出发，来自社会工作服务购买方和服务对象等多方的压力根本不是一线年轻社会工作者所能承受的，单纯从专业技术的角度很难应对本土化政策和处境的挑战，这个时候就非常需要社会工作专业督导的强势介入。在中国，督导工作绝对不是可以单对单或单对多的封闭性督导，也不是督导静坐在相对独立的空间接受受督导者的咨询，督导的形式是多样性和具体的，督导必须与社会工作服务系统中的其他人物或组织产生相互作用和影响。从某种角度说，督导的关系能力和行政功能在特别的案例中要超越于专业技术督导和情感支持。正如 Bunker 和 Wijinberg（1998）所言，我们将督导者的角色同时嵌入在管理系统和专业实践系统中，督导既是两个系统内的重要因素，也是两者之间的基本联系。因此，中国本土的督导工作绝对要超越常规性的三种功能，将关系建设和调解功能放置到一个非常重要的位置进行考虑。

（二）社会工作专业价值与伦理的中国社会文化处遇

不可否认，社会工作是促进个人与社会及环境和谐互动并相互适应的专业，如何处理个人与社会的关系问题自然成为社会工作的基本问题。就个体主义取向的社会工作价值观来说，特别关注服务对象个人，认为社会工作就是为处于困境的个人及家庭提供资源与服务，强调社会政策掌握在制定政策的人手里，社会工作者能够做的就是帮助那些眼前有困难的个体。整体主义取向的社会工作价值观则不同，其特别关注制度层面的社会环境，认为社会工作的目的是维护社会秩序稳定和促进社会整体发展，解决个人困境最终是为了整个社会的稳定，社会工作者需要做的就是促成制度与政策的改变以使更多人受益。[①] 基于此，美国学者麦克里德（D. L. Mcleod）和梅耶（H. J. Meyer）提出了十组社会工作相互冲突的价值，以此对社会工作进行深度研究，结果发现社会工作者比起没有受过专业训练的人，在两难价值选择中会具有明显的偏向。事实上，社会工作价值观一直存在内在和外在的矛盾与冲突，在其百年的专业发展史上，亦是从个体主义取向的服务方法逐渐向整体主义偏向的转变过程。

在社会工作具体的实务操作中，适当的价值介入是不可避免的。在上述案例中，来自服务对象的个体主义价值取向是重要的，政府社会治理与维稳的立场同样需要尊重。正如阮曾媛琪教授所言，社会工作者常常因所

① 高鉴国．社会工作价值与伦理［M］．济南：山东人民出版社，2012：43.

处理问题的复杂性高或因本身对价值观未有清晰的把握，而往往对价值及道德取向的选择不置可否、把持不定，或不敢表态，而用中立或案主自决等堂而皇之的专业口号去回避了许多道德及价值观的问题。督导就是要帮助一线社会工作者预防避免出现这样的问题，不能在社会工作伦理出现两难的时候推诿及摇摆，而是要因地制宜地寻找中间的平衡点。

社会工作专业价值与伦理的普适性在于不同国家与地区文化和价值之间存在共通性和趋同性，也就是说人类命运共同体建设的未来追求给社会工作价值的普遍性创造了可能。中国传统文化中关于和谐、助人等很多元素一样地存在并与社会工作价值观共通，这些本土的优秀文化元素即将为中国本土的社会工作价值体系建设贡献中国智慧。但是，我们应当看到，社会工作在中国的实践必然会遭遇处遇化和本土化，如何结合本土的文化因素去理解其中的观念，从而指导中国本土的实务活动，是所有社会工作者无法绕开的命题。非常重要的是，要处理这些难题就必须提升专业社会工作者的文化敏感性，社会工作者只有具备了文化敏感性，才能科学地吸收、借鉴国外社会工作的专业理念和知识，尊重中国传统文化因素和政治敏感性，并与政府、社会和服务对象建立多方合作及互助型的专业关系。

（三）社会工作者督导过程中的反思性行动学习

面对社会工作专业价值观与伦理现实的困境与挣扎，必须强调社会工作督导过程中的反思性行动学习。当基层政府在面临服务对象采用“上访”方式表达诉求的时候，停止购买社会工作服务即刻变成某些政府基层部门胁迫社会工作者及其机构就范的最好借口。当服务对象将社会工作者视为基层政府帮手的时候，服务过程自然演变成一种权利偷换，社会工作者的无力感油然而生。反思性行动学习就是社会工作督导过程强调督导与受督导者的参与行动，并在行动中反思督导与社会工作者作出价值判断的合适性与成效，它像一条主线贯穿于社会工作专业成长的整个发展历程。这种行动学习模式使督导和受督导者在专业服务困境中不感到孤独，并围绕所面临的价值判断两难发展出一套共享的应对方案。实际上，这个过程也可以说是一个赋权的过程，其亮点在于能够在督导过程中创造一种本土的社会工作文化。

强调督导过程中的反思性学习可以帮助社会工作者学会如何运用更加本土性的社会工作理念、价值观与伦理重新建构社会工作者与政府、服务对象的关系，如何辨识政府社会治理目的及服务对象诉求，整合社会资源及充分利用本地资源，学会带着生活经验的视角协调各方关系，尊重彼此诉求与声音，叙事性建构散落在各方的正能量，促进服务对象的积极参与。

第二节　伦理困境

一、案例背景

有这样一个被称为独生子女家庭的群体，在长达30年计划生育独生子女政策的大背景下，“独一代”造就了古今中外无与伦比的一道特殊景观。由于独生子女的唯一性，使这些独生子女家庭成为德国社会学家贝克学术洞见中的风险家庭，他们中的数以百万计家庭由于独生子女因各种原因早逝而成为失独家庭。他们中的无数失独父母因为独生子女的英年早逝而遭遇重创，有的失去生活信心迫于无奈遁入空门；有的一蹶不振，苟延残喘只能空度残年；有的整日活在幻想里，依靠互联网联络家门外的世界；有的选择与同命人抱团取暖，整日忙于上访和维权；有的选择试管婴儿或再婚，艰难再续子女前缘；有的则干脆逃离旧日社区，遥居天涯。如何帮助失独家庭重建生活是国家、社会的责任，更是专业社会工作服务国家发展战略和提升民众福祉的使命。

自2012年以来，全国开始了专业社会工作介入失独家庭重建生活的社会服务项目试点，这是一项伟大的和负责任的实践与探索。其重要意义在于各级政府采取了积极主动关爱失独家庭生活的具体行动，在于极大推动专业社会工作的本土化，在于政府关爱失独家庭的政策有了一个看得见的助推器。但是，由于失独家庭的多元化与多样性，专业社会工作者助人能力的稚嫩及基层政府相关部门对专业社会工作角色、功能与作用的认知局限，一些社会工作服务项目在推进过程中遇见诸多困难和问题。其中较典型的就有上述专业社会工作价值观的困境和专业伦理困境。

小李是服务失独家庭的一名专业社会工作者，自2012年社会工作专业本科毕业至今一直从事失独家庭社会工作服务。她所服务的范围包括某区的近180名失独父母，项目周期三年，目前是第二个周期，项目团队有三名专职社会工作者、行政督导和项目督导。自项目开展以来，小李和他的社会工作者团队在开展专业服务的同时，从未停止专业伦理与本土处遇问题的对话：（1）区政府在购买社会工作服务的协议书上明确要求“社工服务要覆盖所有的失独家庭父母”，并且这个工作任务的规定与经费拨付直接相关。但事实上，社会工作者的服务根本无法覆盖到区内所有的失独家庭，其中有十几名失独父母完全不接受社会工作者的服务。从社会工作的伦理守则来看，尊重服务对象和服务对象自决都是非常核心的专业伦理操守，但政府相关工作人员就觉得这是社会工作者在搪塞和推诿工作职责，是不作为的表现。（2）小李反映有三户失独家庭父母本来是享受失独专项补助的，由于爱子心切，这三户失独家庭父母又历经千辛万苦选择在高龄之际孕育新的生命，在重新燃起对生活的希望与信心的同时，他们也失去了失独家庭特别扶助金的支持。因为现行的《中华人民共和国人口与计划生育法》规定：“独生子女发生意外伤残、死亡，其父母不再生育和收养子女的，地方人民政府应当给予必要的帮助。”由于这三户失独家庭再次生育子女，故不能享受特别扶助金的支持。但实际上，这三户家庭由于失子的伤痛导致家庭经济极为困难，加上要抚养幼小的生命，他们的经济状况更是雪上加霜。从社会工作的伦理操守看，这三户失独家庭更值得去鼓励、支持和服务，但政府的政策安排及服务约定已经无情地将他们排除在外，社会工作者能做的只有到社区帮助他们申请低保等支持。（3）在服务过程中，社会工作伦理操守中的保密问题也是一件让小李等头疼的事情。在社会工作的伦理操守中，社会工作者为服务对象的隐私保密是一件非常重要的事。在具体的服务过程中，社会工作者一般不对外公开失独群体的信息与照片，尤其在宣传方式的选择上一般不会公开失独父母的信息，即使制作宣传材料也会进行保密处理。但政府相关部门却认为他们的政府采购行为要有社会交代，要有好的影响力，不仅要有宣传材料还要上电视、接受采访以及开展相关经验交流等，这让社会工作者非常为难。另外，失独父母群体也是千差万别，有些服务对象特别在意自己的信息保密，而有些失独父母却是生怕世人不知道自己的遭遇，在现实社会中和网络里极力倾诉自己的失独惨况。面对该类失独家庭，年轻的社会工作者手捧社会工作专业伦理守则法典不知道如何适从。

二、督导核心问题确认

关于社会工作督导的功能与作用，前文已做了简要的介绍，这里就不再赘述。对于上述案例，社会工作者小李的专业服务困境在我国并非个案和偶然，他们遇见的正是众多专业社会工作者棘手的伦理困境难题，尊重、服务对象优先和保密问题是本案例的核心伦理议题。社会工作专业服务从来就是建立在强烈专业价值之上的一个伦理实践过程，没有社会工作专业伦理约束的社会工作秩序几乎是不可想象的。正如学者所言，社会工作伦理应与特定的文化背景相联系，在中国发展社会工作一定要考虑中国的文化特性，有些西方社会工作伦理的价值观在中国并不适用。在这个过程中，督导必须充分发挥教育功能和支持功能，给予社会工作者必要的专业知识及技巧支持，协助社会工作者厘清西方社会工作伦理规范的普适性标准，探讨社会工作专业伦理的本土化适应问题与可能，同时在行动上支持社会工作者，让他们对目前的专业伦理困境可以有比较从容的应对心态。督导预估确认的核心问题主要包括以下三个方面。

（一）厘清西方社会工作伦理在中国实践中遇到的困境

西方社会工作伦理在纷繁复杂的社会工作实务中一直扮演着规范、科学与遵循的角色。各个领域的社会工作者唯有接纳、认同并遵循一套完整的专业伦理操作，才可能保证社会工作服务的专业性与品质。诚如国际社会工作者联合会（IFSW）和国际社会工作学院联盟（IASSW）在其《社会工作伦理纲领》中强调，伦理觉察能力是社会工作者专业实践中的基本部分，社会工作者是否具备按伦理行事的能力和承担感，是衡量其所提供服务的重要标准。但是，我们必须看到，社会工作专业伦理并不能为所有的社会工作实务提供全部答案，更不能穷尽一切。中国的社会工作实践有着特定社会制度及文化脉络，社会工作者小李等碰到的正是西方社会工作伦理在中国实践的困境。如小李等根据社会工作伦理中提到的尊重服务对象和服务对象自决的原则处理拒绝接受社会工作服务的个别失独家庭，不能强人所难地逼迫失独家庭“被服务”，这是专业特性的具体表现。但基层政府可不这么认为，在“全覆盖”“百分百”“一个不能少”的工作大氛围与语境中，他们觉得购买了社会工作服务就得做到全覆盖，没有达到就是社会工作者在搪塞与推诿。至于个别失独家庭因为再次生育而不能享受特别扶助金的支持，那完全是政策规定使然。这些伦理困境的深层次原因就是西方社会工作伦理与中国本土地域文化的偏离，建构于西方文明的社会工作价值体系与伦理必然是根据西方人的行为设计的，遭遇中国本土实践的水土不服则是自然而然的事。

（二）重视功利主义在中国社会工作伦理本土化实践的嵌入

社会工作伦理的百年历史嬗变几乎是沿着道德与科学孰轻孰重的价值判断论争展开的。在中国的语境中，功利主义时常被矮化和批判，尤其是自罗尔斯从契约论的视角抨击功利主义以来就没有停止过。其实，功利主义是道德哲学，其核心内涵是最大多数的福利或者说幸福最大化。作为道德价值层面的理论，功利主义和社会工作伦理息息相关，并有着交叉之处。这个交叉主要体现在道德与价值主张的判断上，而在实务运用中，关乎注重过程还是结果、最大幸福与最小伤害的取舍，二者还是存在重大分歧。在中国，功利主义一直被漠视和淡忘，但仔细观察就会发现功利主义无时不在社会工作伦理的价值判断中。如西方社会工作的平等、尊重与服务对象自决伦理，在西方社会看起来是一件很平常的专业操作。而在中国的文化语境中，从功利主义出发就不是那么回事。人们会认为这是社会工作者专业能力不足的表现，甚至是推脱工作责任的借口。此外，在个人功利与社会功利的取舍上，服务对象优先在西方社会的文化中根本不容置疑，而中国本土的伦理实践则必须将国家社会治理大局放在首位。社会工作者小李等遇见的核心问题就是在作决定时考虑如何将社会工作专业伦理与社会治理有机结合。

（三）强调中国社会工作本土伦理建构的关系文化因素

在本案例中，社会工作者小李如何处理和平衡与政府相关部门及服务对象的关系问题，似乎西方社会工作的伦理准则已经给出了答案。但在具体的个案中，他们依然感到困惑与迷茫。难道社会工作专业经典的伦理规定有偏差，还是社会工作者的实操能力有待进一步提升？究其深层次原因其实就是西方社会工作专业伦理所建构的关系基础是所谓的专业关系，这个专业关系在诸多学者笔下是一种动态的、在持续互动过程中产生的助人关系，是专业中的人际关系却带有天然的非批判和平等性。在中国的社会工作具体实践中，社会工作者纯粹秉承这样的专业关系去处理与服务对象及政府等多方关系都是不契合实际的。因为中国的人际关系要强于制度关系，人情关系要优于职业关系，因人而异要胜于一视同仁。正如潘绥铭等学者指出，面对西方的专业关系准则在本土化过程中出现的如此之多的水土不服，我们完全有理由按照自己的思路，去努力建设具有中国特色的专业关系。恰恰是这样，西方的专业社会工作伦理实践从来没有放弃过反思专业主义和专业界限的去专业化思潮。因此，本案例督导的核心问题，就是帮助社会工作者小李及其团队从表层伦理困境厘清深层次的文化对话与冲突问题，从中寻找既能吸收西方社会工作专业发展经验又能适应中国本土具体要求的伦理操作。

三、督导总体方案设计

社会工作督导从来都是一种双向互动、双方合作、相互影响和相互作用的动态互动过程，督导的核心是一种自我反思过程和受督导者反思。张威指出，对中国大陆督导发展方向的思考，抛开中国的行政管理体系、等级观念、面子文化、人际关系模式谈论如何督导，是没有任何意义的。因此，督导过程的焦点并非局限在方法或技术层面，而是交流与关系层面。因此，督导必须与受督导者一起回顾社会工作具体服务的过程以及与服务对象沟通、合作中存在的问题，利用具体的案例去分析服务对象给受督导者带来的困境与压力。就本督导案例来说，尊重、服务对象优先和保密等伦理问题是核心，围绕这个议题的督导总体思路方案设计如下。

（一）督导工作目标

经过社会工作者对具体案例的陈述与回顾，督导结合前期调查与核心问题确认，初步认为社会工作者遭遇的压力与困境主要集中在尊重、服务对象优先和保密等专业伦理的困境问题，专业实践的本土化及社会工作者情绪低落与压力问题。具体督导工作目标如下。

（1）提升社会工作者的专业伦理再认识。

（2）厘清社会工作专业伦理与本土实践的冲突性及一致性问题。

（3）促进政府项目购买方对社会工作的专业伦理认知。

（4）梳理专业社会工作伦理的本土化实践路径。

（5）缓解社会工作者的情绪困扰与压力问题。

（二）督导总体思路

根据督导的工作目标，本案例督导工作确立的总体思路按照提升专业社会工作伦理实践能力、厘清专业社会工作伦理与本土实践的冲突、协调各方利益诉求差异等方面进行设计。具体包括：

（1）开展个别督导，有针对性地与小李开展个别督导。

（2）开展集体督导或团体督导，与社会工作者团队开展小组督导。

（3）与政府相关部门（计划生育协会）进行沟通与协调。

四、督导过程描述

学者普遍认为，中国社会工作督导起源于实习督导，随着社会工作机构和政府购买社会工作服务的不断发展，督导逐渐扩展到实务领域的督导。本案例是有别于实习督导的实务督导，实习督导的对象是学生，其督导任务比较单纯；而实务督导的对象是一线社会工作者及其服务团队，其督导任务就相对复杂。童敏是国内最早将研究触角深入实务督导领域的学者，早在2006年他就警觉到中国的实务督导一直比较滞后，在有些地方政府开始推行社会工作职业化，对社会工作专业化服务提出更高要求的背景下，如何学习发达国家和地区的社会工作专业督导经验，以提升中国本土处境中社会工作专业服务的督导效果，已成为影响中国社会工作专业化发展的重要问题之一。在这一过程中，如何加强督导自身督导过程文本的书写至关重要。张洪英强调督导过程文本的书写本身就是行动研究的重要组成部分，这不仅有利于改善和提升社会工作督导的质量，而且还可以促进社会工作督导研究的丰富与发展。

（一）个别督导

本案例的个别督导主要是督导与社会工作者小李的单人督导，一共进行三次，每次督导时间为2个小时左右，三次督导之间的间隔时间约为2～3天。基本过程是由社会工作者小李提出自己的案例，详细诉说服务的过程和遇到的问题。督导协助小李反思以下几个问题：（1）西方社会工作伦理关于尊重、服务对象优先及保密的规范与约束是什么？（2）小李在实施社会工作伦理中遇到的困境是什么？（3）这些困境产生的根源在何处：社会工作者自身、失独家庭父母、政府相关部门？（4）小李在这一过程中如何激发各方积极性去面对这些困难？以下是督导过程的一些对话部分摘要。

小李：对失独家庭的尊重，我觉得是我们社工从事社会工作服务的先决条件，具体应该体现在对失独家庭权利、需要及选择的理解与尊重。个别失独家庭不愿意接受我们的服务，我觉得完全可以理解，他们不愿意别人去干扰自己的生活，有失独父母说他们更不愿意再次去揭开那些伤疤，难道我们要强行去施加服务给他们吗？我觉得这明显违反社会工作伦理，也是不道德的。但计划生育办公室的领导就认为服务就必须做到全覆盖，不然就没有按协议履行，就是没有完成工作量的要求。

督导：你对尊重的理解我觉得很对，也很到位。对于失独家庭，尊重他们的选择也是服务对象自决伦理的表现，我们也没有理由去强行将所谓的服务强加在失独父母身上。但有一点我们可以探讨，如基层计划生育办公室的工作人员是否也是我们的服务对象，他们的工作意图或者说工作目标应该也要得到我们的尊重吧。

小李：是呀，我确实没有想到这一点。这样说来，尊重并不是单维的，而是多方的尊重。

督导：问题在于对失独家庭的尊重与对计划生育办公室工作人员的尊重这个矛盾的调和，其中可以找到平衡点。一方面对失独家庭的服务可以表现在多种形式上，并不只是上门服务或者要求他们参加社会工作者组织的活动，可以选择网络联络和间接支持等多种方式。另一方面与计划生育办公室工作人员沟通社会工作的服务方式，争取让他们接受社会工作者的观点。

小李：老师这样解释，我就明白了。还有就是个别失独家庭因为生育了新的孩子而丧失了领取扶助金资格，计划生育办公室的解释是他们也爱莫能助，这是政策规定的。可是我们觉得他们就是生育了新的孩子，从本质上讲也是失独家庭呀。况且像陈阿姨因为孩子的治病花去所有积蓄，还欠了一屁股债。现在抚养这个新的生命，也是一个负担，我觉得他们更需要帮助。我们社会工作伦理不是一直强调服务对象优先吗？

督导：我首先要表扬你关爱陈阿姨这种困境失独家庭的情怀，他们确实非常需要帮助，也值得你们去帮助。这里我们需要澄清几个问题：一是服务对象优先，可以有两个层次的理解。一方面是利他意义上的服务对象利益至上，另一方面则是服务对象的更困境者优先，这一点在处理伦理两难时特别重要。二是陈阿姨失去特别扶助金的问题，这是政策规定的，计划生育办公室工作人员表示无能为力，这一点没有错。社会工作尽管怀助人、关爱之心，但依然要按政策办事。但是，我们可以想想帮助陈阿姨的其他办法，办法总比困难多。如寻求其他渠道来帮助他们，或者推动政策的改变来帮助他们都是可以的。

小李：关于保密问题。老师在学习中就一直强调保密对于保证社会工作服务专业性的重要性，我们在服务失独家庭时特别重视这方面的伦理规范，我们的总体原则是没有服务对象的同意不得披露任何信息。但有些失独家庭就喜欢到处嚷嚷，甚至夸大其词，而有些失独家庭就很在意他们的隐私不让别人知晓。计划生育办公室为了宣传和应付各种检查，经常需要我们配合整理相关资料，有些资料确实涉及服务对象隐私，我们给回绝了，他们很不高兴。

督导：你对保密伦理的理解和处理我觉得挺到位和合理的。不同的失独家庭当然会有不同，风格迥异这是正常现象，要因应不同的失独家庭采用不同的保密伦理。同时要注意多元文化处境下的保密问题，保密原则是基于自由主义的个体自主权之上，在中国本土文化中，有时个人自由可能要让位于集体的价值观。社会工作者要做的是预先对不同价值体系下保密的复杂性有所准备，在满足单位工作需求的同时顾及并警觉失独家庭的保密问题，也就是能保则保，采取各种手段保护失独家庭隐私。不能简单地以保密伦理问题回绝计划生育部门在宣传等方面的资料需求。

（二）小组督导

参加小组督导的成员包括社会工作者小李及其服务团队，也包括社会工作机构的行政人员。督导的核心议题是社会工作者小李叙述上述案例的服务过程，各位参与的社会工作者说出他们真实的想法和内心的疑惑，包括本案例所涉及的沟通及关系问题，社会工作者自身在这个过程中作出什么努力，督导对相关问题与疑惑作出回应和解答。督导的基本流程主要是在一个相对独立而且安静的环境中，督导与受督导者围坐一圈，督导营造一个舒适愉快且轻松缓和的气氛，按小组督导案例分析的逐步深入进行，即案例描述—成员分享—督导小结—案例分析（第一轮）—成员分享—督导小结—案例分析（第二轮）—成员分享—督导总结。

（1）案例描述。由社会工作者小李描述上述案例，讲述他在服务失独家庭项目过程中碰到的关于尊重、服务对象优先及保密问题的困惑，以及其他一些不清楚的情况。

（2）成员分享。参与督导会议的社会工作者逐一对上述案例进行分享，主要是自己的切身体会和困惑。

（3）督导小结。督导根据社会工作者小李及成员的分享进行小结，主要是澄清这些困惑及疑难问题的核心。然后就尊重、服务对象优先及保密的伦理原则及文化处境进行阐释和回应。

(4) 案例分析（第一轮）。在本环节中，督导与参与督导的社会工作者就具体案例中的尊重、服务对象优先及保密原则如何应用进行讨论和分析，指出伦理原则灵活运用的重要性及技巧。

(5) 案例分析（第二轮）。督导询问社会工作者对本案例的想法与看法，重点分享本次督导的启示及收获，针对未来本案例继续实施的具体方案，预见将会出现的困难及应对策略，也就是在审视案例的同时思考下一步的行动。

(6) 督导总结。首先是督导邀请参与督导的所有成员用简短的话语总结本次小组督导的收获与体会。其次督导用画龙点睛式的语言总结本次督导的成效，点出核心话题，提出未来希望，鼓励社会工作者的正向情绪。

(三) 召开多方参与的沟通协调会议

实践证明，中国的社会工作督导是在一个多元的价值体系下逐步推进的，这一价值体系包括专业价值、机构价值和中国文化特色的个人价值、单位价值和社会价值。由此而发的社会工作督导模式就不只是西方专业视野内的个人督导、集体督导和同事督导，而是一个多元性动态式的督导方式。李晓凤等学者认为这种多元性主要体现在专业性、行政性、支持性、文化性、学习性以及个体脉络性等方面，动态式是指中国的社会工作督导除去专业性、经验性以及强调理论与价值基础的内容外，还非常注重做人、做事与一些“特有的文化现象”如人际关系和餐桌文化等的引导及协调。

本案例中，社会工作者与服务项目购买方亦是协作方，即基层计划生育组织的干部的沟通至关重要。社会工作者小李及他们的团队成员基本上都是刚迈出校门走进社会的年轻人，虽说已掌握了社会工作理论及技巧，取得社会工作师职业水平的相关证书，但在人际关系协调方面依然稚嫩。因此，督导必须负责协调社会工作者与计划生育干部之间的关系，尤其沟通双方对社会工作专业伦理的理解与认同，从中找到既有利于工作开展又不违背社会工作专业伦理的工作方案。在会议过程中，督导首先介绍了社会工作专业伦理的重要性及操作规范，其次说明了双方在价值观念与伦理认知等方面存在差异的内在缘由。计划生育干部表示认同社会工作专业伦理，但同时强调他们工作的需要，指出社会工作者应该理解和配合他们的工作。社会工作者表示理解计划生育干部的工作职责所在，会在今后的工作中配合计划生育干部的工作，并在具体实施中运用专业技巧保护服务对象的隐私。最后，督导对会议进行总结，明晰社会工作专业伦理的多元适应性。

五、督导成效分析及督导反思

督导过程其实就是一个不断理解社会工作、传播社会工作和生产社会工作知识的过程。随着督导工作的深入和经验累积，督导者一方面看见了一些社会工作者的成长；另一方面也遇见有些人将社会工作者吹嘘到无所不能的境地，只要有项目，什么都可以做，项目一结束，什么都不做。对此，有的服务对象一头雾水，为什么无缘无故来服务我们？为什么突然又中断服务了？社会工作是什么？社会工作者是谁？服务对象一无所知。

中国社会工作教育先于社会工作制度与实务的发展，这是中国特色，也是中国经验，但同时亦是不足与缺陷。由于职业化范畴混乱，立法及伦理体系的建设滞后等问题，社会工作在很多地方和领域被有意无意地泛化了。有些机构和社会工作者本着“拥有专业知识就代表着专业性”的假设在提供着简单的文化娱乐服务，并且将这些社区活动等同于社会工作服务。其实，知识永远无法与能力画等号，尤其对社会工作这种极具反思性和实务性的职业而言。如何确保社会工作服务的专业性与高质量，张威强调这关系到社会工作者能否以一种辩证性态度、系统性眼光、结构性视角、过程性思维、互动性方式去解释问题、分析问题，与服务对象沟通合作并促使其看清问题、形成新的意识和能力，同时也不忽略与其相关的结构性宏观因素。也只有这样，社会工作者才能将课本中的知识转化为日常知识和实践行动，使服务对象从“下面”上来，自己从“上面”下去。

（一）正确认识社会工作实务中的伦理难题

自心理学家科尔伯格讨论西方海因兹偷药救妻子的道德两难至今，关于价值与伦理两难问题困境就一直伴随着心理辅导和社会工作实务。社会工作者在遇见伦理难题时，一定要有正确的认识，才能科学适时判断要采取的专业行为或实践本身对服务对象产生的影响，以做出符合专业道德规范的行为。洛温伯格（Frank Loewenberg）和多戈夫（Ralph Dolgoff）认为："社会工作实践中的伦理问题起源于作为现代社会特点的价值的多元性和矛盾性。……当一个从业者面临两个或两个以上相互冲突的价值时，伦理困境就可能会产生，诸如公正与平等、服务效用与效率，或者能力与平等。"通俗一些讲，就好比一个中国式的男人在面对母亲和妻子的冲突时常表现得不知所措。面对这些伦理两难与冲突，社会工作督导要与受督导者一起去接受和审视，不能对它们漠然视之，也不能畏惧这些两难冲突。可采取以下三种处理方式：一是科学研判这些伦理困境的成因。由于社会工作实务自身的道德属性，社会工作者根本不可能在服务过程中实现价值中立，加之服务对象问题的复杂性、政府购买社会工作服务的话语霸权惯性和社会工作者资源的有限性，更使得社会工作实务的伦理困境愈加明显。纵观社会工作伦理困境的成因，不外乎来自三个层面：社会工作专业与价值伦理自身的特性；个体与社会之间的矛盾与冲突；多元文化与社会关系的冲突等。二是重点掌握社会工作伦理困境的常见核心议题。社会工作的伦理困境很复杂，主要集中在以下几个方面的争议：隐私权与保密例外的冲突；服务对象自决与社会工作者干预程度的冲突；个人利益保障与社会治理责任的冲突；专业关系边界与限制产生的冲突；社会工作者资源有限及能力有限产生的冲突等。三是引导受督导者内化并遵循社会工作伦理抉择的基本原则。有学者指出，社会工作的伦理演变基本呈现出由宏观到微观，由抽象到具体，由一般到职业伦理和专业伦理，由德行伦理到责任伦理的发展特征。这一过程基本反映出社会工作伦理百年发展历程中深受不同政治流派与思潮影响的挣扎与摇摆。但无论如何，社会工作实务总会依据一定的等级次序来排列相应必须遵循的伦理抉择原则，如何让受督导者内化并遵循这些原则必然是社会工作督导过程的关键。如生命优先原则，道德优先原则，更困难者优先原则，本土经验及特殊情景原则等。

（二）建构本土性社会工作督导的关系视角知识转向

关系从来都是社会工作关注的核心，但西方的社会工作传统更多将焦点放置于专业关系之上。何雪松教授和杨超指出英美的社会工作关系传统总是绕不开根深蒂固的弗洛伊德思想。中国是一个格外重视关系、面子和人情的社会，在社会工作实务中，社会工作者不仅要和服务对象建立良好的信任与合作关系，更需要与政府的各个相关部门、社区及各类社会组织建立优质的合作关系。翟学伟就认为无论是中国还是西方，关系网都是共同存在的东西，差别在于关系网的构成与个体在关系网中流动，而中国人则喜欢运用人情来构建和运作关系网。因此，在具体的督导案例中，我们很多时候深感关系方面的督导要重要于专业技术方面，没有处理好各方关系根本谈不上专业技术的实施和服务的提供。

建构本土性社会工作督导的关系视角知识转向是当下中国社会工作督导的重要内容，亦是社会工作知识产生的鲜明特点。当前，社会工作服务基本以项目化运作为主，项目的购买方是政府各个部门，这在很大程度上决定了社会工作项目的承担方必须与政府相关部门处理好关系，客观上造成社会工作机构对政府的绝对依赖性，降低了社会工作的自主性、专业自觉与文化自觉。现实中的一线社会工作者绝大多数是专业知识优于关系技术，理性思维强于情感联系，在推进社会工作实务中造成各方价值与伦理的冲突也在情理之中。实际上，建构本土性的关系视角知识也可以算是中国智慧的贡献，而督导必须身先士卒地投身于对关系世界的关注和研究，同时推动一线社会工作者对关系尤其是中国本土文化传统关系的关注。

（三）重视社会工作督导影响因素的多元脉络体系诠释

基于西方文化及话语体系的社会工作专业价值与伦理有一套比较清晰可循的行为准则。但是，社会工作的利他行为是受特殊情境中的社会准则以及社会所能提供的资源控制的，并非直接来源于社会工作者个人的动机或道德。中国文化的特殊情境决定了中国本土的社会工作督导本身就建立在一个多元的价值体系之上，由本土性个体价值、机构价值、单位价值、社会价值等构成的脉络自然形成了个体脉络、机构脉络、单位关系脉络、社会脉络及国家政策制度脉络。这些价值与脉络相互交织、相互影响和相互作用，共同勾画了一幅独具东方文化特色的社会工作实务图景。重视社会工作督导影响因素的多元脉络体系诠释，可以让督导与受督导者更容易理解社会工作实务中的伦理碰撞与妥协，可以更科学判断社会工作伦理困境的成因，从而作出更加符合中国文化处遇的伦理判断。

童敏教授认为中国本土社会工作专业实践的基本处境与发达国家和地区不同，督导者面临的主要任务除了服务机构的协调、理论学习和专业实践活动的结合、专业服务需要的评估、专业身份和专业自我的确认以及专业服务的跟进以外，还包括专业服务的设计、专业服务需要的转化、日常专业服务的指导和专业服务的培育等。其实，在具体的社会工作督导实务过程中，督导面临的角色与任务还远不只这些，还有那些说得上和说不上的关系、人情和面子，都是中国社会工作督导绕不开的话题。

第二章　社会政策议题

第一节　政策解读与运用

一、案例背景

艾滋病（Acquired Immune Deficiency Syndrome，以下简称为 AIDS），是一种由感染艾滋病病毒（Human Immunodeficiency Virus，以下简称为 HIV）引起的获得性免疫缺陷综合征，也称为后天性免疫缺陷症候群，1981 年在美国首次被确认。艾滋病被称为“史后世纪的瘟疫”，也被称为“超级癌症”和“世纪杀手”。

据智研咨询网发布的《2017－2023 年中国疾病防控产业竞争格局及发展趋势研究报告》显示，艾滋病发病人数及死亡人数有逐年递增趋势。目前国家及各级政府积极参与抗艾行动，多种检测策略促进艾滋病防御和控制。根据各省市疾控中心统计，同性无套性接触、异性无套暗娼、婚外无套异性性接触等为艾滋病感染主因，注射传播、血液传播、母婴传播等为次因。

近 5 年来，重庆市艾滋病无论是总感染人数、历年新增感染人数、青少年学生感染人数，都出现了剧烈增长。2016 年重庆市艾滋感染人数和感染率排名均为全国靠前，增速第一，青少年学生成为艾滋易感高危人群。具体来说有以下六个特征：一是感染艾滋病总人数逐年剧增。截至每年的10月31日，重庆市2011年有11704人感染艾滋，2012年为15298人，2013年为16458人，2014年为21118人，2015年为25750人，2016年为31092人。二是新增感染人数逐年剧增。就重庆市每年新增感染者指标而言，2011年新增1914人，2012年新增2478人，2013年新增3000多人，2014年新增4943人，2015全年新增6352人，2016年全年新增高达7000余人。即2016年新增人数已经逐渐接近2011年感染的总人数。三是近5年来重庆市艾滋感染人数和感染率排名均为全国靠前。自2014年以来，重庆市以全国第20名的人口总数，竟然“贡献”了全国第7的艾滋病感染人数，从总人口的艾滋病感染率来看，重庆市3万多人，按照3000万人口总数计算，即重庆市的艾滋病感染率已经达到1‰，排名全国第7。四是重庆市的大中学生成为高危人群。2016年感染总数中，5045人为15～24岁的青少年，其中有1095人为在校学生，大约700人是处于19～22岁的本、专科学生。近三年，重庆市每年新增感染学生人数均在200人左右，其中100人以上为本、专科学生。五是性传播成为青少年感染艾滋病毒的主要渠道，男男性行为尤为显著。2016年新发现的艾滋病毒感染者中，97.5%经性传播，其中异性性接触传播占78.0%，同性性接触传播占19.5%，普通人群感染风险增加。而青年学生群体感染增加的主要原因就是男男同性性行为。六是学校艾滋风险巨大。通过对疾控中心、民间组织以及相关高校的调研发现，一方面是学生高危性行为暗潮汹涌，并且病毒自愿检测率较低，咨询求助途径较少，许多感染艾滋病毒的学生游离在教育监管和服务之外，形成巨大社会隐患。

社会工作是在社会服务与管理等领域，综合运用专业知识、技能和方法，帮助有需要的个人、家庭、群体、组织和社区，整合社会资源，协调社会关系，预防和解决社会问题，恢复和发展社会功能，促进社会和谐的职业活动。因此，从社会工作视野出发，主张建立在政府、非营利组织、自然－人文－社会科学研究部门互动合作框架中的艾滋病社会宣传－预防以及干预模式，不仅有利于国家采用最有效的措施和最合理的社会经济成本控制艾滋病的流行，也有利于充分拓展社会工作嵌入社会建设的空间和领域。

重庆高校社会工作力量积极参与大学生艾滋病防治工作。重庆师范大学的社会工作者协会以及重庆师范大学生物协会等组织在高校艾滋病的宣传教育、社会预防以及社会救助方面开展了持续的服务探索，工作范围从校园扩展到社会，在一定程度上扫除了当地群众对艾滋病防治的认识误区，深化了社区居民对艾滋病的认识，增强了群众对艾滋病日常预防意识，同时展现了社会工作学生的专业素质和大学生良好的文明风貌。

然而社会工作在介入艾滋病防治的过程中，也遇到了诸多社会困境与制度瓶颈。其中非常重要的一个方面就是，虽然我国 2006 年就制定了《艾滋病防治条例》以及相关的法律条文和行政规章，但相关的政策解读、贯彻和落实却非常不尽如人意。不仅广大学生对艾滋病疫情以及相关的传播途径和社会歧视不甚了解，甚至连相关的学生工作者、专业教师以及高校管理者对艾滋病知识以及防治政策都难以准确掌握，导致高校艾滋病防治工作存在“说起来重要，做起来次要，忙起来不要”的境地。因此，本案例将以社会工作本科学生通过社会工作者协会以及相关社会组织开展艾滋病防治的服务实践作为案例背景，通过专业教师、专业学生、行政管理者以及社会服务机构一起工作，探讨社会工作专业服务中如何解读现有的社会政策并将这些政策逐步落实到具体服务实践中。具体来说，2016 年年初，社会工作专业学生准备通过校园社会工作者协会，联系学校其他学生组织、校医院、当地社区居委会以及校外社会工作专业机构开展一项长期的“社区为本的大学生艾滋病防治干预社会服务”，但遇到了诸多来自机构以及相关利益方的限制与困境。作为该协会的专业督导，通过与社会工作者集体分析，我们认为该项服务难以落实的关键是相关利益方对于艾滋病防治政策认识不清晰、贯彻不到位。因此，本次督导围绕艾滋病防治政策的解读与运用，聚焦于如何有效解读现有艾滋病防治政策，并将其具体运用到相关的服务促进中。

二、督导核心问题确认

（一）艾滋病防治政策的内容解读

我国政府高度重视艾滋病防治工作，制定了一系列艾滋病防治法律法规和政策，为我国艾滋病防治工作创造了良好的政策法律环境（陈仲丹，2010）。首先，2006 年 1 月 29 日，国务院颁发了《艾滋病防治条例》（以下简称《条例》）。该条例把国家有关艾滋病防治的方针、策略、各个部门的防治责任等都以法律的形式确定下来，包括艾滋病防治工作中政府的责任、全社会参与、多部门合作等。条例明确禁止歧视艾滋病病毒感染者、艾滋病病人及其家属；确立了对高危人群的行为干预方针；确立了自愿咨询检测制度；确立了艾滋病病毒感染者、艾滋病病人及其家属的隐私权；确立了对艾滋病病毒感染者、艾滋病病人及其家属的救助制度；把政府、医疗卫生机构、检验检疫机构的职责明确化、具体化、罚责化；明确了侵犯艾滋病病毒感染者、艾滋病病人及其家属合法权益的法律后果。条例还将“四免一关怀”政策制度化。其中，《条例》第十三条明确规定：“县级以上人民政府教育主管部门应当指导、督促高等院校、中等职业学校和普通中学将艾滋病防治知识纳入有关课程，开展有关课外教育活动。高等院校、中等职业学校和普通中学应当组织学生学习艾滋病防治知识。”其次，国务院办公厅 2017 年 1 月 19 日印发的《中国遏制与防治艾滋病“十三五”行动计划》明确提出：“对于流动人口、青年学生、老年人、出国劳务人员、监管场所被监管人员等重点人群，应当强化艾滋病感染风险及道德法治教育，提高自我防护能力，避免和减少易感染艾滋病行为。教育、卫生计生和共青团等部门和单位要将性道德、性责任、预防和拒绝不安全性行为作为教育重点，督促学校落实预防艾滋病专题教育任务，积极发挥学生社团、青年志愿者和学生家长的作用，加强学校预防艾滋病和性健康的宣传教育。建立健全学校艾滋病疫情通报制度和定期会商机制，开展高校预防艾滋病教育试点工作并逐步推广。”最后，重庆市人民政府办公厅 2017 年 7 月 31 日印发的《重庆市遏制与防治艾滋病“十三五”行动计划》也明确提出："教育、卫生计生和共青团等部门和单位要将性健康、性道德、性责任、预防和拒绝不安全性行为、毒品危害作为教育重点，督促学校落实预防艾滋病专题教育任务，普通初中专题教育不少于6课时、普通高中和中等职业学校不少于4课时，高校开设艾滋病防治专题讲座。积极发挥学生社团、青年志愿者和学生家长的作用，加强学校预防艾滋病和性健康的宣传教育。充分利用学校艾滋病疫情通报制度和定期会商机制，开展高校预防艾滋病教育试点工作并逐步推广。"

（二）艾滋病防治政策的落实困境

目前，我国艾滋病防治政策在现实中的贯彻落实不容乐观，一方面来源于社会对于艾滋病的歧视和排斥，另一方面来源于社会政策执行过程中的诸多问题。具体来说，高校艾滋病防治政策落实不到位表现为以下几方面：一是教育主管部门防艾工作规划、部署和督促不力。教育主管部门对《条例》第十三条贯彻不力，没有出台关于学校开展艾滋病防治工作的规划、办法和检查措施，各级学校也没有相应的防艾部署，导致学校防艾工作只在检查和宣传日有活动，其他时间基本空白。二是教育与卫生系统艾滋疫情沟通不畅。一方面，各级学校与疾控中心沟通不畅，对本校学生艾滋疫情监测不力，疫情基本没有管控；另一方面，各级疾控中心未能及时将疫情信息分类处理，也并未将相关情况通报学校，且缺乏对于学生人群的干预。三是学校防艾工作存在形式主义和作假现象。部分学校领导存在消极应付和回避心态，不了解、不布置、不支持学生防艾工作，既没防艾部署和机构，也没防艾人员和经费，更没有相关的宣传教育以及服务活动，甚至有虚报政绩、工作作假等现象。四是目前不同系统的青少年防艾相关部门参与不够、缺乏整合。除了教育与卫生系统沟通不畅外，共青团、关工委、妇联、高校所在街道社区、社会组织以及青年学生也并未主动参与到防艾工作中。

（三）艾滋病防治政策的具体运用

通过讨论，我们认为要想更有效地开展艾滋病防治的社区干预，必须要有效解读目前我国艾滋病防治相关政策，尤其是要解读重庆市以及具体区县和部门艾滋病防治的具体落实政策和文件，并有效运用这些既有的政策，通过盘活政策促进服务的实施。具体来说，应该包括以下几方面的内容：

首先，是社会政策的主体，即摸清该项社会政策的制定者及其行动者体系（关信平，2014）。开展艾滋病防治的主体较为广泛，涉及社会的方方面面。在本案例中，最为重要的主体包括以下几方：一是艾滋病防治的责任者。《条例》规定县级以上人民政府统一领导艾滋病防治工作，县级以上人民政府有关部门按照职责分工负责艾滋病防治及其监督管理工作。二是社会政策行动的组织者。《条例》规定县级以上人民政府教育主管部门应当作为组织者，指导、督促高等院校、中等职业学校和普通中学将艾滋病防治知识纳入有关课程，开展有关课外教育活动。除此之外，相关的民政部门、卫生部门等应该也是政策的组织者。三是资源提供者。《条例》规定各级人民政府应当根据艾滋病防治工作需要，将艾滋病防治经费列入本级财政预算。同时，有关组织和个人参与艾滋病防治公益事业，依法享受税收优惠。四是社会服务的直接提供者。《条例》规定高等院校、中等职业学校和普通中学应当组织学生学习艾滋病防治知识。

其次，是社会政策的对象，即社会政策行动的接受者，包括接受社会政策帮助的个人、家庭、社区以及机构等，或者说是受社会政策行动影响的人（关信平，2014）。艾滋病防治政策的对象既包括所有的社会公众，又包括重点服务人群，比如大学生、女性、老年人等，还包括高危人群，比如性工作者、男同性恋者等。当艾滋病防治政策得以有效实施，这些人群会成为受益人群，反之则会变成受损者。比如，在高校贯彻艾滋病防治政策不力的时候，大学生往往更容易受到艾滋疫情的影响，成为易感人群。

再次，是社会政策的资源，即维持社会政策行动所需要的各种人力、物力和财力的综合。在艾滋病防治过程中，社会政策的资源既包括政府财政预算、财政补助、物资配备，还包括相应的政策资源、税收优惠、民间捐赠以及志愿服务力量等。高校艾滋病防治的资源还包括政府各级部门支持艾滋病拨付的专项资金、社会各界支持艾滋病防治设立的基金、高校支持艾滋病防治活动的资助等。

最后，是社会政策的运行机制，即社会政策行动各个环节运行的基本方式。在艾滋病防治过程中，一般的政策运行机制是由于各级卫生部门通过疾病预防控制机构来进行艾滋病的宣传与预防，高校也倾向于通过本校的医院开展相关的工作。从社会政策运用的角度，除了政府直接提供艾滋病防治服务模式以外，还有政府补贴服务方和政府补贴需求方等方式。因此，社会工作专业开展艾滋病防治的介入服务，可以通过申请政府购买社会服务项目的方式进行。

三、督导方案总体设计

（一）督导目标

基于以上论述，本案例中社会工作督导的目的是通过对艾滋病防治政策的解读与运用，促进高校艾滋病防治服务的落实，消除社会歧视，促进社会融合，保障健康权益。在具体的督导过程中，有以下的具体目标。

（1）行政性督导目标：通过专业督导促进专业学生与学校相关部门、社区居委会、疾控中心以及卫生主管部门之间的沟通，通过协助专业学生开展社会调研、项目策划以及参与讨论，实现其对相关政策的运用和推动。

（2）教育性督导目标：通过专业督导促进专业学生更多地了解艾滋病高危人群、艾滋病疫情发展、艾滋病防治政策、教育系统行政体系、行政机构运作程序、建议和咨询实现途径等方面的知识，并在其中重点推动专业学生对社会政策解读和运用的知识。

（3）支持性督导目标：通过专业督导鼓励专业学生积极参与政策实践和社会服务，并对部分学生的情绪进行疏导，及时发现其工作进展并给予鼓励。通过督导，最终希望促进学生能够更全面、更客观、更理性、更积极地解读和运用我国社会政策。

（二）督导模式

该案例中运用的督导模式是理论与实务整合的环形模式（Integration of Theory and Practice，ITP）。ITP，是指理论与实务相整合。ITP 环形模式是指整合过程中从回溯→反思→联结→专业回应→回溯……的依次循环（韩晶，2015），这一过程的起点是信息获取，即回溯，是指关于某具体实务情境的所有信息的回想，包括准备性思考和实务接触本身。从社会工作情境中回溯而得的信息主要包括心理－社会因素、互动因素、背景因素和组织因素四个方面的信息。本案例中，首先专业督导协助专业学生回溯自己对待艾滋病防治宣传的心态和出发点以及所了解的当前大学生、学校以及合作机构对待艾滋病防治宣传的态度，并明确梳理与相关利益方的关系状况。其次，反思是指社会工作者对收集到的信息进行思考，即社会工作者对实务情境的个人联想，其目的在于获得关于这些过程的反思。在本案例中，专业督导协助专业学生思考当前高校艾滋病防治政策的实施状况、存在的困境、影响的因素以及希望相关利益方给予什么样的支持与配合。再次，联结要求将关于某情境的实际情况和看法进行抽象或概括，并归纳出相关知识基础的一般要素。在本案例中，专业督导协助专业学生结合社会政策课程所学的知识，分析高校艾滋病防治政策中的社会政策主体、对象、资源、运行机制具体包括哪些内容，这些内容在现实服务中应该如何挖掘和调动。最后，专业回应是选择和实施计划，为下一步的情况做好准备。本案例中，专业督导带领专业学生进行专题讨论和分析，找出不同机构和组织中存在的或应该提供的政策资源，并引导专业学生利用这些资源提供具体的服务。

（三）督导的方式

1. 个别督导

在本案例中，专业督导针对协会开展该项工作所面临的多方面压力，与该协会主要负责人通过面对面的方式，每周一次进行单独督导。个别督导的主要任务是激发该负责人投身社会工作服务的潜能，促进该负责人在高校艾滋病防治领域的使命，缓解其在资源协调、团队建设以及志愿者管理方面的压力，增强其开展类似项目的信心。

2. 团体督导

在本案例中，专业督导针对参与该项目社会工作者在艾滋病防治方面的主要任务和知识储备现状，一方面通过小组方式收集不同组员对于项目的疑惑和建议，并为协会项目组的社会工作者开展了系统的知识培训，促进他们对高校艾滋病疫情、高校艾滋病防治政策以及社会政策分析的了解和熟悉，促进知识的储备；另一方面通过小组方式协调协会项目组成员就项目的宗旨、进度、模式及其服务内容进行充分讨论，团队合作完成服务方案。在此基础上，促进成员彼此之间的团队合作和工作成效。

3. 同辈督导

考虑到高校艾滋病防治项目的相似性和互联性，专业督导通过自身资源促进专业学生积极与其他高校社会工作者协会、高校艾滋病防治社团进行合作与交流，邀请在该领域具有丰富经验的专业学生进行分享、讨论和带领，通过朋辈小组的方式促进专业学生在艾滋病社会工作理论与技巧方面的知识储备和能力提升。

4. 机构督导

除了直接为专业学生提供督导以外，专业督导也积极与高校艾滋病防治有关的行政部门、企事业单位以及社会机构进行合作，促进社会工作者协会与这些机构之间的沟通和关系，提升其他机构在艾滋病防治方面的认知、态度及其服务技巧。

5. 志愿者督导

在本案例中，专业督导除了为提供服务的社会工作者提供督导以外，还积极通过现场参与活动、志愿者培训、知识讲座等方式，为参与艾滋病防治服务的志愿者提供知识更新、压力缓解以及现场咨询服务。

四、督导过程描述

2016 年 3 月，某校社会工作者协会针对某市大学城区域 15 所大学相对较为集中的现状，计划为所在区域的大学生及其周边民众开展“社区为本的大学生艾滋病防治干预社会服务”项目，具体的服务任务包括三个方面：一是针对该大学城区域的大学生开展一项大规模的艾滋病感染现状调查；二是针对该大学城校区的综合类、科技类、医学类、师范类、美术类、高职高专类六类大学，各选取一所大学开展艾滋病防治宣传教育活动，主要内容包括专家讲座、知识竞赛、政策宣讲、视频播放、游戏互动、角色扮演以及现场咨询活动；三是针对该大学城校区的三所代表性大学开展“青少年自我保护与艾滋病防治互助小组”活动，促进大学生对性健康以及艾滋病防治知识的认知、态度和行为，最终促进健康和谐的校园氛围。

（一）督导前期

1. 面临的问题

2016 年 3 月，该社会工作者协会在与相关高校职能部门、社区居委会以及社会服务机构接触的过程中，遇到以下几方面的问题：一是高校对于开展类似的艾滋病宣传活动没有专门的经费和场地支持，宣传部门以该项目日期不是 12 月 1 日前后为由拒绝批准活动；二是相关高校医院以该活动为区疾控中心已经开展了宣传教育为由拒绝了与社会工作者协会的合作；三是部分高校负责人认为大学生艾滋病疫情不是普遍现象，不构成社会重大风险而否定了开展长期宣传教育的计划；四是社会工作者协会未能从学校和社区筹措足够的经费开展活动。

2. 督导的任务

针对以上问题，专业督导与协会负责人进行个别面谈确认服务遇到的问题，并通过团体督导与项目成员确认了督导的任务包括：一是通过政策解读了解高校艾滋病防治宣传教育和干预活动的政策依据；二是通过政策分析确认高校艾滋病防治宣传教育的相关单位及其职责；三是通过政策运用挖掘高校艾滋病防治宣传教育及干预活动的资源并顺利进入项目实施过程中。

3. 督导的过程

基于以上任务，专业督导协助协会负责人、项目成员开展了以下工作：一是在 2016 年 4 月上旬与项目核心成员进行了一次支持性督导，支持该协会开展类似活动，分析所遇到的问题主要是社会政策落实不到位，并鼓励协会项目组通过所学到的社会政策解读与运用的技巧解决该问题；二是在 2016 年 4 月中旬促进协会项目组学生确定了介入的方案，并制订了一次样本量在 2000 人的“高校大学生艾滋病防治的认知、态度及行为”调研方案，计划在8月之前完成；三是在2016年4月下旬指导协会项目组学生对国家、省市区各级政府及职能部门以及相应的学校的艾滋病防治政策和文件进行针对性梳理，从中找出相应的负责部门、组织单位、服务机构以及相关要求；四是通过同辈督导的方式，邀请其他具有相关艾滋病防治服务经验的高校社团、民间组织、彩虹小组以及专业老师分享服务经验，尤其是通过他们获得了诸多其他资金和场地来源，最后由协会项目组成员通过脑力拓宽项目思路。

4. 督导的技巧

在这一阶段，主要使用的督导技巧包括：一是潜能激发。通过说明高校艾滋病防治的重要意义、大学生生命的意义、社会工作服务的社会价值、艾滋病防治工作的挑战性等方面，鼓励协会项目组成员投身于社会服务实践；二是教育培训。针对协会项目组成员缺乏相关的艾滋病防治知识以及社会政策分析与应用的知识，为社会工作者协会以及相关利益方组织了培训，提升了项目参与的动机和能力；三是政策分析。通过政策梳理和分析，全面掌握了国家对于不同主体开展艾滋病防治工作的职责和任务要求，增强了服务开展的信心和预期；四是榜样激励。通过介绍其他组织开展类似服务的成功经验，拓展了项目成员的视野和思路。

（二）督导中期

1. 面临的问题

一方面，2016年4~6月，在对大学城“高校大学生艾滋病防治的认知、态度及行为”进行问卷调查和实地调研以后，进行了相应的数据分析，得出调研结论；另一方面，在对相关政策进行梳理和分析的基础上，协会项目组也发现目前各级政府和企事业单位都按照《条例》的要求，制定了本地区和本部门相应的艾滋病防治方面的文件和规定，但缺乏相应的实施细则和具体的行动安排。并且，在进一步实地访谈和督导讨论中还发现，目前许多机构和组织没有开展相关艾滋病防治服务的主要原因是缺乏适当的服务项目，而不是单一的对政策的不贯彻和不落实。因此，在2016年6月，协会项目组面临的主要问题是如何将当前大学生艾滋病防治的现状和需求反映给相关部门，并设计具体可行的服务方案，通过适当机会向相关部门进行申请。

2. 督导的任务

基于督导会议的分析，本阶段的督导任务一是协助项目组学生通过适当方式反映当前大学生艾滋病疫情的状况及其需求；二是设计多样化、实用性和针对性强的艾滋病防治宣传方案，以备申请不同的宣传项目；三是与省市区县相应职能部门以及社会组织沟通，争取获得相应的支持；四是提升项目组学生开展相关服务的能力和技巧。

3. 督导的过程

基于以上任务，专业督导协助协会项目组及其成员开展了以下工作：一是在 2016 年 6 月末与项目组核心成员进行了一次团体督导。一方面，建议该项目组通过向学校校报投稿的方式，争取将大学生艾滋病防治的需求反映出来，以期获得校内的支持；另一方面，针对政策解读所发现的“高校开设艾滋病防治专题讲座。积极发挥学生社团、青年志愿者和学生家长的作用，加强学校预防艾滋病和性健康的宣传教育”，先行设计相应的服务方案，定期向艾滋病防治实施单位申请项目支持。除此之外，督导会议还讨论了如何与其他校外社会服务机构合作共同开展服务的问题，项目组的两位成员刚好与其他省市级艾滋病防治机构有来往，并愿意提供相关的联络服务。二是在 2016 年 6 月底，专业督导组织协会项目组成员与相关专业教师进行了合作，由专业教师申请专门的全校通识选修课并设置相应的实践环节，由协会项目组提供大学生艾滋病防治宣传教育的实践方案，通过通识课程为某校大学生提供为期三个月的“艾滋病防治教育小组”活动。三是在 2016 年 7 月，专业督导协助协会项目组积极与相关科学技术协会、区疾控中心以及学校医院联系，通过社区科普宣传、校园艾滋病防治宣传、校内学生健康教育等方式，由科学技术学会提供科普宣传经费，疾控中心、校医院申请国家和省市“社会组织参与艾滋病防治基金项目”的方式，支持该协会项目组提供专业服务活动。四是在 2016 年 8 月，专业督导协助协会项目组与某区民主党派组织区委联系，达成了由该党派主办、社会工作者协会承办的“国际科学与和平周”合作方案，开展艾滋病防治宣传活动。五是通过与学生工作处的协调合作，将协会所开展的艾滋病防治宣传与干预服务作为学生健康教育的一部分。

4. 督导的技巧

在这一阶段，主要使用的督导技巧包括：一是资源链接。在这一阶段，专业督导主要是为协会项目组介绍来自政府职能部门、学校以及社会组织方面的资源，为其牵线搭桥，促进专业学生将想法变成行动，将行动变成资源；二是团队建设。在这一阶段，针对协会项目组不同成员的个性特点，协助不同组员从事自己所擅长的工作，包括设计不同类型的活动方案，联络不同的社会组织，在服务中发现自己的优势，实现自身的价值。

（三）督导后期

1. 面临的问题

2016 年 7 ~ 12 月，协会项目组在与相关高校、社会组织、疾控中心、校医院、社会工作机构、某民主党派区委以及专业教师的合作过程中，一方面在四所高校以及两个社区开展了六场艾滋病宣传教育活动，同时为 3000 多人次的大学生开展了艾滋病防治的宣传教育活动；另一方面在两所高校开展了艾滋病防治教育小组活动，共计 14 节的活动内容。在 2016 年 11 月中旬，该协会项目组计划在 12 月 1 日开展一次全面的项目总结和宣传活动。此时，项目组虽然开展了一系列活动，但是依然缺乏相应的模式提炼和经验总结，如何将服务活动提升为服务品牌，并给予艾滋病防治政策参与的不同主体以适当的反馈，以期增加艾滋病社会政策执行的可持续性，依然是专业学生需要面对的问题。

2. 督导的任务

针对以上问题，专业督导与协会项目组通过两次个别督导和团体督导，系统梳理了项目开始以来的问题、项目的努力和项目的初衷，将服务督导的任务确定为：一是以更清晰和简明的方式表达清楚艾滋病防治政策的主要内容、实施过程及其服务成效；二是通过文字、视频和图片的方式，将项目服务的过程和效果向科委、疾控中心、学校以及其他相关组织作出反馈和报告，增强社会政策、主体政策实施的可持续性；三是通过适当方式将该服务项目纳入相关政策主体的年度实施计划，并进行持续的资助。

3. 督导的过程

基于以上任务，专业督导协助协会项目组进行了以下工作：一是在2016年11月汇总相关服务的内容、图片以及视频，经过匿名化和保密处理，汇编成服务手册和服务微视频，寄送给五个资助单位作为反馈；二是请协会项目组文字功底较好的专业学生将服务总结成报道，向相关报纸和社会媒体投稿，宣传该区艾滋病防治的经验，形成良好的社会认同和影响；三是将高校艾滋病社会工作服务的实践总结成服务经验以及相对规范的服务标准；四是将服务经验总结成为社会政策建议，并通过相关的人大代表、政协委员、民主党派成员提交给政府的教育、卫生等部门，促进高校艾滋病防治政策的进一步落实；五是由社会工作专业学生邀请相关支持方出席艾滋病防治宣传日活动。

4. 督导的技巧

在这一阶段，主要使用的督导技巧包括：一是赋权增能。大部分专业学生在开展社会服务过程中，自动将自己的能力局限在学习和一线实践范围之内，而缺乏对于社会政策的分析和倡导能力，尤其缺乏与不同社会政策主体的平等沟通、交流、合作与互动的能力。本案例中，专业督导通过引荐和介绍的方式，促进专业学生能够平等地与政府相关职能部门、学校相关职能部门以及社会其他组织进行互动，提升了学生的沟通力和自信心；二是社会倡导。在专业督导看来，社会政策分析、解读以及运用的最终目的是促进社会政策的稳定和可持续发展。因此，协助专业学生通过实践将服务变成模式、将模式上升为更为稳定的政策，是督导最后阶段最为重要的技巧。

五、督导成效分析

经过将近一年的督导，社会工作者协会专业学生开展的“社区为本的大学生艾滋病防治干预社会服务”对于促进大学生艾滋病防治的认知、态度和能力均有显著的提升。但就督导而言，项目无论是在任务目标还是在过程目标方面，都取得了一定的成效。

（一）任务目标

任务目标指的是专业学生通过服务在解决社会问题方面所取得的成效，具体包括：一是完成了教育宣传的任务，包括在四所高校以及两个社区面向3000多人次开展了六场艾滋病宣传教育活动，在两所高校开展了共计14节艾滋病防治教育小组活动，并举办了一场大型社区宣传活动；二是提升了大学生艾滋病防治的认知、态度和行为，通过基线调查显示大学生对艾滋病的总体认知度提升了25.6%，支持态度提升了21.2%，积极参与度提升了17.8%；三是建立了推动大学生艾滋病防治宣传教育与干预的支持网络，并初步联系了一支大学生艾滋病防治志愿者队伍；四是初步形成了一套高校艾滋病防治宣传教育的服务流程、模式及其规范。

（二）过程目标

过程目标指的是专业学生在开展服务过程中的意识、价值、能力及其技巧的提升，具体包括：一是促进了专业学生对于社会工作专业推动艾滋病防治服务的信心，尤其是通过服务过程体会到了社会工作专业在促进社会政策落实、推动社会资源整合方面所具有的天然优势，更增强了专业学生对于社会工作专业的认同和自信；二是通过服务和督导的过程，协会项目组通过与不同的社会组织合作，挖掘了不同专业学生的潜能和资源，调动了不同学生做方案的优势和兴趣，形成了更为紧密的团队合作氛围、更为合理的成员职责分工、更为规范的组织管理结构以及更为开阔的专业服务视野；三是通过督导提升了专业学生对于艾滋病防治知识及其防治政策的全面认知和深入了解，锻炼了专业学生社会调查研究、项目规划与管理、方案策划与实施、政策解读与分析、资源调动与整合、项目总结和推广等方面的能力和技巧。

六、督导反思

（一）督导过程中价值的反思

督导作为社会工作专业教育的一个部分和一种方法，始终贯穿着社会工作的价值理念。本案例中，社会工作所体现的社会公正性贯穿始终。一方面，针对大学生日益严峻的艾滋疫情，专业学生积极主动参与预防和干预活动，体现了服务社会的宗旨；另一方面，在开展服务过程中始终依靠社会的力量，实现了“整合社会资源去解决社会的问题”这一目标。所以，督导的价值也应该是助人自助，促进学生积极融入社会，在社会互动中体现专业的价值和个人的潜能。但是，专业学生始终不是一名完全意义上的专业社会工作者，在没有具备社会工作职业证书的前提下，不建议开展更为专业的服务内容，以免伤害服务对象的合法权益。

（二）督导过程模式的反思

本案例中，采取的ITP环形督导模式充分整合了问题导向和反思导向，将专业学生在实践中遇到的问题回溯到理论层面，通过反思得出成长的主题和任务，并与社会工作的理论与方法联系，最终给出专业的指导建议和回应，如此循环往复实现能力的螺旋上升。该模式充分体现了社会工作中的行动反思精神，更实现了督导过程中的教学相长、理论与实践相互促进。但是，该模式强调了督导过程中的规范性和技巧的运用，对于自觉性较差、反思性较弱的学生而言，该模式的运用就需要加以调整。

（三）督导过程方法技巧的反思

一方面，本案例中主要采取的是个别督导、团体督导、同辈督导、机构督导和志愿者督导的方法，但针对专业学生采取的主要还是个别督导和团体督导，旨在促进其潜能的激发、信心的增长、知识的储备、关系的维护以及行动的倡导，其作用更多的是实现学生发展的一种可能性；而学生成长的可行性更多的是依靠彼此之间的同辈督导以及由学生向志愿者提供的志愿者督导。另一方面，本案例中专业督导至少运用了潜能激发、教育培训、政策分析、榜样激励、资源链接、赋权增能和社会倡导等方法和技巧。但这些方法不是规范和固定不变的，专业督导者应该针对不同受督导者的情况采取更为多样性、个性化以及实用性的督导技巧。正所谓“法无定法”，这对于社会工作督导而言更为适用。换而言之，督导是一门科学，更是一门艺术。

第二节　政策建议与倡导

一、案例背景

2015 年中国大学生在校人数规模达到 3700 万，大学生消费市场规模超过 4000 亿元，预计未来还将保持每年 4% ~5% 的同比增长率。大学生消费市场的扩大使得不良网贷有了滋生的土壤。随着互联网金融兴起，小额、便捷的“校园网贷”深受大学生追捧。

所谓校园网贷，是指一些网络贷款平台面向在校大学生推出的信用贷款业务。校园贷作为互联网金融的创新产物，一方面虽然帮助很多大学生解决了资金难题。但各大贷款平台风控松紧不一，部分贷款平台申请门槛较低，只要是在校大学生，在线提交申请资料，即可轻松申请。同时，校园贷平台都打出利率低、负担小的广告，甚至有“零首付、零利息”这样的名头，实际上大学生正是受到了这种零首付、零利息的诱惑才去进行校园贷，在各种潜在风险的驱使下，最后利滚利，滚成了高利贷。随着参与人数上涨，其负面效应和金融风险也开始不断凸显，且愈演愈烈，“校园网贷”风波不断，成为社会和舆论关注的焦点。河南一大学生通过网贷，借钱赌博，欠下近 60 万元债务后跳楼身亡；网络借贷平台“裸条放款”事件爆出，当发生违约不还款时，放贷人以公开裸体照片的手段威逼大学生；某大学一位大二女学生因买手机在网贷平台借款 3500 元，陷入“以借代还”的恶性循环，最终欠下 10 万元，被迫援交还款；湖南某高校大四学生黄某借用 18 名大学生个人信息，网贷 50 余万元后被迫休学。诸如此类，因校园网贷无力偿还的大学生自杀、自残或被骗的悲剧层出不穷，令人痛心。当下校园网贷生态环境到底如何？校园网贷悲剧频发原因究竟何在？如何有效防范校园网贷风险？诸多疑问令人如芒在背，值得深思（罗琼，2017）。

2009年以前，也有一些银行开发高校信贷市场，但是高违约率、高坏账率，引起了监管部门的注意。2009年，银监会正式下发通知，明确要求不得向未满18周岁的学生发放信用卡；对已满18周岁但无固定工作、无稳定收入来源的学生发放信用卡时，须落实第二还款来源，且额度较低。这些规定大大提高了学生信用卡的门槛，信用卡开始逐步退出大学生金融借贷市场。然而，伴随着互联网长大的新一代大学生，他们的消费欲望和理念早已不同，提前消费观念已被普遍接受，强烈的市场需求为大学生分期贷款业务提供了生长的土壤，只不过现在的债主不是银行，而是众多网贷公司。

社会工作是遵循以人为本、助人自助、平等公正的专业价值观，在社会服务及社会管理等领域，综合运用专业知识、技能和方法，帮助有需要的个人、家庭、群体和社区，整合社会资源，协调社会关系，预防和解决社会问题，促进社会稳定和谐的专业和职业。面对大学生陷入不良网贷泥潭的困境及其引发犯罪、自杀、心理疾病等严重的社会问题，社会工作从业人员极力从自身专业角度进行思考与介入，了解大学生的消费心理、校园不良网贷现状和存在的问题，探究事件本质及其发展规律，寻找适当的介入策略与路径，通过社会政策建议与倡导，促进高校教育、金融管理、法律惩治等方面的规范和矫正（勾志文，2017）。

重庆师范大学社会工作专业学生小谭顺利完成了大学四年的学习任务，于2015年9月进入重庆市某青少年社会工作服务中心实习，一直跟进某职业学院一位深陷网络贷款的学生小朱，并通过三个月的个案辅导工作，帮助小朱顺利走出网络赌博和网络贷款的困境。在实习的后期，小谭向专业督导反映了大学生网络贷款问题的普遍性、严峻性、紧迫性和政策空白性。在专业督导的指导下，小谭积极参与相关的调查研究与政策分析，探讨如何通过专业方法将高校学生网络贷款问题上升到社会政策倡导的高度，通过推动社会政策来解决这一群体性问题，保障大学生的健康发展。因此，专业督导准备以大学生校园网贷问题为例，结合社会政策课程的知识，协助小谭完成社会政策建议与倡导的学习任务。从2015年9月到2016年5月，通过专业督导、实习学生小谭以及专业机构的多方努力，成功实现了重庆市大学生校园网贷监管政策的出台与落实。

二、督导核心问题确认

（一）校园网贷问题现状及其成因

社会问题是社会政策产生和形成的前提与基础，社会需要是社会政策出台的动力和宗旨。因此，在开展高校校园网贷社会政策建设与倡导开始之前，首先需要明确所遇到的社会问题是什么？问题产生的原因是什么？

2016 年 2 月，河南牧业经济学院某大学生利用同学的身份证件骗取校园贷款，参与非法赌球活动，后因无力偿还近百万的债务跳楼自杀。这一事件集中反映了当前大学生网贷行为的无序、混乱、暴利以及所造成的巨大风险。近年来，随着我国经济结构的调整，国家对于金融资本的管控也不断规范，在各大商业银行停止大学生信用卡业务之后，以现金借贷和分期购物为主要形式的各类网贷公司和平台开始“入侵”校园，比如宜人贷、君融贷、借贷宝、名校贷、分期乐、优分期、趣分期、同学加油、校柚、零零期分期、零用金，名目繁多，良莠不齐。这些平台多是通过校园代理和中介，在大学生群体中间开展贷款业务。根据 2015 年发布的《全国大学生信用认知调研报告》显示，在弥补资金短缺时，有 8.77% 的大学生会使用贷款获取资金，其中网络贷款几占一半。而根据笔者对重庆大学生群体的调研发现，目前有 15.6% 的大学生参与过网贷行为，有 35.8% 的大学生表示可以考虑网贷，有 49.2% 的大学生被网贷宣传员宣传过业务，有 73.1% 的大学生知道网贷信息。

虽然，大学生网贷一定程度上促进了大学生的消费，缓解了大学生的经济压力，也为大学生创新创业提供了一定的资金便利，但由此给大学生、大学生父母以及网贷公司本身带来的经济风险却不可忽视，甚至对大学生的生命财产安全带来威胁。具体来说，一是部分网贷公司和平台存在虚假宣传、风控不严、虚假审核和无序发展的问题，有些网贷平台甚至恶意放高利贷，编织各类费用陷阱，如“服务费”“逾期费”“催收费”等，通过这些途径牟取暴利。二是部分网贷公司和平台游离于央行征信系统以及学校监管系统之外，通过各类宣传单和隐秘 QQ、电话等方式无序宣传，贷款门槛较低，通过恶意营销刺激、诱导学生非正常消费或使用资金的趋势明显。三是相关的虚假宣传、无序营销以及毫无审核导致部分大学生借贷无度，甚至逼着学生“借新还旧”陷入“循环贷、利滚利”，最终不堪重负选择“轻生”。四是毫无监管和审核的网贷行为不仅加重了学生的偿债负担，扰乱了正常的教学环境，也给学生家长带来连带偿还的压力，给校园和社会带来巨大风险隐患。

一直以来，舆论对于校园网贷乱象丛生原因的剖析，不外乎以下几个方面：一是行业缺乏自律，业务创新偏离轨道；二是立法、监管未能及时跟上；三是大学生自我控制、金融风险防范能力欠缺。

（二）高校校园网贷管控的相关政策

社会政策的倡导不仅需要对社会问题有深入的调研，更需要对已有相关社会政策进行分析，在此基础上才可以确认新的社会政策的方向和内容。在开展具体的政策建议与倡导之前，我们有必要进一步了解目前关于校园网贷的社会政策情况。

2014 年 3 月，“促进互联网金融健康发展”被写入政府工作报告，开启了互联网金融的“元年”。2014 年上半年，政府逐步确立了对互联网金融监管的分工，P2P 划归银监会管理、股权众筹划归证监会管理、第三方支付划归央行管理，并由央行牵头“一行三会”制定《关于促进互联网金融健康发展的指导意见》。自此，拉开了对 P2P 监管的序幕。但校园网贷从诞生伊始，就一直以模糊不清的状态游走于法律与道德边缘的灰色地带。2013 年爆发式增长，2014 年野蛮生长，2015 年资本涌入，再到如今的乱象频发，问题层出不穷。针对校园网贷，目前国家的监管政策仍然缺位。调研发现，国外对放贷人的要求是持营业执照经营。然而，截至 2015 年年底，国内政策对校园网贷放贷人没有这方面的要求，相关法律也尚不健全。从制度上看，类似的 P2P 平台应该是由银监会来监管，但由于具体的监管细则尚未出台，所以还缺乏具体实施细则来制约校园网贷的野蛮生长。对于“裸条”这类可能已经涉及违法犯罪的行为，也缺乏相应法律法规的约束。

（三）社会政策分析与倡导的议程

社会政策的分析与倡导包括了社会政策从无到有、从名到实的一个过程，不仅包括了对于社会群体以及社会问题的调查研究，也包括了对于已有政策的梳理与分析，还包括对于未来政策文本、实施细则以及实际操作的设想与建议。因此，在开展具体的督导之前，必须明确社会政策分析与倡导的议程。

所谓政策分析是指在一定的理论框架指导下，对社会政策的价值观、理论以及具体政策过程进行的描述与解释，其目的在于对社会政策过程与结果进行深入探讨和阐释，前者包括对社会政策制定与执行过程的具体分析，后者是对社会政策实现的目标、成绩和具体影响进行的分析与评价。社会政策分析不仅需要对具体问题的描述性知识，还需要对政策动态过程的解释性知识；不仅需要对社会政策的价值观与意识形态进行分析，还需要对社会政策的内容、制定和实施过程、政策结果进行分析。社会政策既可以使用定性分析方法，也可以使用定量分析方法；既可以从静态分析方法入手，也可以从动态分析方法入手；既可以作规范分析，也可以作经验分析；既可以采用制度分析方法，也可以采用个案分析方法，还可以采用比较分析方法。

所谓社会工作倡导就是指由个人或群体付出的努力，代表无权的第三方，以影响其他人或其他群体作出决定，影响第三方的福利或利益（张宇莲、刘梦，2017）。通俗地说，倡导就是要促进社会政策的产生、推动社会政策的改变以及促进社会政策的落实。倡导既可以两分为内部倡导与外部倡导、个案倡导和集体倡导，也可以三分为联盟式倡导、中立式倡导和对抗式倡导，还可以四分为：（1）案主倡导，保护、促进和保障案主的权利、福利、资源服务和利益；（2）原因倡导，促进政策和实务的改变，以影响相同群体或阶层中的所有人，如残障人士、老年移民和受虐妇女等；（3）立法倡导，在政策和立法层面倡导变革，以改善满足人们需要的社会条件，推动社会公正；（4）行政倡导，提高案主服务效果，设法解决危害案主的机构实务或流程（罗伯特·施奈德、洛丽·莱斯特，2011）。威廉·盖姆森（William Gamson）将倡导策略分成三类：强制性策略、实用主义策略和规范性策略。强制性策略主要是冲突、纷争和投诉（抱怨）。实用主义策略包括讨价还价和谈判。规范性策略指的是运营公共价值，来开展道德讨论和争论。

三、督导方案总体设计

（一）督导目标

基于以上论述，本案例中社会工作督导的目的主要是通过对当前高校校园网贷问题的调查研究，掌握该问题的基本状况及影响因素，并通过政策分析了解该问题处理状况，进而提出解决该问题的对策和建议，并推动政策的形成和落实，最终达到校园网贷问题的改善与解决。在具体的督导过程中，包括以下具体目标：一是情感性支持，即通过专业督导的鼓励和支持，激发社工专业实习生对于社会问题的关注和对于社会进步的承担，缓解社工专业实习生对于社会问题的担忧，促进其对于政策发展的信心。通过督导，最终希望促进社工专业实习生能够更有利他主义的价值观，能够更有信心地从事社会工作倡导。二是知识性成长，即通过专业督导促进社工专业实习生对于校园网贷现状、问题、影响因素以及解决对策的方面的了解，并掌握社会调查研究、社会政策分析以及社会工作倡导的方法和技巧。通过督导，促进社工专业实习生能够将社会工作理论运用到实践中，能够从社会现象中发现社会问题，从社会问题中提升政策议题，从政策议题中发展社会政策，最终能够提升社会工作倡导的总体能力。三是行政性协调，即通过专业督导促进社工专业实习生与政府教育部门、金融监管部门、有关高校以及学生之间的沟通，通过提升社工专业实习生的沟通和协调能力，实现其对相关政策的建议和倡导。

（二）督导模式

该案例中运用的督导模式是理论与实务整合的环形模式（Integration of Theory and Practice，ITP）。ITP，是指理论与实务相整合。ITP 环形模式是指整合过程中从回溯→反思→联结→专业回应→回溯……的依次循环（韩晶，2015）。这一过程的起点是信息获取，即回溯，是指关于某具体实务情境的所有信息的回想，包括准备性思考和实务接触本身。从社会工作情境中回溯而得的信息主要包括心理－社会因素、互动因素、背景因素和组织因素四个方面的信息。本案例中，首先，专业督导协助社会工作专业学生回溯自己在辅导服务对象过程中对校园网贷问题的认知、态度及其思考，具体包括校园网贷的现状和危害、社工专业实习生的态度和认知、政府的监管水平以及高校的应对策略等。其次，反思是指社会工作者对收集到的信息进行思考，即社会工作者对实务情境的个人联想，其目的在于获得关于这些过程的反思。在本案例中，专业督导协助社工专业实习生思考当前校园网贷的危害、社会风险及其影响因素，从而思考如何通过适当的社会工作专业方法和技巧更为高效地为该群体提供服务。再次，联结要求将关于某情境的实际情况和看法进行抽象或概括，并归纳出相关知识基础的一般要素。在本案例中，专业督导协助社工专业实习生结合社会政策课程所学的关于政策议程、政策分析和政策倡导的知识和技巧，分析大学生校园网贷政策中的社会政策主体、对象、资源、运行机制具体包括哪些内容，这些内容在现实服务中应该如何挖掘和调动。最后，专业回应是选择和实施计划，为下一步的情况做好准备。本案例中，专业督导带领社工专业实习生进行分析和思考，找出政府职能部门、高等学校、大学生自身如何各自扮演好相应的角色，履行相应的职责，共同防范大学生信贷和金融风险，构建和谐校园氛围。

（三）督导的方式

1. 个别督导

本案例中，专业督导每周与小谭进行一次面谈和辅导，一方面鼓励小谭将实习过程中所发现的问题进行归纳提升，并勇于运用社会倡导的方法和技巧；另一方面，通过师生合作的方式指导小谭设计调查问卷和提纲，分析数据并共同商量相应政策建议。

2. 会议督导

本案例中，专业督导针对该案例涉及不同的部门和单位，因此不定期邀请小谭参与相应的调研会、交流会以及论证会，让其能够听取不同部门对于校园网贷问题的看法和态度，促进学生在社会议题方面的宏观视角和整体思维。

3. 合作督导

本案例中，专业督导作为教师与社工专业实习生建立了信任合作的专业关系，通过理论教学、实践反思和学术研讨等方式，促进师生之间的合作。一方面教师是社工专业实习生的专业督导，另一方面社工专业实习生也主动反思教学效果并改进教学主题，师生共同促进理论与实践的相互转化。

4. 机构督导

本案例中，专业督导积极与青少年社会工作服务中心合作，参与该机构关于校园网贷服务的研讨、分享和培训，并积极与具备相应政策影响力的组织联系，为政策提交和倡导开拓渠道。

四、督导过程描述

2015 年 9 月到 2016 年 5 月，基于实习指导过程中的现象分析与问题梳理，督导人员将“大学生校园网贷问题的社会政策建议与倡导”作为督导的重要议题，并主要完成了以下三个方面的任务：一是开展问题调研与分析。2015 年 9 ~ 12 月，专业督导指导社工专业实习生就校园网贷问题进行了相应的问卷调查、实地访谈以及个案分析，了解了问题的基本状况及其成因。二是开展政策梳理与分析。2015 年 12 月 ~ 2016 年 2 月，专业督导指导学生就相关政策进行了文本梳理与分析，掌握了目前政策的静态和动态状况。三是开展政策建议与倡导。2016 年 2 ~ 5 月，专业督导通过适当渠道反映了该政策建议，并获得相关部门的重视，最终形成相关的政策文本。

（一）督导前期

1. 面临的问题

2015 年 9 ~ 11 月，社会工作专业实习生小谭在某青少年社会工作服务中心实习期间，为某职业学院提供学校社会工作服务，接触到一位陷入网络贷款陷阱的学生小朱。在提供服务过程中，小谭发现专业服务面临以下问题：一是单一的个案工作难以奏效，小朱陷入校园网贷既有自身过度消费以及法律意识淡薄的个人原因，更多的是职业学院不良的学风、泛滥的网贷宣传、触手可及的网贷渠道以及形同虚设的网贷审核环节的环境因素；二是学校相关部门对于校园网贷没有足够的重视，既缺乏相应的组织开展宣传教育和正确引导，也没有相关的部门进行监管和清理，导致校园网贷疯狂蔓延；三是在开展相关服务过程中，进行财商教育的小组活动和社区宣传活动难以有效开展，更难以得到学校相关方面的支持。

2. 督导的任务

针对以上问题，专业督导与小谭进行了个别督导会谈，认为校园网贷问题是一个具有重大社会风险的社会问题，需要引起社会工作者以及相关部门的重视。既然开展传统的个案和小组社会工作服务难以奏效，可以通过社会工作研究的方式了解社会问题现状，并通过专业方法将该问题纳入社会政策议程，最终通过改变社会环境来提升大学生的财商，保障大学生的人身财产安全。因此，这一阶段的督导任务就是协助学生积极回应社会问题，做好开展社会政策倡导工作。

3. 督导的过程

基于以上任务，专业督导协助实习学生对近年来大学生校园网贷问题进行了系统的问题调研、分析和总结：一是系统梳理了当前大学生校园网贷的各类新闻报道，了解校园网贷问题发生的频率、分布以及影响；二是走访相关高校教师与学生，了解师生对校园网贷的认知和态度；三是通过网络调研了解当前校园网贷的申请流程、审核机制以及资金运作；四是系统梳理了当前关于校园网贷的研究文献。最终，形成了关于大学生校园网贷现状的基本结论。

4. 督导的技巧

在这一阶段，主要使用的督导技巧包括：一是行动反思。专业督导多与社工专业实习生进行沟通交流，深入实习场域了解实习内容，在与小谭实习机构督导交流过程中不断发现校园网贷问题的严峻性和紧迫性，并协助社工专业实习生从社会现象中反思社会问题，从社会问题中总结政策主题。与社工专业实习生一起在行动中反思，在反思中成长。二是行为促进，所谓行为促进一般指的是健康教育领域中的健康行为促进。在社会工作督导过程中，如何引导实习学生养成规范科学和持续的良好学习行为和习惯，增强学生社会工作的执行力，也是重要的督导内容。在实习中，督导不断要求社工专业实习生记录实习内容和实习总结，不断收集相关问题资料和数据，不断撰写反思总结和理论思考，促进了社工专业实习生将日常看法和观点上升为社会政策的论题和要素。

（二）督导中期

1. 面临的问题

2015 年 11 月 ~2016 年 1 月，在前期调研基础上，专业督导决定将大学生校园网贷行为上升为社会政策议题，并安排社工专业实习生进行社会政策建议和倡导的知识和能力储备，按照社会政策议程开展工作。在此阶段，督导面临的问题包括：一是大学生校园网贷问题的现状、危害及其成因究竟如何？二是通过什么样的社会政策议程去回应该问题？三是针对该问题进行政策倡导的可行性和必要性如何？

2. 督导的任务

基于以上分析，该阶段的督导任务就是协助社工专业实习生以大学生校园网贷问题为切入点演绎社会政策分析与建议的全部流程和方法，具体包括：一是开展规范的调查研究以及实地访谈，掌握大学生校园网贷现状的真实数据；二是规范表达和论述该问题的危害及其成因；三是提出可行性强的大学生校园网贷监管的对策与建议。

3. 督导的过程

一方面，在深入调研访谈基础上，系统分析了校园网贷产生的原因包括以下几方面：一是资本投资渠道缺乏与热钱过剩之间的矛盾。在国家调整产业结构和去产能的背景下，大量社会资本缺乏投资渠道，热钱流窜，借大学生网贷谋取暴利；二是大学生消费需求增长与“财商能力”缺乏的矛盾。随着消费主义的兴起，大学生消费需求暴涨，但经济实力、理财能力、自控能力和鉴别能力缺乏，导致盲目无序的网贷行为；三是高校内部形势复杂与管理能力欠缺的矛盾。作为独特的社会实体，各大高校有其自身的管理权限，金融机构以及公安机关往往难以及时了解其内部动态，为各类网贷公司和平台的“渗透”提供了灰色空间；四是网络借贷行为的快速发展和金融机构监管能力落后之间的矛盾。目前，金融监管部门忙于股市、社会融资、外汇管理等领域的问题处理，无暇顾及金额不大、名目繁多的大学生网络借贷问题。

另一方面，在政策分析的基础上，提出了校园网贷的介入策略包括以下几方面：一是建议金融管理相关部门及时调研和分析当前网络贷款的现状，尤其要重点调研大学生网络贷款行为，掌握校园网贷的规模和面临的风险程度。二是建议金融管理相关部门切实履行监管职能。三是建议金融管理相关部门加强对相关网贷平台及公司的资格审查、业务审核和动态管理。四是建议金融管理相关部门促进相关网贷平台和公司面向大学生网络放贷的月度最高额度、最高利息、资金消费最高额度等信息的公开。五是建议金融管理相关部门应当规定相关的网贷平台及公司必须在其网站上公开披露与相关教育机构签订的关于大学生网贷许可的协议。六是建议教育相关部门及时调研、分析并掌握各大高校大学生参与网贷的人数、分布、金额以及使用去向等信息，了解大学生消费及理财的情况，把握相关动态，管控大学生消费中存在的金融风险。七是建议教育管理部门与金融管理部门、相关大学联合出台《关于促进社会资本支持大学生创业创新项目的相关规定》，对于特定阶段的学生，比如大三、大四有创业需求的学生，鼓励各大网络贷款平台与学校建立合作机制，适度为学生提供创业启动资金贷款服务。八是建议各高校学生管理部门必须及时了解本校学生借贷情况，并通过相关学生工作处、团委以及学生会等宣传大学生理性消费、适度理财、隐私保密等相关知识，做好大学生“财商教育”。

4. 督导的技巧

在这一阶段，主要使用的督导技巧包括：一是规范写作。专业督导不仅要给予社工专业实习生进行专业规范写作的机会，尤其是学术论文、文献综述以及政策文本方面的写作训练，更要做好框架设计、文字处理和最终定稿等方面的工作，既要布局和指导，更要负责修改和定稿。二是理论建构。在实习督导过程中，要积极引导社工专业实习生将实践经验总结提升为政策议题，将实习的心得体会上升到理论和反思的高度。

（三）督导后期

1. 面临的问题

2016 年 2～5 月，在形成了相应的政策文本之后，通过各种渠道向相关媒体和机构反映，并未得到有效的回复。因此，如何将该政策建议通过适当的方式反映给相关政府部门，并得到社会政策的采纳，是该阶段面临的最紧迫问题。

2. 督导的任务

在此阶段，督导的任务一方面是促进社工专业实习生发挥社会工作的想象力，学习社会政策倡导的方法、策略和技巧，挖掘社会支持网络中的资源，将政策建议反馈出去；另一方面是专业督导代表服务对象群体去影响相关的组织机构和专业人士，最终实现社会政策倡导的目标。

3. 督导的结果

在前期努力无效的情况下，专业督导通过作为九三学社社员这一民主党派身份的渠道，在该政策建议的基础上，以社情民意的形式提交给中共重庆市委统一战线工作部和九三学社重庆市委员会。2016 年 4 月，该建议得到时任中共重庆市委副书记、市长黄奇帆的肯定性批示。该批示要求市金融办与市教委会商，尽快制定相关举措，强化管理，还校园一个清净环境。

4. 督导的技巧

在这一阶段，主要使用的督导技巧包括：一是师生合作。督导是教师协助社工专业实习生将社会工作的价值理想付诸社会行动的过程，也是协助社工专业实习生将理论知识变成行动技能的过程。这一过程不一定顺利，也不一定是一个完整的过程。因此，社工专业实习生在运用社会政策倡导的过程中，往往只能完成政策议程的前面一步或两步，后续的工作难以完成。因此，督导必须与社工专业实习生建立团队合作的关系，与社工专业实习生作为一个学习和成长共同体，利用自己的能力带领和协助社工专业实习生完成剩下的政策倡导过程；二是专业支持。无论在督导的任何环节，专业督导都是社工专业实习生情感的支持者、知识的教育者、关系的协调者以及行政的促进者，只有支持与鼓励，才能实现社工专业实习生知识与智慧的共同增长。

五、督导成效分析

（一）任务目标

2016 年 7 月 26 日，该项政策建议被重庆市金融办等相关部门作为主要依据，出台了《关于重庆市校园网贷实行负面清单制度的通知》（渝金发〔2016〕12 号）。2016 年 9 月 2 日，《重庆市政协报》头版头条以“警惕校园网贷陷阱”为题，对本建议进行了专题报道。2016 年 9 月至 12 月，光明网、人民政协网、九三学社中央委员会、中国人民政治协商会议重庆市委员会、九三学社重庆市委员会、重庆师范大学等网站先后进行了转载和报道。

重庆市金融工作办公室、中国银行业监督管理委员会重庆监管局、重庆市教育委员会联合颁布了《关于重庆市校园网贷实行负面清单制度的通知》，并结合全市互联网金融风险专项整治工作，决定对校园网贷实施负面清单制度，并开展风险排查和专项整治，主要内容包括：一是进一步做好教育引导和风险提示工作；二是加大校园网贷监管力度；三是切实规范校园网贷行为；四是开展校园网贷专项整治。根据该通知，重庆市所有大中专院校均开展了相关的校园网贷教育引导、规范监管以及专项整治工作，切实维护了良好的校园环境。

（二）过程目标

在这一过程中，专业督导与社工专业实习生以政策建议和倡导的理论与实践为主题，促进了教学相长、理论与实践结合、行动与倡导互动，实现了良好的专业督导价值。一方面，通过政策倡导促进了专业教师的科学研究与社工专业实习生的行动实践的有机结合，促进了信任合作、教学相长的师生关系的建立，尤其是协助社工专业实习生认识到社会工作政策倡导对解决社会问题、促进社会发展所具有的理论和现实意义，增强了社工专业实习生对于专业理论和方法的自信心和认同感。另一方面，通过专业督导协助社工专业实习生梳理、回顾和整合了大学四年的学习经验和心得。尤其是重新深入学习和运用了关信平教授主编的《社会政策概论（第三版）》、韩晓燕教授等翻译的《社会工作倡导：一个新的行动框架》以及沈黎教授翻译的《社会福利政策引论》等专业书籍中蕴含的思想、方法和技巧，科学规范、逻辑清晰地诠释了社会政策倡导的基本理论、服务策略、规范程序以及科学运用，有效地提升了本次督导的理论水平和运用价值。

六、督导反思

（一）关于专业督导角色的反思

社会工作督导在社会工作教育中的重要意义虽然常常被专业教师强调，但当面对理论兴趣和学术要求的压力时，是否能够真心认同并在实践中得以贯彻，却往往不尽如人意。因此，进入社会工作督导老师的角色是成为有效的社会工作督导老师的第一步和关键。专业教师需要反省以下的问题：你为何会成为社会工作督导老师？你认为社会工作督导老师这个角色如何？你认为督导老师是干什么的？你认为这个角色应具备什么条件及素质？你认为你现在是否已进入角色？有什么因素阻碍你进入角色？对以上问题的反思乃是让“准社工督导”清晰并承担社会工作督导的功能。督导的功能首先是教育功能，包括协助社工专业实习生学习社会工作专业伦理原则和精神，协助社工专业实习生充实专业知识，磨炼专业技巧，促进社工专业实习生的自我认识，提高其对专业身份的认同，协助社工专业实习生了解服务对象的特征和问题，帮助社工专业实习生认同机构、并遵守机构的政策和制度；其次是管理功能，包括工作规划与分派，工作检查和评估，工作协调和认可，行政的缓冲，协助制定政策，建立沟通渠道等；最后是支持功能，包括增强社工专业实习生的自我功能，建立信心，减少社工专业实习生的消极情绪，给予及时的关怀和支持，使社工专业实习生在工作中获得安全感并勇于创新，帮助社工专业实习生及时总结工作成就，培养专业信心，巩固专业认同（刘斌志、沈黎，2006）。

（二）关于专业督导关系的反思

督导老师与社工专业实习生的良好督导关系是建立主动学习的重要元素。建立良好督导关系可促使社工专业实习生集中发挥其学习潜能，更有学习动机，更能开放自我以在学习中成长。在良好的督导关系中，社工专业实习生认同与督导的关系，并得到情感支持，督导老师能够培养社工专业实习生的独立性及主动参与学习的能力，并协助社工专业实习生应用实务理论，理论联系实际。建立良好的督导关系，督导老师要明白社工专业实习生的压力，肯定社工专业实习生助人的动机，要及时与社工专业实习生沟通并给予回应，最为重要的是师生的互动。良好督导关系的建立得益于以下几点：首先，要建立信任关系，督导老师可以告诉社工专业实习生自己的背景以及个人资料，分享教学及督导的方法及风格，认真看待社工专业实习生的学习情况，不滥用老师的权力，公平对待社工专业实习生，勇于承认自己的不足并言行一致；其次，督导老师在最初时便要与社工专业实习生厘清彼此的期望及订立学习契约，彼此交流期望，并提供适当的方法、途径及资料于社工专业实习生；再次，要建立支持性的学习环境，尊重学生的参与，鼓励社工专业实习生尝试创新并容许有犯错；最后，要创造不同方式的互动机会，除了提供面谈督导及现场督导之外，可以充分利用互联网及电邮与社工专业实习生接触，给予更多的沟通与联系的途径。在实际工作中，移情反应、各种特质的错配、对服务种类的不认识、对社工专业实习生或督导的职能及责任有所前设及加入个人的喜好、利益冲突等都会影响或阻碍良好督导关系的建立。当然，障碍不一定都是坏事，应视之为改善关系的契机。此时，督导老师一方面需要避免对社工专业实习生有先入为主的感觉，对自己及社工专业实习生持开放态度，承认并面对自己的不足，并积极转变；另一方面更要寻求有效的沟通渠道及方法，并乐意社工专业实习生在其中与自己同行（刘斌志、沈黎，2006）。

第三章　专业性与有效性议题

社会工作督导的重要任务之一是确保社会工作服务机构和专业社会工作者提供服务的专业性与有效性，彰显专业社会工作的独特优势，确立专业地位和行业规范。引导或协助受督导者遵循社会工作专业理念、伦理和实践标准，尽最大可能直接或间接满足服务对象的需要，并接受服务对象、行业、社会的认可和问责。

第一节　专业性议题

一、案例背景

（一）案例来源

关于督导专业性议题的案例，主要选自安徽省合肥市蜀山区民生社会工作服务社（简称“民生社工机构”）驻点在琥珀街道社会服务中心老年社会工作的督导案例，但案例评析过程中涉及相关议题讨论提及的督导信息也包括督导人员受聘于安徽省社会工作（者）协会督导期间的实务情况。

（二）督导所在机构的背景

安徽省会合肥，地处华东地区，安徽省的社会工作发展专业化（教育）走在职业化之前，省内开设社会工作专业的高校近十所，与全国其他省市社会工作发展比较相似。但安徽省专业社会工作的发展始于高校教师创办机构的早期社会工作实务实践探索。安徽省体制外社会工作实务起源于合肥，其标志性事件是2009年民办非营利机构民生社工机构进驻蜀山区琥珀街道开展社会工作介入社区养老照顾服务。

2009年，民生社工机构进驻琥珀街道开展社会工作介入社区居家养老服务，以高龄空巢老人为主要服务对象，得到了琥珀街道和社区在服务场地上的支持，但未形成街道社区和机构的合作机制，社会工作者在社区服务的身份角色模糊。经过两年多的不懈努力与推动，民生社工机构工作的开展得到了琥珀街道领导的重视。2011年5月，琥珀街道率先在全省成立社区社会工作服务站，形成“两委两站”社区组织架构。2012年，琥珀街道成立街道社会工作服务中心社会化服务平台，目前统一更名为“琥珀街道社会服务中心”（以下简称“琥珀社会服务中心”），街道内6个社区全部设社区社会服务站，社区社会服务站区别于社区工作站，以统筹开展社区面向居民的基本公共服务、便民服务、自治服务，每个社区社会服务站设社会工作者岗位1个，并与民生社工机构达成运营协议，由民生社工机构派遣职业社会工作者开展工作。服务内容除了老年服务外，还拓展了儿童教育、志愿服务，但服务形式并未发生改变，仍以机构接触服务对象过程中发掘需求点为主要方式提供服务，没有形成项目化运作。直到2013年8月，蜀山区民政局推动购买社会工作服务，依托琥珀社会服务中心，民生社工机构立足琥珀街道居民和社区需求，申请了10个社会工作服务项目（其中有3个老年服务项目），开启了机构与基层街道社区项目化合作的新模式，启动了老年社会服务项目运作模式，也推动了老年社会工作服务在其他街道的开展。

（三）督导服务领域所处的背景

民生社工机构最早开展的社会工作介入社区居家养老服务，试点于2009年5月，没有严格的“项目化”概念，当时主要以80岁及以上年龄的高龄空巢老人为服务对象，后来将这些人群进一步细分为高龄独居、孤寡失独、残障失能、低保特困、重病大病、高龄空巢六大类人群，通过与服务对象的接触，社会工作者发现健康照顾和精神慰藉是老年人普遍存在的两大需求。但是，当时社区在老年健康照顾方面的资源几乎是空白的，这也是合肥市其他街道普遍存在的现象。针对上述情况，民生社工机构负责人、管理者（兼督导角色）与街道协商合作养老服务时提出打造社区养老服务的新模式。所以，督导给民生社工机构的服务定位是：立足老年人的服务需求，坚持“以人为本”和“社区照顾”的服务理念，将社区现有场地功能优化改造，为社区特殊老人建立一个社区照顾中心，切实解决老年人最关注的健康方面的问题，并延伸精神文化、社会参与方面的服务。在社区健康照顾方面，一方面为社区老年人提供日托便民服务，另一方面依托社区照顾中心将老年服务延伸到需要的老年人家中去，这些服务包括助餐、助洁、助行、助康（健康检测、康复指导与训练）、助急“五助”服务，成立了耄耋为老服务队，下设为民生社工机构的实体服务部，招募并成立了由厨师、送餐员、保洁人员、推拿按摩人员、护理员、理发师、维修人员（兼配送）、医生志愿者等人员组成的服务团队，由社会工作者发现需求作评估后，转介给耄耋为老服务队，并及时跟进了解服务的满意度，反馈给服务队以不断调整服务内容及服务模式，以期满足老年人的健康照顾需求。实践表明，老年人在生活照料上的需求是较为旺盛的。2013 年 8 月统计的一组数据（周期为年）显示，琥珀街道耄耋为老服务队全年共计提供社区居家养老服务 4716 人次，送餐服务 3337 人次，便民理发 546 人次，健康监测 766 人次，综合维修 16 户次，代购代办 32 人次，家政保洁 19 人次（不含志愿者服务人次）。民生社工机构根据服务对象的经济状况将服务收费标准分为有偿、低偿和无偿，低偿和无偿的服务补贴主要是当地一家企业赞助。琥珀街道的为老服务一直持续到 2015 年，但在 2014 年 4 月前后，为老服务不再由民生社工的耄耋为老服务队提供，由民生和爱邻推动新成立的社会企业即合肥市民爱家庭有限服务公司（独立法人单位，简称：民爱）以契约方式接手两家社工机构下设的实体服务，后因合肥市推进政府购买居家养老服务，原来琥珀街道内转介到民爱的服务对象由中标单位承接方提供服务，民爱退出了琥珀街道的社区居家养老购买服务。民生社工机构考虑到原送餐便民中心所在的小区是一个老龄化老旧小区，为满足该小区老年人需求，民生社工机构依托就餐中心，延伸其他老年服务。但因为老年人的实际购买力和资金支持不够，以及中心的场地条件受限，民爱退出后，民生社工机构也不再托管运营送餐便民服务中心。社区为老便民服务中心在不能满足社区老年人的日托服务需求后，只好定期开放提供仅存的便民服务。现存的健康照顾服务，除健康监测和便民理发外，其他服务主要是整合了社区周边的一些经考察能合作的资源信息，为有需要的老人提供服务信息支持。

（四）督导对象所处的背景

2013年开始，民生社工机构以“立足社区，以老年人为本，积极推动老年人社区照顾”为服务理念，致力于实现下面两个目标：一方面，积极建设养老服务平台（包括送餐、理发、便民服务、健康服务、文体康乐活动等内容的空巢独居老人养老的基本服务平台），积极影响并推动琥珀街道在社区建立小型的社区化养老机构（日托与全托服务），实现服务对象在社区养老，同时也为社会工作者开展工作提供了支撑服务平台。另一方面，立足高龄空巢老人的养老服务需求，发挥职业社会工作者的特长，运用专业的理念与方法，协助高龄空巢家庭重塑家庭养老功能，让服务对象依托社区资源，实现在家养老，解决其在精神慰藉、心理压力、生活照料、医疗陪护、紧急救助等方面的养老问题，构建社区和社会支持网络，为其创造美好晚年生活。关于这两个方面的目标，是紧密联系又有区别的，社区居家养老服务是民生社工机构发起人关注多年的问题，当时得到服务落地街道领导的重视和支持，民生社工机构有志向在这方面做些探索，以期夯实社区为老服务实体，打造社区居家养老服务的“示范”，所以注重为老服务实体平台建设就成了当时民生社工机构的目标任务之一。因此，社会工作者在早期服务中的角色是老年服务需求的评估者、资源搭建者、服务协调者、联系人、使能者（促使服务对象老年人及其家庭善于运用养老资源）。在此阶段服务过程中，因为民生社工机构较多参与实体服务的搭建，早期社会工作者会一起参与。比如，送餐便民中心刚成立之际，因为缺少经费支持，也未招到合适的志愿者，中心的社会工作者会轮流值班参加送餐服务。刚开始参与的时候，社会工作者觉得通过自身的努力能大大改变老人就餐质量，尤其是通过盒饭为老人个性化订餐，记录每位订餐老人的姓名（拼音全称）、饭量大小、饮食爱好和忌口情况，为辖区行动不便老人解决了用餐问题的同时，专业精细设计得到服务对象的好评，让社会工作者在服务互动中感受到职业的价值。但随着工作时间的推移，社会工作者小 A 开始察觉到专业实践与专业教育的差距太大，认为自己所学的专业价值在实践中没有得到应用，开始对从事的社会工作职业产生怀疑。

受社会服务政策的影响，2013 年，民生社工机构的专业队伍得以发展壮大，从四五人的团队发展到 20 余人，但除个别人从发达地区回流到安徽来之外，其他的职业社会工作者都是刚从高校社会工作专业毕业的大学生，普遍缺乏从业经验，本土也无其他经验可循。从督导队伍发展的状况看，起初，机构的督导主要由两位合肥高校的教师承担，一位是机构发起人和主要负责人；一位是以督导身份加入机构，后来参与机构管理的老师。

案例中小 A 所处的场景坐标拉回到 2013 年，当时，督导在定位“社区照顾”服务理念，特别重视在社区照顾服务体系的搭建，其实这与督导的身份是分不开的，尤其是既作为机构的负责人、管理者，又兼任督导的角色。所以督导对每一位社会工作者采取行动所带来的影响更加敏感，这些影响主要包括对当地的政策导向、街道社区合作意愿以及对机构的发展、机构的形象方面，督导一般倾向从行政管理的角度看待社会工作者作出的各项决定。所以，在社区照顾养老服务的推行中督导会基于以下两个方面的考虑：一方面是意识到虽然机构和中心社会工作者能够整合到社区及周边一些服务的资源，但会存在服务的恒常性、服务滞后性和服务全面性，因为要打造日托便民中心，开放的周期、频次相对需要固定；另一方面，更重要的是，希望推动社区为老政策出台（后期政府推行了购买居家养老服务项目，但对购买对象设置的条件不利于民生社工机构承接服务），在社区建立医养结合的小型化养老院模式，并发挥社会工作职业的专业角色和专业作用。

二、督导核心问题确认

（一）督导观察与分析

在社会工作及社会服务发展起步阶段，社会工作者小 A 愿意加入机构从事社会工作，些许有些好奇，主要还是对大学期间所学专业的留恋，自我意识觉察认为对社会工作有一定的认同感，这是早期从事职业的社会工作者普遍存在的情怀，社会工作者小A也不例外。社会工作者小A大概是第三批次加入民生社工机构的员工，也身体力行参与了机构为老送餐服务，同时，多次协调耄耋服务队帮助老人解决各种各样的问题，在一次例会后的团体督导分享会上，小A说："如果不亲身经历，很难想象城市中的老人晚年生活会如此糟糕!"同时，小A也表达了机构搭建这些服务平台对老年人意义之大。小A是个善于观察、爱思考的社会工作者，在工作了大概六个月后，在一次分享交流工作例会上提到，她开始觉察到自己从事的工作与她原本对社会工作者职业角色的想象有些差距，感觉学校学到的方法都没有用上，按照社会工作者小A的说法，甚至开始有些怀疑自己所从事的工作了，感觉自己在社会工作这条路上越走越远了！在学校学习的专业方法好像一个都没派上用场，似乎开始对自己进行"专业绑架"，心理较为矛盾。

经初步沟通，督导意识到表面上社会工作者小A开始对自己的职业产生困惑，实际上主要原因是对自己服务的专业性产生质疑。小A自述其实得知本地有社会工作机构后，在大三的时候，就有从事职业社会工作者的想法，现在的主要问题是陷入具体服务（前面提到的"五助"服务）的困境中。虽然有服务价值，但认识到自己在工作中服务视角狭窄，专业性没得到很好发挥，自我感觉专业价值不强，但又不清楚如何下手，所以心理比较矛盾，自我表述有些心累，但还是希望有所改变，并无其他放弃的想法。

督导通过进一步分析发现，社会工作者小A虽然提到感觉在校期间学到的专业方法好像一个都没派上用场，然而社会工作者小A说的专业方法没有派上用场并不是重点，因为社会工作者小A并没有反思在实务工作中正在解决的为老服务问题及所运用的专业方法和技巧，如果督导去回应现有服务中的专业方法如何有体现，或者直接和社会工作者小A探索可能存在方法可以应用到目前的服务中，都不利于启发社会工作者小A对专业性的思考，这在进一步的沟通中得到澄清。社会工作者小A真正需要获得的外在动力是找到服务价值与期望的专业价值一致；或者换个角度说，服务理念与专业理念的契合。小A表示，一方面由于陷入"具体服务"中使自己精力不断耗竭，服务经验少，对"具体服务"的专业定位认知不够，产生了找不到专业价值的想法。另一方面，由于机构主要采取管理方式推进工作，所以不论师徒式督导还是同辈督导，均未形成正式的支持力。

（二）督导核心问题确认

1. 关注受督导者的专业理念内化为服务理念，保持同一性

社会工作专业理念是社会工作根本价值规定和价值追求的价值观念的集中概括体现。刘春霞认为，社会工作专业理念由三个不同层面组成：（1）社会工作专业理念的宏观层面：回答社会工作“为什么”的问题；（2）社会工作专业理念的中观理念：回答和解决社会工作“是什么”的问题；（3）社会工作专业理念微观层面：回答和解决社会工作过程中“应当如何做”的问题。①不难看出，社会工作者的专业视角在一定程度上受其对专业理念的理解与认同情况的影响。针对小A提出的专业性困惑，督导认为关键是了解社会工作者小A对目前社区为老服务理念和服务目标的认同程度，以及是否最终能和机构服务理念（前提是机构服务理念科学合理）、专业理念达成一致。

2. 培养受督导者社会工作的专业自主，促进“专业自我”形成

专业自主主要培养社会工作者以专业社会工作视角自主地发现问题、分析问题，并按照专业服务规范做出计划、安排以及实施方案。而专业自我主要是引导社会工作者探索内在的心理因素在服务中对其认知、行为的影响，提高社会工作者“自我觉察”的能力，促进自我了解与成长。针对社会工作者小A，督导应该做的是引导其如何在专业服务理念的指导下学会去发现问题，包括当前社区养老的困境何在？分析社区老年人的养老服务需求，社会工作者小A和机构一同推进的服务和老年人服务需求的匹配性，如何在服务中找到专业知识、专业方法和专业理念的平衡点，这也是小A自我专业价值提升的关键。

三、督导总体思路（方案）设计

（一）督导服务目标

针对社会工作者小A工作中善于观察、行动力强、乐于反思的特点，

---

① 刘春霞．试论社会工作专业价值的培养［J］．信阳师范学院学报（哲学社会科学版）．2011.

本次督导的服务目标包括：一是通过“聚焦答案”来激发社会工作者小A发展专业自主，培养其自主发现问题、分析问题，构建专业服务理念，挖掘身边资源的能力；二是鼓励其按照专业服务与要求推进自己想实施的服务，进而实现其专业目标与价值；三是强化专业理念认同，培养小A专业自主，培养社会工作者小A的专业自信。

（二）总体设计

1. 调整督导方式

从督导的方式和功能看，起初民生社工机构的督导更多发挥行政功能，方式上也只是团体督导，当然这与机构发展的阶段有关系，由于员工数量少、服务领域单一，以致个别化督导未引起机构的重视。针对小A在工作例会上提到的关于专业性的疑问，机构负责人（兼任督导）受到启发和重视，决定调整督导方式。由于团体督导的方式不能解决小A的困惑，于是，督导主动提出约社会工作者小A作个别化督导，以确保能给社会工作者小A足够的支持，并重新梳理机构的服务理念、专业理念与小A的价值观一致性问题，协助小A重新建构专业理念形成专业思维，培养专业自主，提升专业服务自信。

2. 明确督导服务目标和督导方法

前面提到，督导在与社会工作者小A的沟通中，社会工作者小A有表示，其民生社工机构为社区高龄空巢老人搭建的健康照顾服务对老人很有必要，也有很大帮助，但感觉目前社会工作者在这方面投入的精力过多，不论是家访还是工作，几乎都在和耄耋服务队合作关注老年人的健康照顾，这方面确实是高龄空巢老人的普遍需求，但不是全部。但当督导问到小A觉得可以怎么做，开展哪些服务的时候，她似乎很模糊，回答不上来。虽然小A对这个问题思考还不够全面，但这也许正是使她困惑的地方。督导表示理解并接纳她，但督导并没有告诉她可以怎么去做，也没有去分析机构目前为什么还没有做到拓展更多的服务。督导很欣赏社会工作者小A善于观察，敢于表达的性格特点，督导打算采取“聚焦答案”的方法与其沟通，激发其反思—学习—实践，并在实践中给予关注和支持，在整个督导过程中发挥支持的功能。

经过与社会工作者小A沟通和讨论，督导建议社会工作者小A先聚焦目前所从事为老服务的理念和服务目标，让社工小A对自己内在感受和价值取向进行分析与探索，做出对目前环境下对为老服务理念的专业判断，进一步确认自己的专业理念与机构的服务理念是否保持一致。同时，通过“聚焦答案”方法针对社会工作者小 A 的问题构建未来行动，而这个行动就是在专业服务理念认同下培养小 A 以专业社会工作视角自主地发现问题、分析问题，并按照专业服务规范做出计划、安排以及实施方案，在专业自主中实现专业自我和专业觉察。

“聚焦答案”方法是 20 世纪 80 年代初期，史蒂夫·德·沙泽尔和茵素·金·伯格在心理治疗背景下共同开发的方法。这种方法在培训、管理、教育、心理等领域都有广泛应用，本案例督导借用“聚焦答案”方法的主要原因：一是“聚焦答案”模式和社会工作的“人本主义模式”和“优势视角”方法有相融之处；二是“聚焦答案”注重过程导向，较少注重内容本身，专注互动过程，在互动中产生新的视角；三是“聚焦答案”关注的重点不是以“聚焦问题”来追问过去的困难，而是“聚焦答案”关注未来构建新的解决方案，具体见图 3－1。①

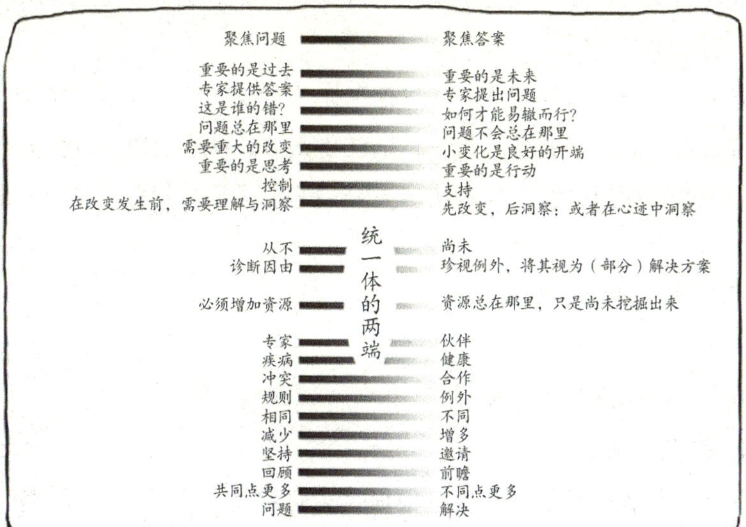

图 3－1　“聚焦答案”方法示意图

---

① ［比］路易斯·卡夫曼著．麦秋林译．不懂带人，你就自己干到死［M］．北京：中国友谊出版社，2017：19.

可以说，“聚焦答案”方法视角理念与督导在看待社会工作者小 A 问题视角不谋而合，督导希望运用“聚焦答案”方法，为小 A 目前的困惑提供一种新的视角，并在互动中为其创造一种情境来帮助小 A 重新思考民生社工机构为老服务理念和为老服务目标，将问题变成其情境中的挑战和目标，使其在情景互动下实现专业自主、专业自我和专业觉察，让社会工作者自觉强化专业理念，重拾工作的信心，这是督导培养与支持小 A 成长的动力源。

3. 督导服务执行计划

第一步：了解社会工作者小 A，确定督导方式和督导关系，开展一次非正式沟通。

第二步：与社会工作者小 A 探讨现象和问题，澄清与认定小 A 存在的问题，提出督导服务的方向。正式会谈 1 次，时长 1 个小时。

第三步：问题认定与核实，在上期督导服务提出的督导方向前提下，与社会工作者小 A 详细探讨并确定服务目标、服务思路和方法以及服务计划。同时，提出作业供社会工作者小 A 思考。正式会谈，延续第二次会谈成果，时长 1.5 小时。

第四步：运用聚焦答案法和目标工作法启发社会工作者小 A 认识、思考，并形成正式行动任务，给予行动技巧支持。正式会谈，时长 2 小时。

第五步：跟进社会工作者小 A 实践效果，采取网络和电话方式跟进。

四、督导过程描述

（一）服务策略和手段

1. 聚焦答案法

为了更好推进沟通的目标，根据“聚焦答案”方法，督导过程中，经过工作目标的良性调整，与机构的服务工作目标相融合，督导需要推动“问题成为目标（行动），目标（行动）成为挑战”，督导工作主要围绕以下几点开展：

（1）检核服务理念与服务目标的一致性。

（2）重新定义问题。

（3）问题与解决方案的可能性发生联结。

（4）聚焦可取得进步的力量和资源。

（5）实现最小—最大的实践效果。

根据案例的实际情况，督导可以围绕以下情境与社会工作者小 A 作出沟通：

（1）你目前工作的情况？尽可能说详细点，如果有一些翔实的例子更好。

（2）你想坚守的专业理念和服务目标是什么？

（3）你有什么好的想法和行为？

（4）需要什么支持你才能这样做？

（5）有什么可以帮助你保持更加放松、开放的状态？

（6）你想尝试什么不同的方式去解决？

2. 目标工作法

关于目标工作法通常有两种认识。

一是如果社会工作者在服务中感觉到资源不足，他就没有办法获得足够的资源去解决服务对象的问题。在这种情况下，内在的原因可能是目标不清楚，外在的原因可能是资源不足。从某种意义看，目标工作法和“聚焦答案”有异曲同工之妙，此时只需聚焦目标，把目标和问题导向变得更细，问题变小，解决问题所需要的资源也将变少。即通过目标的聚焦，解决社会工作者在日常服务中出现的资源不足的问题。

目标工作法的第二个意义是：社会工作者在日常使用个案社会工作、小组社会工作、社区社会工作以及社会行政等服务方法时，如果单纯按照方法的服务流程去操作，往往服务效果微乎其微。原因在于，在服务中如果只有流程性事务而没有设定目标，就不能够灵活地运用这些工作方法，导致有服务，有指标，没有服务效果，体现不出专业性。怎么才能使社会工作的方法能体现专业性并有服务效果，目标工作法的介入不可或缺，只有设定了工作目标，方法清晰、流程明确的工作事项才有了“魂”，服务才有气息，社会工作者的专业价值感才会体现。

（二）督导过程与技巧

1. 第一次会谈

第一次会谈时，督导应帮助社会工作者明晰个人在工作中的状态，澄清问题，明确工作目标的一致性。

由于民生社工机构的督导既是机构负责人又是项目管理人员，故督导工作未被纳入机构的工作事项，日常工作督导会根据实际情况作出个别、团体督导，必要时会以培训、会议方式代替。本次督导缘起社会工作者小A在机构例会上工作的分享，在督导服务思路设计中对这个问题有所提及，所以会后督导主动提出约社会工作者小A谈谈会上提到的工作状态，小A欣然接受，并主动和督导预约时间。

在第一次督导会谈中，首先，督导肯定了社会工作者小A能在上次工作例会上坦然分享了近期的工作状态，似乎也说出其他同事的心声，督导表示观察到其他两位社会工作者也在点头。针对上次社会工作者小A在工作会议上提道："甚至开始有些怀疑自己所从事的工作了，自己感觉在社会工作这条路上越走越远了！在学校学习的专业方法好像一个都没派上用场"，关于这一点，督导鼓励小A多讲一点，或者举一些翔实的例子。社会工作者小A主动说了她近四个月来的工作安排及状态，她说机构为社区高龄空巢老人提供的健康服务对老人很有必要，也有很大帮助，她能看到机构的服务给老人带来生活的改变，以及一些老人脸上的笑容，但只是感觉目前社会工作者投入这方面精力太多，感觉老人其他方面的服务被忽视了，除了日常家访，就是协调资源，小A感觉也没用上什么方法，所以自己开始矛盾了。"聚焦答案"原则之一是：如果东西没有坏，那就不要去修补它。督导对小A存在问题的进一步聚焦也从侧面进一步澄清了小A提到怀疑自己其实是在反思民生社工机构的角色和服务。

督导在肯定了小A的反思精神后，接着问："你觉得老人的哪些服务被我们忽视了，我们可以做些什么呢？"小A想了想，说："有很多吧，肯定不只以协调资源为主。""能具体说说吗？""我不知道从何处说起，也没想好。""嗯，没关系，可以先说说什么才是我们开启老年人服务的动力因素？"小A立刻回应："首先还是以老年人为本，尊重老年人，以其需求为出发点，而这些服务需求不单单是老年人的健康照料，也不仅仅是耄耋服务队才能做。”“对，我们致力于实现老年人社区照顾，社会工作者就是要去满足老年人的多元化需求，很好。”通过上述对话，督导基本能判断出小A有较强的服务养成意识。其实小A提出的问题，仍是关于机构目前专业服务理念下定位服务策略、服务方式与服务设计的问题，因为注重在社区打造为老耄耋服务队而将服务重心集中在健康照顾的基本服务方面，在小A看来，这样容易忽略老人的其他需求，也限制了社会工作的服务视角和方式，感觉可以去提供更多的服务，但似乎又不确定，或方式没想好或者动力不足。在这一点上，督导并不想去和社会工作者小A解释和探讨机构是出于何种因素考虑去搭建服务平台和体系，而是在小A目前的框架下构建新视角，将“小A的问题转化为目标，将目标转化为挑战”。督导继续追问：“看来你刚刚说的也就是在工作中你发现了老年人的一些其他需求，而我们没有做到？那你是否联想你工作中遇到的情境，拿一个例子来说说，如果要做，你首先想从哪类老年群体入手？”小A回答：“嗯，比如，这个社区的慢性病老人很多，值得我们关注！再比如，一些老年人的物质生活环境很差，甚至有风险，可以争取一些爱心企业的资金（人力）来一起改变。总之，目前我们关注老年人的需求点过于集中，导致我们的服务方式单一，我想是不是有其他方式方法去实现社区照顾？”小A提到的问题也得到了督导的积极回应。经过提问—回答—提问—回答的循环沟通与互动，督导和小A澄清了个人服务理念和机构服务理念基本一致，个人与机构致力于实现的目标没有冲突，但小A更关注服务对象及服务对象所处的生态系统潜在资源（能力）的挖掘和提升，这些也正是机构应该去做但是目前没有做到的。所以，督导真诚并投以赞许的眼光承认小A在工作中的积极性与对服务的用心，希望小A在本次会谈结束后就本次讨论想要改变的问题提出解决方案，以作为下次会谈的重点，本次会谈结束。

2. 第二次督导会谈

第二次会谈的目的是重新定义问题，并构建问题未来的解决方案，分析拥有的资源情况。

通过第一次会谈明显可以看出，在小A意识到问题存在的同时，问题解决的策略似乎越来越清晰，问题有向目标转变的可能，所以本次会谈需要重新定义问题。

本次会谈，督导根据“聚焦答案”中的P方程，引导小A将问题重新定义为：希望作出改变的愿望，不管这种表述是否清晰明了，社会工作者能在督导的帮助下将此愿望转化为挑战，具体见图3-2。[①]

图3-2 聚焦答案中的P方程

在第二次会谈中，暖身之后，督导和小A讨论了本次会谈的目标，督导提出：“小A，我想了解一下，如果上次不和我谈你的想法，你打算什么时候开始实施你的想法?”小A说：“嗯，呃，也许自己会选一个切入点去尝试，也许会和同事商量去推动，但如果机构有推行计划，我愿意去执行。”督导问：“如果找同事，你会优先想到谁?”小A笑而不语，随后想了想，说：“哪个服务点有需求，就找那个点的社会工作者合作。”（因为当时应建社区服务站的需要，一个站点1名社会工作者，大家分散办公）通过交流可以看出，小A提到希望得到机构的号令，她的愿望是得到机构的认可，其次是得到同事的支持。紧接着，督导提出第二个问题：“假设机构将此纳入下个月的推行计划，你想先做什么?”小A说：“或许，我将老年人的慢性病支持作为切入点吧。”督导问：“那需要什么你才能真正去

① ［比］路易斯·卡夫曼著．麦秋林译．不懂带人，你就自己干到死［M］．北京：中国友谊出版社，2017：37.

实施？”小A说：“或许我需要耄耋服务队的医生和康复人员和我一起去探讨这个方案。”督导问：“还有呢……”小A说：“希望团队负责人能支持我，能安排1～2名社会工作者和我一起去设计和执行这个方案。”督导问：“有什么可以支持你让你更加坚定地做下去？”“如果服务对象都积极参与的话，当然，这个可能和我们的宣传和主题设计也有关系，所以督导能具体跟进我们这个计划那就更好啦！”督导对小A目标的清晰给予了赞许，并引导小A认识到身边其实还是有很多资源可利用的，如早期的服务资源（包括社区支持、服务平台中潜在的服务对象、耄耋服务队成员）、同事（包括一线同事、团队负责人、督导）以及自己的积极态度等。

通过总结可以发现，由愿望到挑战，小A未来可能面临以下几个问题：一是机构认可的挑战；二是可能来自同事支持的挑战；三是来自服务实施的不自信。而同时，小A拥有的资源足以让她去行动。因此，在这个阶段，督导还应引导并协助小A就存在的、可能的挑战排序，建议她从挑战小的、资源多的入手。

3. 后续会谈

在第一次、第二次会谈的基础上，督导会结合实际情况开展第三次、第四次甚至第七次会谈，以致社会工作者化解心中疑虑找到重新出发的原动力。

第三次（网络、电话）：关于计划书的完善，借用“动力尺度表”加以引导、鼓励。

第四次（行动观察）：跟进具体服务、参与分享、督导，借用“信心尺度表”加以引导、鼓励。

……

第七次（行动观察）：跟进具体服务、参与分享、督导。

……

五、督导成效分析

（一）增强社会工作者理念和专业自主，培养优秀社会工作人才

督导过程注重探索和行动相统一，督导对象一旦接受并自觉内化，有

利于增强理念和专业自主，为培育优秀的社会工作人才奠定坚实基础。

(1) 督导通过“聚焦答案”方法注重督导与个人（团队）之间过程的互动关系，通过培养社会工作者专业自主能促进个人、团队的专业成长，在促进他们对机构使命、专业服务理念的认同方面有积极作用。

(2) 督导通过“聚焦答案”方法帮助受督导者看清自己的杯子是半满而不是半空，从优势视角出发，充分调动受督导者的潜能发挥。如本案例中社会工作者小 A 目前已成长为机构的主要负责人。

(3)“聚焦答案”方法可以有效调动员工参与的积极性，对机构作出贡献，如促进机构产品研发，在本案例中督导协助社会工作者小 A 实现了服务内容的拓展。

(4)“聚焦答案”方法的循环提问技巧的内在逻辑对社会工作者的服务专业性有积极的养成作用。

由于早期的社会工作服务环境不成熟，挑战性大，民生社工机构早期加入琥珀社会工作团队的几位社会工作者（包括案例中督导对象），有的担任机构管理工作，有的跳槽到其他社会工作组织，琥珀社会工作团队的社会工作者已经换了好几批，目前民生社工机构派驻到琥珀社会服务中心的社会工作者 4 人，设中心主任 1 人，中心主任已是第 3 任了，尽管人员更换较为频繁，但期间一直有机构督导的跟进与支持，琥珀中心和项目运营的理念是在不断发展更新的。历经四五个春秋，琥珀街道社会工作团队立足社区居民服务需求，随着服务的纵深推进，服务理念不断更新，服务模式不断调整。就老年服务来说，从早期的“社工 + 社区工作人员 + 养老服务人员 + 志愿者的 1 + 3”直接服务为主模式，到后来以社工为主，充分调动服务对象的家庭资源、整合社区资源再到现在的“社工引领，多元主体参与”的为老服务模式，服务项目设计始终围绕着服务理念、服务定位、专业性探索进行相应的调整，这与机构的督导培养社会工作者的思路和理念分不开，即不断发掘可塑的社会工作者，助其养成专业思维范式。

（二）促进机构在管理和服务规范上的思考，形成了可参照的工作指引

为了帮助社会工作者养成专业思维，形成专业服务理念视角，机构督导设计开发了一系列操作范本与指引，如工作计划表，将服务、活动和服务目标紧扣一起，帮助社会工作者在工作中避免服务的活动化和形式化，形成目标意识工作法，即通过“聚焦答案”方法养成专业思维的具体应用。

（三）促进机构重视督导工作的发展

2014 年，民生社工机构才开始注重内部督导的培养成长，设置了见习督导和督导岗位，制订了机构内部督导培养计划，形成了以“机构内部督导为主，外部督导支持”的督导发展模式，这也是安徽省社会工作机构最早探索的督导发展模式。2015 年前后，安徽省民政厅采取政府购买方式招标立项了督导支持项目，为承接省厅“江淮社工行动”“三区计划”社会服务项目的机构提供外部督导支持，提高服务的规范性和专业性。

六、督导反思

（一）优点

（1）“聚焦答案”方法以关系为取向，以互动为前提，以构建积极的未来为导向，在构建良好的督导关系的同时，产生有效的解决问题方案。

（2）督导的核心是支持成长，“聚焦答案”方法的核心是培养善于解决问题的人，而不是自己解决问题。

（3）采取“聚焦答案”方法核心要素，督导发挥助产士、使能者的角色将受督导者的优势发挥出来。

（4）注重“投入－产出”的关系，注重利用资源，提高服务成效，帮助受督导者养成良好的服务思维。

（5）构建新的视角看问题，将问题变成改变的目标，对处在困境的机构、个人成长有借鉴意义。

（二）不足

（1）对受督导者的挑剔性，最好的受督导者是愿意积极改变，而不是督导要求改变的对象。

（2）对机构的使命和服务目标有前置要求，在科学的情况下积极促使个人努力实现的目标与机构、项目服务目标一致，否则就要求完善机构的使命与目标。

（三）使用说明

（1）“聚焦答案”是助人成长的一种方法，应用范围广，对于调动受督导者的积极性，尤其是指引工作方向方面效果显著。同时，该方法也适用于培养社会工作者对机构、服务的认同。

（2）“聚焦答案”方法的理念更适用于机构使命、专业理念、团队的目标、关系建立的认同与认可。

（3）“聚焦答案”针对受督导者应该是由“问题”引起，将“问题”变成“目标”的过程。

（4）督导对“聚焦答案”的核心要素以及工具的准确理解程度影响督导效果。

第二节　有效性议题

一、案例背景

（一）案例来源

关于督导有效性议题的案例，主要选自安徽省合肥市蜀山区民生社会工作服务社（简称“民生社工机构”）驻点在西园街道社会服务中心老年社会工作的督导案例，但案例评析过程中涉及相关议题讨论提及的督导信息包括督导受聘安徽省社会工作（者）协会、合肥市爱邻社会工作服务社督导期间的实务情况。

（二）督导社会工作服务领域所处的背景

西园街道社会服务中心是民生社工机构和基层街道社区合作的第二个服务点，社区养老服务是两个机构共同关注的重要领域。相比民生社工服务社的第一个服务点琥珀街道社会服务中心的服务而言，由于已经积累了中心运作和服务经验，基于没有稳定资金和资源的支持，为了满足社区特殊老人的居家照顾服务基本需求，民生社工机构和社会工作者注重整合社区周边为老服务资源，以契约合作的方式加入中心养老服务资源中来。注重社区为老积极者、志愿者的挖掘，居民骨干的培养，孵化培育社区为老服务型组织，倡导互助自助的养老服务理念，是督导和机构社会工作者、管理者共同努力的专业方向。

（三）督导对象的背景

社会工作者小 B 毕业于一所高校的社区服务与管理专业，学校专业课程中开设了几门有关社会工作的基础课程。初来时，小 B 以一个社会工作者助理的角色加入民生社工机构进行老人家访和相关活动等的协助工作。工作半年后小 B 开始独立负责项目，但却始终无法顺利过渡到专职和项目负责人的角色，小 B 的社会工作者专业化成长之路大约经历了一年多的时间。

乍来时，民生社工机构给小 B 安排的是社会工作者助理的角色，主要负责老年人服务对象的家访和为老活动协助等工作。督导在查阅家访记录时发现，社会工作者小 B 除了和老人的基本问候外，在会谈中几乎没有提有针对性和目的性的问题，会谈中的主导性也不够，大多数时间小 B 都是在听老人讲故事，而对记录的故事资料未作任何分析。社会工作者小 B 也承认在与服务对象沟通 5 ~ 10 分钟后就找不到沟通的主题了。督导经沟通了解到，小 B 在家访的过程中，没有提前作家访准备，家访目标模糊不清，所以前期家访的主题多停留在“老人近期身体怎么样、吃饭怎么样”等家常话题上。从服务的视角看，社会工作者小 B 在入户家访的过程中，总是无法有效通过谈话与观察等方式识别服务对象的问题，甚至出现将“空巢”“失独”等社会现象等同于问题表述的情况；在分析服务对象的问题与需求以及与服务提供者之间的关系时缺乏分析的内在逻辑；对家访工作的意义和作用与服务对象需求的评估无法实现有效联结，或者无法识别服务对象真正的需求；对需求的主次，回应需求的顺序以及保证服务顺利有效开展所需要的能力和资源，也不能很好地作出准确判断。

此外，当服务对象提出“周末探亲”服务不再需要时，社会工作者小 B 不知如何回应，也未去探询老人原本的需求不再需要是出于何种原因，是这种需求已经通过老人自身或其他途径解决了还是志愿者所提供的服务在过程中出现了偏离，未能真正满足老人的需求。在与老人交流过程中，社会工作者小B也忽略了用眼神去观察老人及老人家居的变化，无法掌握老人的一些家庭情况或潜在性动态需求。如，冬天来临，老人卫生间的洗澡设备与环境等是否得当，如老人客厅换了一个新电风扇，可能是在外工作的孩子回来了一趟。在健康监测、健康维护类恒常服务提供过程中，当服务参与人数出现趋减情形时，社会工作者小B无法正确分析这种服务量的减少是一种合理现象（服务开展过于密集或者服务覆盖地域面过窄，导致供大于求），还是受到了外界冲击（社区周边出现了其他同类型服务，也能够满足老人此类需求），还是民生社工机构的服务出现了偏差，不能无缝对接般地回应老人健康监测与维护类需求。综上所述，可以看出小B采取的回应策略中总是会“忘本”，如在拓宽受益面中采取的每周一次果宴吸引人气的活动中，小B只是简单地把这个活动放在现有的活动室内，忽略了拓展的重要性，更多的老人是需要我们走到室外、走到运动场、走到菜市场，再引进来。

二、督导核心问题确认

（一）问题分析

据了解，社会工作者小B在入职时，机构针对小B的入职培训除了人事部门安排的行政管理培训外，督导部也对新员工开展了一些培训，包括机构使命和服务理念的讲解，机构运作方式、项目与服务质量管理与运作等；同时，督导部门也会定期收集其学习成长的建议，有针对性地安排培训和督导，其所在服务中心也会给予相应支持。通过总结得到的回馈是，社会工作者小B虽然工作比较勤快，但执行效果不甚理想，在实务的具体操作中，总是找不到服务方向。

在沟通中，督导了解到社会工作者小B主观上对职业是认同的，但自述专业基础不是很好。在督导过程中，督导以“口头传授”形式为主，希望社会工作者小B重新习得社会工作的基本理念、分析问题视角包括家访的安排及重要事项；同时，也会列出一些书单供其学习。社会工作者小B在反馈中觉得有收获，但具体到实务工作中小B就开始不自觉受自己“主观意识、主观经验”的影响，督导传授的理念、知识、方法技巧无法内化到行动中。

（二）督导核心问题确认

究其原因，督导发现，社会工作者小B在学校期间就读的是社区服务与管理专业，只修了几门社会工作基础课程，同时，缺少社会服务相关学习和服务经历。其在求职之前，未参与过专业实习，志愿服务的实践经历缺乏，所以知识系统和实践系统都较为薄弱，对督导传授的知识接受消化起来比较慢，看待问题的视角习惯以个人经验和主观判断为主，将社会工作看成机械的工作对待。工作中虽有服务意识，但未必能回应服务对象的需求，整体上缺少社会工作实务思维，缺乏从专业视角看待老年服务对象的问题、需求以及社会工作服务提供的策略、方法和技巧，导致服务盲目，服务成效性差。

三、督导总体思路设计

（一）督导服务思路

根据社会工作者小B的情况，在再三沟通确保小B意识到自己不足和愿意积极改变的情况下，督导不再“救火式帮忙”，也不再直接去扮演“传道授业解惑者”，而是让社会工作者小B从工作事项中挑出一件具体事项，采取“PBL”模式，运用社会工作的“七步工作法”和“目标工作法”对其提出的问题进行干预。

（二）督导思路设计依据

1. 关于PBL学习方法

“PBL”（Problem－Based Learning，简称PBL，也称作问题式学习）是一套设计性学习情境的完整方法，最早起源于20世纪50年代的医学教育的教学方法，是基于现实世界的以学生为中心的教育方式。PBL模式有五大特征：

（1）从一个需要解决的问题开始学习，这个问题被称为驱动问题（driving question）。

（2）学生在一个真实的情境中对驱动问题展开探究，解决问题的过程类似学科专家的研究过程。学生在探究过程中学习及应用学科思想。

（3）教师、学生、社区成员参加协作性的活动，一同寻找问题解决的方法，与专家解决问题所处的社会情形类似。

（4）学习技术给学生提供了脚手架，帮助学生在活动的参与过程中提升能力。

（5）学生要创制出一套能解决问题的可行产品（products），这些产品是课堂学习的成果，同时也是可以公开分享的。

因此，借用“PBL”模式，督导仍注重以受督导者为中心，并关注其工作情境中的现实问题，这个问题也是工作中需要完成的，但目前完成得不是很好，却又引起受督导者兴趣的问题。在驱动式问题的选择上很重要，在针对这个问题展开研究的过程中，需要督导、社会工作者、中心团队、其他直接参与者协作完成，甚至需要回到服务对象或者社会工作者服务的情境中去。在具体的技术中，借用社会工作“七步工作法”和目标工作法帮助社会工作者在这个过程中提升能力，最终制订出一个可行的方案、标准，供社会工作者、机构甚至其他社会工作者借鉴。

（三）督导目标

督导目标有总目标和分目标，也有过程目标和任务目标。就总目标而言，最终目的是帮助社会工作者养成良好的社会工作实务思维，形成专业自主能力；分目标是通过“周末探亲”服务专案标准设计“PBL”模式运作，运用社会工作“七步工作法”和目标工作法提高专业自主和专业觉察能力；而任务目标是“周末探亲”服务专案设计标准文稿；过程目标是提高社会工作者社会工作服务、设计、实施能力。

（四）督导服务计划

督导服务计划主要采取会谈方式，每周一次，根据服务策略和方法，按照“七步工作法”对社会工作者小B进行干预辅导，接触（一次正式会谈）、了解、接纳（一次正式会谈）、沟通（两次正式会谈），共识（一次正式会谈）、行动和倡导（一次正式会谈），共计一个半月的跟进。

四、督导过程描述

1. 挑选合适的驱动问题

由社会工作者小B所在服务中心和督导们协助小B挑选其合适的驱动问题。

问题挑选的标准需符合以下条件：一是问题应和社会工作者小B目前安排的老年领域有关；二是问题应与服务中心给社会工作者小B安排的工作岗位和工作内容有关；三是驱动问题相对独立而具有系统性；四是最终能以产品展示。

经服务中心支持，社会工作者小B和督导最终选定老年服务领域中《周末探亲服务专案标准设计》议题。

2. 启用“七步工作法”和“目标工作法”对问题展开研究

所谓“七步工作法”实际上就是基于理解社会工作是以影响服务对象认知和行为为目标的一种工作方法，也就是所谓的以生命影响生命。

七步工作法主要包括：接触服务对象、了解服务对象、接纳服务对象、与服务对象沟通、与服务对象达成共识、采取共识的行动、倡导。简单来说就是接触、了解、接纳、沟通、共识、行动、倡导。通过接触服务对象到了解服务对象，然后接纳包容服务对象，到与服务对象沟通，与服务对象达成一个自我认知为前提的这个共识，然后基于这个共识而采取一个影响的行动。最后将这个行动，放大到倡导这个环境的改造上，以对服务对象周边的人产生影响，最终实现对服务对象影响以及服务环境塑造的目的。

（1）接触服务对象

接触服务对象，包括被动式接触和主动式接触。被动式接触是指服务对象不愿意接触社会工作者，如失独人群、司法矫正人群以及一些被标签化的人群，他们当中有很多人不愿意被接触。此时，社会工作者就要创造接触机会，并保持这种被动的接触机会，在被动的接触中寻找时机和服务对象建立关系。另外一种接触是主动式接触，社会工作者很容易接触到服务对象，甚至也有服务对象非常主动地与社会工作者接触，像这样的接触，社会工作者工作开展起来相对就比较容易些。

总之，接触的主要目的在于创造一个和服务对象建立基本工作关系的基础。

（2）了解服务对象

了解服务对象是与服务对象建立关系的深化过程。在此阶段，社会工作者和服务对象能够通过多种形式的接触之后，对服务对象有一个全面了解，包括了解服务对象的需求、性格、家庭环境，以及关于问题、政策和资源的困境。

（3）接纳服务对象

在了解服务对象之后，社会工作者可能会意识到，服务对象由于自身性格、成长经历、家庭背景、教育背景，以及生活环境的影响，其自身存在的一些认知和行为，不是自己所能够完全认同的，甚至有一些是服务对象自身困境和问题的根本原因。对此，社会工作者要以包容、接纳的态度，走近服务对象，与其沟通。

（4）与服务对象沟通

在接纳的基础上，社会工作者要全面地和服务对象开展多种语言上以及行动上的沟通，包括情感方面的沟通。沟通的目的是希望能够引起服务对象关于自己陷入困境的原因以及造成自己困境的一些认知和行为问题的反思。

（5）与服务对象达成共识

沟通之后就是进一步引导服务对象能够对自己陷入困境的各种外在原因，特别是自己的内部行为进行反思，和社会工作者一起对存在的问题达成共识，切实认识到自己陷入的困境和自身的认知行为和外在环境是有关系的。这样就为服务对象下一步改变自己、改变周边的环境奠定基础。

（6）采取共识的行动

在沟通的基础上达成共识，在达成共识的基础上，社会工作者和服务对象乃至其他主体一起去构建一个能让服务对象改变自己和环境的行动方案是本阶段的主要任务。在这个行动方案的基础上，社会工作者的服务才能取得一个满意的效果。本阶段行动方案的制订就是为了落实前几阶段达成的沟通共识。

（7）倡导

倡导就是以个体问题为依托呼吁政策环境、资源环境、服务环境的改善，但环境本质上又以服务对象所处的环境改善为重要的人为目标对象，是从新的七步工作法开始，对服务对象所处的环境中重要的人进行影响。所以倡导本身又是另外一个接触、了解、接纳、沟通、共识、行动的开始，只不过是以服务对象所处的环境改造为目标，以环境中的重要的人为目标来开展工作。

总的来说，七步工作法实际上包括对服务对象陷入困境的内在原因进行接触、了解、认知，然后引导服务对象自我反思、达成共识并采取行动的过程，同时也让服务对象身边那些最重要的人，也对服务对象的这个问题产生同样的认识，并达成共识，统一行动。

3. 督导成效

在上述两步工作的基础上，本阶段的主要任务是受督导者产品展示、经验交流以及督导成效的检测。

在最后的产品汇报环节，社会工作者小 B 的语言表达不仅熟练，言语中更是透露着从需求到服务的设计，从服务提供到需求回应的思考……

五、督导成效分析

如同社会工作者在实务中遇到的服务对象各有差异性，督导接触的社会工作者往往也千差万别。也许有人会问：社会工作机构在招人的时候不能做好把关吗？在本土社会工作服务机构普遍面临人员流动和人才短缺的现实困境下，容不得社会工作机构去挑选。社会工作者成长如同孩子一般，教育学家说：“每个孩子都是一颗花的种子，只不过每个人的花期不同。有的花，一开始就会很灿烂地绽放，有的花，需要漫长的等待。不要看着别人怒放了，自己的那颗还没动静就着急，相信是花，都有自己的花期。细心地呵护自己的花，慢慢地看着长大，陪着他（她）沐浴阳光雨露，这何尝不是一种幸福。相信孩子，静等花开。也许你的种子永远不会开花，因为他是参天大树！”置换到这个情境中，何尝不是？也许一不小心，我们会错过一朵漂亮的花，也许会错过一棵参天大树。所以，只要他（她）执着社会工作这个行业，督导就应该让他（她）成长。在本案例中，督导处理的态度是取舍，留了一块小的试验田，让社会工作者在试验田里种出种子。不愁给了种子，在其他田里结不出果子来。通过恰当、适时的干预，督导在以下几个方面始终努力并坚持。

（1）协助社会工作者对所处的工作处境持有专业的判断与专业坚守，影响并倡导其所处场景对社会工作的承认与接纳。

（2）协助社会工作者探索自己内在的感受和价值取向，培养社会工作者对专业价值观和理念的认同。

（3）协助社会工作者对理论、技巧和专业理念加以融会贯通，提高社会工作者专业技术水平和实务能力。

（4）培养社会工作者以专业社会工作视角自主地发现问题、分析问题，并按照专业服务规范作出计划、安排以及实施方案。

（5）引导社会工作者探索内在的心理因素在服务中对其认知、行为的影响，提高社会工作者“自我觉察”的能力，促进自我了解与成长。

（6）引导社会工作者自觉把专业服务活动当作研究对象，理性审视自身的专业服务、专业水平以及专业实践活动的成效，自觉地进行意义的追寻和责任的担当，改善专业实践在互动中的有效性。

六、督导反思

督导过程中，督导的个人特质、专业操守和专业技巧需要有机融合在督导过程中，对督导过程中采取的方法进行反思，总结如下。

（一）优点

（1）兼顾受督导者个体的差异性。

（2）兼顾任务目标和过程目标的共同干预。

（3）一旦成功，受督导者的价值感增强。

（4）具有系统性。

（二）不足

（1）督导周期较长。

（2）受督导者的主观积极性和行动力因素影响大。

（3）有一定的挑战性。

（三）使用说明

（1）对于专业知识、专业经验不丰富的受督导者，应突出具体问题导向，传授工作思维和方法。

（2）督导过程中应甄别驱动式问题，使得所提问题具有针对性、可操性、实践性。

（3）督导中要提供专门的学习技术支持，确保督导工作有效推进。

（4）引导受督导者反思，帮助其做到举一反三。

第四章　文化能力议题

第一节　文化敏感性

一、案例背景

（一）文化敏感性概述

1. 文化敏感性定义的讨论

所谓文化敏感性，是指社会工作者在面对不同文化背景的服务对象时，能够最大化地抛弃自己的成见，务求以服务对象的视角去看待问题，从而达成真正的理解和接纳，才有可能实现服务对象的转变。

2. 文化敏感性对于社会工作服务的重要性

社会工作者为什么要具备文化敏感性呢？首先，从大的工作背景来看，社会工作者在服务对象与环境相互影响的过程中进行直接干预。正因为如此，专业的社会工作者是具有文化敏感性的实务工作者和人类发展政策的有力倡导者。其次，我国是一个多元化的社会，社会工作者和服务对象由于家庭、成长环境、受教育程度等各种原因，有可能在不同文化背景下成长，对同一事情可能秉持不同的看法与价值观。如何在服务过程中保持真正的价值中立，从服务对象的角度出发，对服务对象深度同理尤其重要。

本文呈现的案例为督导社会工作者对受家暴的服务对象进行服务的案例。

（二）亚文化对反家暴服务的影响

本案例中社会工作者服务的对象为女性，待业在家，因此本章节讨论的亚文化从女性受家暴的角度入手。首先，为什么中国的受家暴对象多为女性呢？这就不能不提到我国传统的封建文化对社会生活重要的影响。中国有着两千多年的封建文化，作为封建文化的指导思想，“三纲五常”理论不仅成为统治阶级进行政治统治的工具，同时经过统治者的大肆宣传，还成为了人们头脑中根深蒂固的观念，而且这些观念在政治生活领域表现得尤为明显。因此，很多家庭里丈夫家暴妻子，妻子忍气吞声成为很普遍的社会现象，社会大众认为丈夫打妻子是正常现象，是家务事，外人不能随便干涉。其次，中国妇女存在文化弱项，女性在文化上仍然处于不适应科技、信息时代需要的落后局面。再次，是就业弱项，由于缺乏生产、管理实践的锻炼，不少妇女在处理社会事务方面往往表现得很脆弱，很容易放弃自我，在处理问题时缺少应有的主见。受家暴妇女虽然有求助的需求，但如果她们和丈夫离婚，脱离家庭，处境就会很艰难。一个长期待业的家庭妇女，离开家庭就等于没有了经济来源和栖身之所，以致很多妇女不能一下子迈出离婚那一步。最后，与西方国家崇拜个人英雄主义不同，“家”这个字眼在中国人心中有特殊的含义。区别于美国人崇尚独立、崇尚英雄主义，中国人则是以家庭为中心。在许多人看来事业和个人理想的成功与家庭的和谐美满同等重要。如果受家暴妇女离了婚，家庭就散了，无论个人多么成功，在旁人眼里也是一个“失败者”。所以在处理妇女群体受家庭暴力的服务中，社会工作者不能简单地运用惯常思维帮助服务对象，应更多地考量服务对象身处的文化背景和家庭处境。

（三）实务案例背景及预估

社会工作者 M 在中心接待了一位被家暴者 A 女士，经过初次面谈，A 女士愿意接受社会工作者 M 的帮助，成为了社会工作者 M 的服务对象。接案后，社会工作者 M 在个别督导过程中跟督导讨论该个案的进展情况，并提出了对于该个案的疑惑。

1. 个案信息

服务对象A女士因夫妻矛盾遭受家庭暴力并报警，经服务对象同意后被转介到家庭暴力防护中心。A女士是一名从小在农村长大的女性，虽然现在城市生活，但思想很传统（服务对象自述）。她与丈夫是老乡，丈夫是一家公司的职员，育有两子女，一个孩子读初中，一个孩子读小学，婚后家庭关系比较和谐。近一年，A女士发现丈夫在网上认识一女子，丈夫与该女子往来频繁，并有超出一般朋友界限的亲密行为。因此事A女士与丈夫发生矛盾，并经常吵架，甚至发生暴力行为（丈夫先动手打A女士）。最近一次打架后，A女士报了警。考虑到家庭和孩子，A女士不想离婚，想原谅丈夫但心里又过不去，一想到丈夫的外遇情景就感到委屈，常常独自伤心流泪，甚至还产生过轻生的念头。

由于丈夫把A女士的手打骨折了，脸部、身上多处是伤，A女士没法继续工作，只好辞职在家。亲戚朋友都谴责丈夫的不轨行为，丈夫也承诺以后不再与那女子来往，愿意与A女士继续生活，同时家人也劝导A女士看在多年夫妻的份上原谅丈夫，不要离婚。

2. 社会工作者的主要问题

督导通过与社会工作者交谈，明确了目前社会工作者存在的主要问题是不能理解服务对象为什么选择不离婚。

社会工作者M：督导，针对此个案，我特别遵循案主自觉这个原则，但是我不能理解这个服务对象，感到比较疑惑。

督导：你疑惑哪一点呢？

社会工作者M：就是服务对象为什么最终选择不离婚。

督导：为什么你觉得服务对象一定要离婚呢？

社会工作者M：一个女人的丈夫出轨，还家暴她，她甚至提到想要死了算了，我觉得这样的日子不是一般人能过的。如果离开她丈夫，她的生活就可以改变，也不会经常委屈，更不会有轻生的念头。

督导：刚才你那样的想法，是从什么角度去考虑的？

社会工作者M：我觉得是从服务对象的角度。我们不是要帮助服务对象争取利益最大化吗？我觉得这样是对她最好的选择。远离了她的丈夫，其他的问题都能解决了。

督导：如果要你继续为A女士服务，你能抛开自己的观念，按照A女士的选择为其服务吗？

社会工作者M：可以是可以，但我总觉得有点违背自己意愿去服务的纠结……

督导：那你觉得怎样做是比较好的呢？

社会工作者M：如果服务目标改成A女士能决定离婚的话，我的工作动力会更强。当然这是假设，我还是会遵循案主自觉原则为服务对象服务的。

3. 社会工作者的问题分析

在该案例中，社会工作者M是一个从小生活在城市，且受过现代高等教育的男性。在M的潜意识里，对一个受家庭暴力的妇女最好的选择是离开她的丈夫，离开这个家庭，其实这个想法本身没有什么问题。但当我们从其他因素，特别是服务对象的文化背景去考量时，可以看出服务对象是一个传统的女性，从小在有浓厚传统文化背景的农村长大。中国家庭暴力受暴对象女性多于男性的原因之一是封建传统下“三纲五常”“男尊女卑”等思想的影响，受家暴的妇女即使内心很不舒服，还是会为了家庭和孩子继续忍受丈夫的家暴和出轨行为。从其承担的家庭角色来看，服务对象A女士在家里还有一个重要角色——孩子的母亲。除此之外，服务对象A女士一直没有稳定工作，不具备独立生活的经济能力，作为中国传统的妇女，在传统文化价值观里，家在她心中无疑是有非常重要的分量的。特别是她还有两个孩子，服务对象很难作出离开家庭，和丈夫离婚的决定。

4. 问题预估

社会工作者对于服务对象问题中存在的文化差异敏感性不足，需提升社会工作者文化敏感性来处理个案问题。

由于社会工作者M是一个从小生活在城市，且受到现代高等教育的男性，对A女士这样忍受丈夫的家暴和出轨，选择不离婚的行为感到疑惑。M成长的文化里告诉他女性应追求独立自主，捍卫自己的人权，勇敢地去与不合理的现象作斗争。如果是他遇到这种情况，他表示自己一定会离婚。而A女士从小受男尊女卑等家庭传统文化思想影响，可以为了家人和孩子忍受丈夫的家暴和出轨行为继续维护家庭，心中的冲突集中体现在难受、委屈，甚至轻生，即便如此也不敢贸然离婚。在此案例中，社会工作者M之所以对A女士的选择感到困惑，正是由于两者之间存在的文化差异，从而产生价值观差异并导致两人的选择差异。社会工作者M也表示自己在服务的过程中，假设A女士把服务目标改为离婚，他会更乐意完成这个个案。督导社会工作者M的关键在于帮助其认识到，他和A女士的选择差异原因来源于各自不同的文化差异，社会工作者需要接受自己和服务对象存在的文化差异，并调整视角，从服务对象的角度去看待其面临的问题和所做的选择。

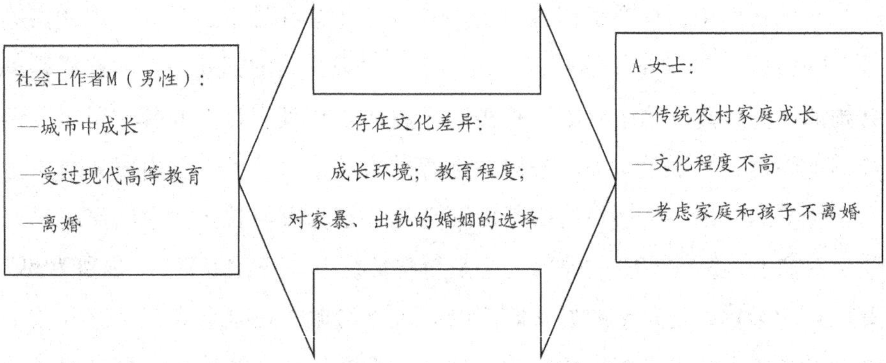

图4－1　社会工作者与服务对象的文化差异

二、督导总体方案设计

（一）督导目标

1. 总目标

通过督导介入，帮助社会工作者在处理有文化差异的服务个案时，提升自己的文化敏感性。

2. 具体目标

（1）帮助社会工作者意识到自身在处理该个案时的文化敏感性不足以及原因。

（2）帮助社会工作者提升自身文化敏感性，以达到深度同理服务对象。

（3）督导社会工作者跟进个案，修订合理的服务计划。

（二）督导服务理论

1. 跨文化敏感性的学习发展理论模型

Bennett（1986，1993）等一些心理学家提出了 ICS 的发展模型 DMIS（Developmental Model of Intercultural Sensitivity）。他们认为 ICS 是个体对文化差异的一种组织或建构倾向，是从民族中心主义到民族相对主义的连续体。个体的 ICS 具有 6 个成长阶段。

第一，否认阶段（Denial），不存在文化差异。“否认”是民族中心主义最纯粹的形式，正如一个以自我为中心的人很少考虑他人的感受一样，完全以自身民族为中心的人不会考虑文化间的不同。这一阶段通常表现为只感知异国文化中熟悉的事物或只能对其他文化作广泛模糊的归类。

第二，防守阶段（Defense），文化差异较弱。在这一阶段，人们意识到了文化差异，但持审慎的态度。并认为只有自己的文化才是可行的，比其他文化高级，世界被组合为“我们”（us）和“他们”（them）。

第三，最小化阶段（Minimization），文化差异可忽略。在这一阶段，人们把自己的文化世界观视为普遍的，把所感受到的文化差异囊括在人类相似性的分类下面，如需要和动机，或者是宗教、经济和哲学观念，认为沟通中共同点多于不同点。

第四，接受阶段（Acceptance），文化差异呈中性。这时，人们意识到自己所属的文化只是很多种同样复杂的世界观中的一种。在这种认识的基础上，个体通过对不同文化的区别建构起元认知，能体验并平等看待不同的文化。

第五，调适阶段（Adaptation），文化差异呈正向积极态势。人们能够产生同感，即接纳其他文化的视角或转换原来的参照框架，愿意改变行为和态度去适应不同的文化规范。

第六，融合阶段（Integration），文化差异已成为自身的文化身份的一部分。人们不再将自己视为任何单一文化的一员，个体在不同的文化世界观中自由进出，在两种或两种以上文化的边缘建构自我身份，而不再处于某一种文化的中心。

2. 女性主义理论

女性主义是分析妇女处境的理论体系。女性主义流派相信妇女遭受暴力虐待及不平等待遇，并非因为妇女缺乏与男性竞争的能力，而是源于父权制度，它表现在一系列的社会、文化、法律等制度上，没有保障妇女的权利，对妇女造成发展上的障碍。父权制度的性别角色分配是“男主外，女主内”，女性的使命是使家庭生活愉快、和谐，而不是成为一个事业成功的女性。女性作为照顾者，被认为有天生的育儿能力和兴趣，并延伸到照顾家庭内其他成员。女性在教育、就业方面少有机会或处于不重要的位置，公众参与积极性低，且缺乏参与意识。而男性是家庭的经济支柱，负责对外的一切，包括工作、政治、社会组织等。这种性别定性塑造的女性特质如柔顺、文静、软弱、牺牲、依赖、无主见等，塑造的男性化特征如坚强、好胜、有主见、独立等。当性别差异被赋予社会意义后，男性化被认为较优，因其有支配、坚强、分析能力等成分，而顺从、自我约束则成为了女性的美德。

（三）督导的角色

在本案例中，社会工作者在督导过程中对自己的困惑并非是否认和服务对象有文化差异，也没有出现否认自己与服务对象存在文化差距的认知，并表示自己愿意继续尊重服务对象的需求，并按照共同制定的目标开展服务，所以对社会工作者进行督导应从“防守阶段”开始。在本案例中督导的目标是帮助社会工作者提升文化敏感性，所以督导跟进的阶段分为防守阶段、最小化阶段、接受阶段 1、接受阶段 2，后续的“调试阶段”和“融合阶段”社会工作者可以自行去完成，督导没有继续跟进。

表 4－1　督导各阶段角色表

阶段	督导角色
第一阶段：防守阶段	教育者
第二阶段：最小化阶段	教育者、同行者
第三阶段：接受阶段 1	支持者、同行者
第四阶段：接受阶段 2	评估者

三、督导过程描述

（一）实施阶段与时间进度

表4－2　督导实施阶段进度表

阶段	督导形式	时间安排
第一阶段	个别督导	社会工作者对服务对象开展服务的第一个月内，具体指社会工作者与服务对象第一次面谈、第二次面谈、第三次面谈后。预计每周一次
第二阶段	个别督导，现场服务督导	社会工作者与服务对象第四次、第五次面谈期间
第三阶段	个别督导，现场服务督导	社会工作者与服务对象第六次、第七次面谈期间
第四阶段	个别督导	个案结案后

（二）督导的角色和技巧

表4－3　督导的角色和技巧简表

阶段	督导角色	方法与技巧	结果
第一阶段：防守阶段	教育者	（1）通过面谈了解社会工作者在服务中困惑的原因 （2）通过澄清与提问，引导社会工作者意识到和服务对象存在文化差异，社会工作者可能存在文化敏感不足	（1）发现社会工作者和服务对象的文化差异性 （2）社会工作者接受自己可能存在文化敏感不足情况，但仍愿意继续服务A女士 （3）社会工作者表示希望通过督导继续跟进，跨过文化差异的坎，继续为服务对象服务

续表

阶段	督导角色	方法与技巧	结果
第二阶段：最小化阶段	教育者支持者、同行者	(1) 提问：引导、督促社会工作者查阅中国家庭暴力产生的文化原因主题的资料 (2) 资料分析：介绍社会工作者查阅处理农村受家暴妇女的案例资料 (3) 服务计划批阅：在督导过程中帮助社会工作者理清案例中的服务计划 (4) 现场服务督导：社会工作者与服务对象第四次面谈时，作现场服务督导	(1) 帮助社会工作者意识到自身文化敏感性不足的原因，社会工作者接受自己存在文化敏感性不足 (2) 帮助社会工作者从服务对象的文化背景去理解服务对象作出的选择的原因 (3) 与社会工作者共同修订，调整 A 女士个案服务计划 (4) 面谈结束后，与社会工作者讨论在与服务对象面谈过程中，社会工作者本应注意的细节，从对方的言语和对某些事件的反映来分析服务对象的想法背后的深层次原因
第三阶段：接受阶段 1	支持者、同行者	(1) 回顾：通过个别面谈了解上一次督导后的个案进展情况 (2) 服务讨论：与社会工作者讨论针对该个案，家庭暴力产生的原因与文化因素 (3) 现场服务督导——社会工作者与服务对象第四次面谈时，作现场服务督导	(1) 社会工作者在服务过程中会比较刻意告诫自己，要从服务对象的角度来看她说的话和作的选择，这对自己理解服务对象有很大的帮助，最大的收获是跟服务对象面谈时“没有那种急切想帮助对方扭转对方想法的强烈念头” (2) 社会工作者画出自己和服务对象存在的成长背景、文化观念差异，并从这些差异中去理解服务对象作出该选择的原因 (3) 面谈结束后，与社会工作者讨论在与服务对象面谈过程中，社会工作者有无新的发现和突破；社会工作者表示自己近期服务的新发现是在寻找服务对象与丈夫顺畅沟通方式时，能主动从积极方面引导服务对象挖掘丈夫和家庭给服务对象带来的积极因素，服务对象的积极性也很高

续表

阶段	督导角色	方法与技巧	结果
第四阶段：接受阶段2	评估者	(1) 回顾——通过个别面谈了解上一次督导后的个案进展情况 (2) 服务成效评估：总结督导过程中对社会工作者的帮助及成效 (3) 总结：总结督导过程中社会工作者在文化敏感性提升上的收获	(1) 上一次督导之后，社会工作者自身看了很多女性主义方面的著作，女性主义的视角特别能帮助自己理解个案服务对象的想法和处境，是一个大收获 (2) 通过督导的帮助，社会工作者能处理和个案服务对象之间存在的文化差异，对自己很有帮助 (3) 社会工作者觉得督导的帮助在于点醒自己“自以为是”地认为尊重案主自觉，案主自觉的前提在于深度同理，而深度同理在于能不能真正设身处地从服务对象角度去看她说的每一句话，理解她所作出的每个选择

（三）具体时间进程表

表4－4　督导实施过程简表

阶段	督导主题	督导后社会工作者跟进事项
第一阶段：防守阶段	(1) 了解社会工作者在服务中困惑的原因 (2) 社会工作者和服务对象之间有无存在文化差异	继续服务A女士，反思自己在文化差异中忽略的地方

续表

阶段	督导主题	督导后社会工作者跟进事项
第二阶段：最小化阶段	（1）中国家庭暴力产生的文化原因讨论，女性主义视角讨论 （2）个案服务计划讨论和修订 （3）现场服务督导	（1）查阅资料和案例 （2）经过与社工讨论，A 女士接受服务的目标为： ▲总体目标 ①帮助 A 女士提升自我评价，知道这个家离不开自己，发现自己的优势，放弃离婚的念头 ②生活基本正常化，有一定的信心和动力继续外出工作 ▲具体目标 ①提升 A 女士的自我评价，提升其自信心 ②改善服务对象的夫妻关系 ③帮助服务对象就业 ▲具体行动计划 ①与 A 女士面谈，收集分析相关的资料和问题 ②对 A 女士进行婚姻家庭辅导，增强其与丈夫的沟通理解，改善夫妻的紧张关系 ③肯定 A 女士在家庭的重要地位，消除其对丈夫的顾虑，找回自信 ④生活正常化，鼓励服务对象继续出去工作 （3）整理面谈中发现的问题
第三阶段：接受阶段 1	（1）回顾：上一次督导后的个案进展情况 （2）服务讨论：与社会工作者讨论针对该个案，家庭暴力产生的原因与文化因素 （3）现场服务督导：社会工作者与服务对象第四次面谈时，作现场服务督导	用传统视角和女性主义视角分析该案例

续表

阶段	督导主题	督导后社会工作者跟进事项
第四阶段：接受阶段2	（1）回顾：通过个别面谈了解上一次督导后的个案进展情况 （2）服务成效评估：总结督导过程中对社工的帮助及成效 （3）总结：总结督导过程中社会工作者在文化敏感性提升上的收获	（1）社会工作者继续独立跟进个案，除了解决服务对象当前的问题，还要帮助其解决后续问题，拓宽服务对象的支持系统、寻求更多的支持资源 （2）督导主题暂时告一段落，督导会在每月定期督导时间了解社会工作者继续跟进该个案的情况

（四）服务评估方法

1. 评估对象：社会工作者M、督导本人（自评）

（1）社会工作者M的评估

在社会工作者M完成该个案服务之后，针对服务过程中督导给予的帮助，采用面谈的方式进行评估，访谈有四个问题，详见下一条描述。

（2）督导自评

在本次案例的督导服务完成后，从督导次数是否合理、督导形式是否合适、督导结果是否有效三个方面来进行评估，每个纬度0～5分进行评分（0分为最低分，5分为最高分）。

2. 评估方法与工具：自评、访谈评估

（1）督导在这个过程中给你的帮助程度有几分？（0～10分，0为最低分，10为最高分）

（2）你觉得在这个过程中督导给你帮助最大的是什么地方？

（3）你觉得在这个过程中督导做得不足的地方是什么？

（4）你在这个过程当中最大的收获是什么？

四、督导成效分析

（一）评估结果

（1）社会工作者M评估结果：社会工作者M给督导打分为8分，在访谈过程中表示督导的服务整体对自己很有帮助，比较满意。

（2）自评结果：“督导次数是否合理”评估分数为4分，“督导形式是否合适”评估分数为4分，“督导结果是否有效”评估分数为4.5分。

（二）定量与定性描述

1. 定量描述

案例中共计对社会工作者开展了六次督导，其中四次为个别面谈，两次为现场服务督导。督导结束后社会工作者给督导的评分为8分，达到优良水平。

2. 定性描述

社会工作者M的评估描述：

（1）督导在这个过程中给你的帮助程度有几分？（0～10分，0为最低分，10为最高分）社工M给的评分是8分。

8分我觉得是优秀的水平了。

（2）你觉得在这个过程中督导给你帮助最大的是什么地方？

督导给我在文化差异上和文化敏感性的知识补充很到位，发挥了很好的教育功能。因为督导及时指出我在文化差异中对服务对象理解不够的地方，并一直指引我怎么去提升自己，去理解服务对象的背景和她所做选择之间的关联。

其次督导的现场督导也给我很多支持力量。一开始我会担忧服务对象不接受现场有其他人在旁边，没想到服务对象没有想就答应了。这也让我反思可能我自己先入为主的想法还是挺强的，要不断地去尝试新的方式，接受新的想法。

（3）你觉得在这个过程中督导做得不足的地方是什么？

希望能多和督导深层次讨论服务对象不愿离开家暴家庭的原因。一开始我觉得虽然我和服务对象有文化背景不同的原因，但大家都是生活在现代社会，观念差距应该不会那么大，后来慢慢理解了，但觉得还可以讨论更多，由于服务时间的原因未能做到深层次的讨论。

（4）你在这个过程中最大的收获是什么？

我好像跨过了一道坎，真正的同理和我们从书本上学来的还是有差距的。我在这次督导里第一次梳理了自己的成长背景，也加深了对自己的认识。加强自我认知有助于我去理解其他人，所以我能在分析完服务对象的背景资料后，又更理解了她和她面对的问题，以及她做的选择。这次我感觉自己真的做到了真正的同理。

五、督导反思

（一）文化与价值观的反思

在本案例中，传统文化、地区文化观念和专业伦理及价值观的冲突是比较明显的，也是督导要集中精力帮助社会工作者解决的问题。因为社会工作的价值观最初来源于西方国家的宗教理念以及工业主义文明，具有强烈的个人主义色彩，同时也明显受到了功利主义哲学思想的影响。受过社会工作高等教育的社会工作者 M 对服务对象看法的价值观来源于此。而在中国传统文化中，个人的利益往往要让步和服务于社会整体利益。就像在家庭中，所有家庭成员都要以“家”为整体核心，无论个人受到多大的委屈，也必须要以家庭为重，“家和万事兴”和“家丑不外扬”成为家庭关系中至高无上的伦理价值。本案例中的服务对象 A 女士则是受此传统文化影响。当社会工作者和服务对象所持价值观发生冲突时，督导应帮助社会工作者从本土情境中去理解服务对象作出看似不合理选择的原因，既尊重服务对象的选择，也要在服务过程中寻求服务对象利益最大化，实现社会工作的专业本土化。

（二）帮助社会工作者提升对服务的有效性认识的反思

在本案例中，当社会工作者发现服务对象仍然选择忍受丈夫的暴力和出轨行为，不愿意离婚离开家庭时，虽然表示要“尊重案主自觉”，但仍能感受到社会工作者对服务对象作这个选择的无奈甚至失望的情绪。如何让社会工作者感知到自己的服务对当下情境中的服务对象来说是有用，而非毫无用处的，也是督导过程中的关键难点。有时候，在特定文化背景和环境下，我们所认为的“有效”对于服务对象来说未必真正有效，只有通过文化差异真正理解服务对象作出选择的原因，才能真正地做到同理，并在同理的指引下找到对于服务对象来说真正有效的选择。

（三）运用女性主义视角提升对受暴妇女的同理

在本案例中，社会工作者提出的不理解A女士为何作出不离婚的选择，从女性主义的视角可以帮助社会工作者去理解服务对象这一做法。女性受到家暴和不公平待遇或作出看似不自由的选择，跟女性长期受父权制社会压制女性发展的传统思想息息相关。A女士在传统的家庭里成长，婚后的生活重心则是家庭和孩子，放弃了自己的发展空间，这对她在婚姻生活出现问题的时候作出“自由选择”造成了障碍。社会工作者的服务既尊重服务对象自觉，也从女性视角去理解服务对象为什么作出这样的选择，唯有如此方可解开社会工作者最初的疑惑。

第二节　文化处遇能力

一、案例背景

（一）文化对社会工作的影响

1. 文化对社会工作者开展服务的影响

文化可以分为主流文化和亚文化。主流文化是指在社会中占据统治地位，并为大多数社会成员所接受的文化。而亚文化是相对于主流文化的一个概念，是指被一部分社会成员或某一社会群体接受的文化。随着社会的不断发展，亚文化与主流文化在全球化这种复杂多变的历史语境中不断连接与交融，现今亚文化的范围已经拓展至移民问题、异常行为和犯罪、网络亚文化、消费亚文化等更多领域。在全球背景下，亚文化的特征最明显的一个变化就是政治意义弱化，标签意义开始凸显，现在的亚文化似乎已经变为仅仅提供给特定群体的作为理解他们的社会体验并建立社会身份的“符号资源”。

在社会工作者开展服务时，主要通过社会工作者与服务对象直接或者间接的互动达到促使服务对象改变，提升其适应社会的能力等。在这一过程中，无论是社会工作者还是服务对象，都是处于一定的文化背景中，而社会工作者对于文化的认识、敏感以及处理和应对方式，直接影响了社会工作实施的效果。社会工作者和服务对象各自具有不同的社会文化背景，具有各自文化独有性，在生活方式、风俗习惯、价值观等方面都可能会有不同的呈现。基于这些不同，双方的背景知识就会有差别，而这很明显会影响到社会工作者与服务对象之间的沟通，以致可能出现所谓互动和提供服务过程中的“文化震惊”“文化殖民”“文化偏见”“文化识盲”现象。在此过程中，社会工作者可能会因为主流文化和个人价值观的影响，从而对服务对象所持有的价值观和文化产生偏见，最后导致社会工作者无法理解服务对象的行为和想法，影响服务效果。

综上，督导者在引导社会工作者开展服务时，需要提升社会工作者在文化的理解和处理主流文化与亚文化、个人价值与服务对象价值等的冲突。只有提升了对于服务对象群体的文化的了解，才能更好地理解服务对象的行为和选择，提供的服务也更能够满足服务对象的需求。

2. 毒品亚文化的认知和理解对于服务开展的影响

毒品文化是亚文化中的一个典型代表，其中狭义的“毒品文化”是指在使用（吸食和贩卖）毒品过程中由涉毒群体长期积累而形成的一种游离于主流文化之外的病态亚文化。广义的“毒品亚文化”，涵盖了毒品问题在文化领域所有的表现形态，如“毒品文化”、跨文化毒品问题以及与毒品相关的其他文化现象等。社会工作者在日常的服务和访谈中发现毒品文化对于吸毒者的戒断和复吸有很大的影响。2015 年，社会工作者针对部分因复吸再一次被强制隔离戒毒的戒毒人员进行了访谈，以分析复吸的原因。通过访谈发现复吸主要有两个方面的原因：第一，社会、家庭难以融入，许多戒毒康复者回到社会、家庭后，依然难以摆脱“吸毒者”的标签，社会、家庭对于他们的信任度较低，难以为戒毒康复者提供适当的支持，导致复吸行为的出现；第二，基本生活难以为继，几乎所有的戒毒康复者回到社会后，都面临着生计的问题，长期的吸毒、戒毒经历使他们缺乏基本生存的就业技能，同时“曾经吸毒者”的标签也使他们在找寻工作时举步维艰，最终只能回到熟悉的毒品环境。

（二）案例背景

在服务中，社会工作者在家访时见到服务对象的父母，在和其父母沟通的过程中，其父母说：身边的亲戚建议他们把孩子送到戒毒所，只要进入了戒毒所就能够戒掉毒瘾了。父母问社会工作者这样是否可行。社会工作者感觉到非常为难，不知道该如何回应服务对象的父母，因此求助督导者。

在本案例中，服务对象小 W 22 岁，深圳本地居民。在 18 岁高中毕业时，与朋友聚会接触到冰毒。之后两年，每次聚会都会吸食。在 2016 年，因为吸食后的异常被父母发现其存在吸毒行为，与父母关系变差。近两年来，小 W 维持最长的不接触毒品的时间为 3 个月。其他时间多因心情烦躁及生活不顺而吸食毒品，并与父母的关系进一步恶化。

本案例中，社会工作者是社会工作本科应届毕业生，在半年前来到社工机构从事禁毒岗位。已通过初步的禁毒岗位的岗前培训，目前工作已有 6 个月，主要负责社区戒毒康复人员的跟进辅导等工作。

二、督导核心问题确认

（一）社会工作者不知道该如何回应的犹豫和挣扎

社会工作者个人所受到的主流文化环境影响形成的价值观与社会工作的价值观存在冲突。在社会工作的价值观中，服务对象是要被接纳和支持的，或者是基于优势视角应当看到的是他改变的可能性，而非问题。但是，在社会的主流文化中，吸毒是一个对社会具有严重危害的行为，只要是吸毒的群体都需要被严加管控，同时一旦吸毒，就要被送到强制隔离戒毒所才能戒断毒品。但其实在戒毒所改变的只是身体对毒瘾的依赖，并未真正解决吸食毒品成瘾的心理根源。而本案例中社会工作者的犹豫，很可能也是认同送戒毒所是最好的办法，只是工作原则让他不能这么做。

（二）社会工作者对于毒品的亚文化的认识和处理能力不足

由于缺乏对毒品亚文化的认识和处理能力，社会工作者无法很好地为服务对象争取到家人的支持，协助戒毒人员戒断毒品。

国际组织统计数据显示，戒毒人员的复吸率高达 90% 以上。其中很重要的原因就是戒毒期间，家庭支持缺失和社会融入困难。对此，社会工作者需要有清晰的了解，才能理解服务对象复吸的原因，并进行针对性的介入，协助其戒断毒品，维持操守。

三、督导总体思路及方案设计

（一）督导目标

1. 总目标

提高社会工作者了解亚文化的能力，同理服务对象，更好地提供专业服务和支持。

2. 具体目标

目标一：提高社会工作者对亚文化的理解能力。

目标二：提高社会工作者同理服务对象的能力，确保其提供的专业服务能够满足服务对象的实质需求。

（二）督导服务理论

1. 认知行为理论

认知学派认为，在认知、情绪和行为三者当中，认知扮演着中介与协调的作用。认知对个人的行动进行解读，这种解读直接影响着个体是否最终采取行动。而认知的形成除了被认知事物本身的属性外，还受到了认知者的主观因素影响，包括认知者的经验、动机与兴趣、情绪等。认知影响着个人在进行信息选择时会偏向于符合个人认知的内容和喜好。在进行督导时，督导会根据社会工作者目前对于吸毒者、戒毒者和禁毒戒毒工作等的了解和看法等，评估其目前存在的认知，并有针对性地提供辅导，从而让其更加充分了解这个群体和文化。

2. 标签理论

标签理论家们突出地强调越轨是相对的这一事实。一个行为及其违反者只有当被他人标签为越轨时才变成了越轨。埃德文·雷梅特是最先研究标签理论的社会学家之一。雷梅特区分了两种越轨：初级越轨（primary deviance)，即偶尔卷入违反社会规范的行为，并未对个人的心理形象和社会角色扮演发生持续的影响；二级越轨（secondary deviance)，卷入违反社会规范的行为，并被其他人标签为越轨者而且越轨者本人也这么接受了。在二级越轨中，越轨者必须围绕越轨者的角色来认知他们的行为和自我观念。他们可能以某种方式穿戴，使用一种特殊的、只有他们自己人才知道的俚语。他们越清楚地将自己界定为越轨者，他们就越可能被其他人当作是越轨者。经过一段时间后，即使那些对他们的名声一无所知的人，由于他们呈现出来的形象就可能一眼看出他们是越轨者。标签理论家们曾将成为一名职业越轨者的过程分为三个主要步骤。第一步是权威者或关系密切的人对越轨行为的察觉；第二步是对越轨者的标签；第三步是越轨群体或越轨亚文化为加入该群体或文化的人提供越轨行为的社会支持。一旦经历了这三个步骤，他或她就放弃不了越轨的方式，并回到遵从上来。这样个体就开始了他的越轨生涯（deviantcareer)，也即接受了越轨亚文化中的越轨认同与生活方式。这个概念有助于理解越轨行为的阶段——不仅包括越轨的步骤，而且包括一个人成为越轨者的程度和认同越轨的程度。

3. 优势视角理论

优势视角理论认为，每个人、团体、家庭和社区都是有优势的。服务对象都是有潜能，而且是能够改变的。即使是创伤、虐待、疾病和抗争具有伤害性，但它们也可能是挑战和机遇。服务对象自身是解决自己问题的专家，所以，与服务对象合作，才能够更好地为服务对象服务。社会工作者在开展服务时，必须要相信所有的环境都充满资源，而我们需要真正的以平等合作的伙伴关系为服务对象提供服务，才能够真正帮助到服务对象。

4. 体验式学习法

体验式学习是指通过实践来引导受督导者认识周围事物，让其完全参与到学习的过程中来，使受督导者真正成为课堂的主角。督导的作用不再是一味地单方面地传授知识，更重要的是利用那些实际的案例、互动等作为教学媒介为社会工作者做好体验开始前的准备工作，让社会工作者产生学习的兴趣和冲动，自愿地全身心地投入学习过程，实现积极学习和运用，从而掌握该知识和技巧。通过体验式学习，可以给社会工作者带来新的感觉、新的刺激，从而达到加深记忆和理解的目的。

（三）督导的角色和技巧

1. 督导的功能

（1）支持功能：帮助社会工作者解除处理亚文化时遇到的压力和困境。

（2）教育功能：传授社会工作者关于亚文化的相关知识和内容，提供专业性的建议等。

（3）行政功能：社会工作者在处理文化冲突过程中的授权、沟通及监督、总结和评估。

2. 督导的角色

（1）教育者：向社会工作者传授关于“服务对象群”的特殊知识，如毒品亚文化等；传授“社会服务机构”的知识；传授有关“社会问题”的知识；传授有关“工作过程”的知识；传授有关“工作本身”的知识；提供专业性“建议和咨询”。

（2）支持者：鼓励社会工作者克服困难，为其积极反应提供支持和鼓励，创造条件让社会工作者能够自立或自我发展。

（3）使能者：提高社会工作者处理文化冲突的能力。

（4）资源整合者：为社会工作者链接其在工作中所需要的资源，让其可以顺利开展各项服务。

（5）关系协调者——为帮助社会工作者协调与机构、用人单位等各方的关系，创造一个有利于顺利开展各项服务的条件。

（四）实施阶段与时间进度

表4－5　督导服务实施阶段简表

阶段	主要内容	督导的角色	督导使用的技巧
第一阶段：引导社会工作者理解亚文化带来的标签	对于毒品亚文化标签的理解，引导社会工作者了解毒品亚文化对服务对象及其家人、社会大众等带来的影响	教育者 支持者	个别督导 集体督导 培训

续表

阶段	主要内容	督导的角色	督导 使用的技巧
第二阶段：解构亚文化的内涵	通过引导社会工作者对吸毒、复吸行为原因多样性的正确诠释，让社会工作者能够理解服务对象，进而协调其处理与家人、朋友及社会的关系。同时，对其中的正向元素进行解析，鼓励社会工作者发现服务对象潜能，促使其回归和适应社会	教育者 支持者 使能者 资源联络者	个别督导 集体督导 培训 资讯分享
第三阶段：促进集体文化重构	通过引导社会工作者进行文化重组，宣传积极正向的文化内涵，在社会层面消除歧视和负面标签，逐步改变大众对于吸/戒毒人员的认知，营造接纳、包容的社会环境。引导社会工作者进一步形成对服务对象正向的互助支持，以更好地维持戒毒操守	教育者 支持者 使能者 关系协调者	个别督导 集体督导 培训 现场督导

（五）督导的角色和技巧

1. 督导前期

在督导工作开展的前期，督导者主要的角色是教育者和支持者。通过个别督导、集体督导、培训等，加深社会工作者对于毒品亚文化知识的了解。从而让其可以了解服务对象在戒毒的过程中面临的困境和标签，明白毒品戒断的困难和阻碍以及复吸的原因。同时，积极地支持社会工作者在过程中的成长和改变，鼓励其使用学习到的知识为服务对象提供各项服务。

2. 督导中后期

在督导开展的中、后期，督导主要的角色是使能者、资源链接者和关系协调者，这个阶段的主要任务是鼓励社会工作者开展相关的工作，并在其中利用各种有利的条件开展各项服务。可以通过个别督导、现场督导、培训等形式去开展督导工作。

（六）评估方法

1. 评估对象

评估包括过程评估和结果及成效评估。两个阶段的评估对象主要为社会工作者，包括其服务能力和服务成效的提升等。

2. 评估方法与工具

(1) 评估方法：定性评估和定量评估。

(2) 评估工具：反馈问卷、访谈记录和培训感想等。

四、督导过程描述

(一) 第一阶段：毒品文化的深度认知

在传统宣传下，"毒品""吸毒者"被冠以了"可怕""疾病"和"毒品难以戒断"等标签，在现实生活中通过恐吓和警示宣传促使大众拒绝毒品，一定程度上起到了预防的效果。在当前社会文化背景下，服务对象家属、社会大众，面对吸毒或戒毒人员往往存在怀疑，并冠以"毒品难以戒断"这一标签，以致出现背景案例中一旦发现家人存在吸毒行为，能选择的便是强制隔离戒毒。对于禁毒社会工作者，同样面临着这一困境，如何在服务中正确平衡已有价值观，做到价值中立，实现优势视角中强调的"相信服务对象都有潜能，都能够改变"，督导在第一阶段的工作重点是帮助社会工作者进一步深入了解毒品文化，了解吸毒人员，探寻接触毒品、吸毒成瘾的原因，以及影响毒品戒断的因素。

1. 毒品及毒品文化解读工作坊

(1) 培训简介

传统的宣传，多数时候侧重于毒品对个体、家庭、社会带来的危害和影响（偏向负面），然而对于"毒品既然如此危害，为何屡屡有人尝试?""戒毒后为何依然会复吸"等深层次的议题很少探讨，这也导致传统恐吓教育制造了我们对毒品和吸毒者的恐惧，却未完全抑制部分人好奇的心理。作为禁毒社会工作者，面对吸/戒毒服务对象，除了了解毒品的基础知识，更需要深入地了解毒品对于个人、家庭等带来的影响（此处影响并非全数负面），了解吸/戒毒人士吸毒背后的原因和故事，从而进一步以同理的心态开展服务。毒品及毒品文化解读工作坊，有别于传统的知识传授式的课堂学习方式，利用案例沙龙式交流、体验式参与，分享毒品知识、吸毒工具、毒品地下术语，增强禁毒社会工作者对毒品、毒品危害以及吸/戒毒人士的了解，提升同理能力。

（2）培训目标

通过培训，促进禁毒社会工作者对于毒品、毒品危害以及吸毒者的了解；通过吸毒工具讲解、毒品地下术语分享，增强禁毒社会工作者对毒品亚文化的认知，提升禁毒社会工作者对吸/戒毒人士的同理。

（3）培训人群

禁毒领域新晋同工（大部分为具有1年以内工作经验的从事一线服务的社会工作者），以及对于戒毒服务感兴趣的各领域社会工作者。

（4）培训设计

培训设计的思路为讲授法和沙龙式交流相结合的模式，利用互动带领禁毒社会工作者进行探讨，督导结合服务案例进行分享，最后辅以基础知识讲解，补充培训知识点，夯实课堂成效。

表4－6　培训主要内容简表

阶段	主要内容	培训形式
第一部分	1. 毒品沙龙 ①“吸毒工具、毒品辨别”：大部分吸毒工具均为日常常见物品，通过互动的探讨和分享，让禁毒社会工作者了解更多吸/戒毒人士的亚文化世界 ②“毒品地下术语分享”：结合“吸毒工具、毒品辨别”，分享毒品地下术语，协助社会工作者提升实务技巧，更好地以服务群体文化接触服务对象，建立有效关系 ③“服务案例分享”：结合上述两块内容，督导分享自身或其他社会工作者经历的戒毒服务案例，促使禁毒社会工作者更直观了解，提升同理	互动式
第二部分	2. 毒品基础知识培训 ①常见毒品讲解：针对当前深圳较多人滥用的四类毒品的品类、功能、伤害、集中滥用群体等进行讲解，加深禁毒社会工作者对毒品的了解 ②毒品诱发高危情境：结合案例和新闻，分析各类毒品诱发的高危情境，协助社会工作者丰富毒品滥用情境的认知 ③认识及辨识吸毒行为：结合案例，从行为转变、外部身体特征变化、精神情绪改变等角度协助禁毒社会工作者认识和辨识吸毒行为	讲授式
第三部分	3. 培训总结与评估	总结与评估

2. 戒毒服务社会工作者价值观工作坊

（1）培训简介

社会工作价值观是服务开展的基础，是指导社会工作者开展服务的标准。尤其是对于禁毒社会工作者，价值观的内化，有助于禁毒社会工作者在介入服务的初期更客观地评估服务对象，降低因现今毒品文化对于服务视角的干扰。培训中利用案例沙龙式交流、体验式参与，解析价值观的核心、社会工作价值观的含义、原则，开展针对性伦理与困境实例探讨，促进禁毒社会工作者对社会工作价值观的了解，提升价值观与实务服务融合的思考。

（2）培训目标

通过培训，促进禁毒社会工作者对社会工作价值观的了解；通过有针对性的伦理与困境实例探讨，促进社会工作者对价值观与实务服务融合的思考，进一步增强社会工作者的同理心。

（3）培训人群

禁毒领域新晋同工（大部分为具备 1 年以内工作经验的从事一线服务的），以及对于戒毒服务感兴趣的各领域社会工作者。

（4）培训设计

培训设计的思路为讲授法和沙龙式交流相结合的模式，利用互动带领禁毒社会工作者进行探讨，督导结合服务案例进行分享，最后辅以基础的知识讲解，补充培训知识点，夯实课堂成效。

表 4－7　戒毒服务社会工作价值观工作坊内容简表

阶段	主要内容	培训形式
第一部分	一、社会工作价值观基础 （一）互动辩论：世界末日来临，谁生谁死 世界末日来临，登上诺亚方舟的人就能得以生存，有这样 18 个人，但只能让 8 个人坐上船，你怎么选择？每名社会工作者选出 8 个可以登上诺亚方舟的人，并列明原因； 教授（男，70 岁）、教师（女，34 岁） 性工作者（女，25 岁）、运动健将（男，22 岁） 智障人士（男，30 岁）、癌症晚期病人（男，32 岁） 婴儿（女，8 个月）、小孩（男，3 岁） 警察（男，45 岁）、医生（男，38 岁）	辩论

续表

阶段	主要内容	培训形式
第一部分	高一学生（女，16 岁）、吸毒者（男，28 岁） 杀人犯（男，36 岁）、农民（女，40） 科研人员（男，65 岁）、上市公司 CEO（女，38 岁） 社会工作者（女，25 岁）、政府高官（男，50 岁） （二）人本主义解析：结合互动辩论的内容，解析社会工作的人本主义基础	辩论
第二部分	二、社会工作价值观和伦理 （一）社会工作价值观 1. 理论来源：文化传统与社会福利思想对社会工作价值观的影响，中西方传统文化对社会工作价值观形成的影响和促进作用 2. 价值观定义 3. 社会工作专业价值观的原则：接纳、尊重、个别化…… 4. 社会工作价值观操作原则：案例探讨 （二）社会工作伦理 1. 伦理的含义 2. 伦理与价值观的对比 3. 社会工作伦理的含义和服务对象 4. 社会工作伦理七大原则 5. 社会工作主要伦理困境（案例讨论）	讲解 案例讨论
第三部分	三、培训总结与评估	总结与评估

3. 体验式亚文化学习——“历奇拓新生”体验学习工作坊

作为禁毒社会工作者，他们面对的主要服务对象是吸毒者，这个在传统宣传中更多的是被打击的对象。许多社会工作者刚接触服务对象时，内心总带着或多或少的狐疑和犹豫：为什么要帮助这群人呢？内心也往往无法一下子做到原则要求的接纳和同理。对此，督导所做的工作就是一个价值观和信念传承的过程，除了传统的知识传授，督导需要利用不同的技巧、理论让社会工作者在潜移默化中内化禁毒服务的价值观、信念，进一步了解自己的服务对象。

（1）历奇为本辅导理论简介

历奇辅导是通过将服务对象安放在一个新奇的环境中，让他们跳出生理及心理的舒适区域，互相合作，解决问题。继而通过总结经验，让服务对象得到成就感，并能将成功的经验转化为未来生活的参照。历奇辅导的定义包括四个元素：历奇活动、野外、个人及小组辅导、经验学习法。

（2）历奇辅导有四个训练模式

“历奇波浪”主要是活动讲解、过程和解说；“野外挑战”着重个人与大自然的挑战；“情感反思”指学员内在反思；“多元创意”包括利用音乐、戏剧、手工艺等多种方法带出重点。

（3）工作坊实录：“历奇拓新生”体验学习工作坊——携手戒毒路

2010年10月12日，社会工作者小A上岗的第三天，对于一切都十分陌生，带着不安而兴奋的心情，小A参加了加入社会工作行业的第一次团体督导。进入督导室，首先映入眼帘的是布置在地上的一张9×9的网格。督导说：“这是一条戒毒之路。现在请各位用1分钟时间想象自己是一个吸毒者，需要具体包括姓名、性别、年龄、籍贯、吸食的毒品5项内容，并依次作自我介绍”，那一刻社会工作者小A十分惊讶，第一天就要想象自己是个吸毒者，还要如此具体，这是要做什么呢？带着疑惑的心情，凭着平时了解的关于毒品的宣传知识，社会工作者小A为自己设定了一个角色：“阿强，男，30岁，广东汕头人，吸食白粉。”

在大家各自介绍完自己后，督导继续说：“在你们面前的是一条戒毒之路，你们每个人都可以选择走上这条路去戒毒，但是戒毒之路有规则，需要按照设置的方格以正确的路线去完成，每次只能向前、向左、向右前进一格，并等待我的指令，当听到‘正确’则可继续下一步，当听到‘失败’则表示戒毒失败，需要从头开始。你们需要在15分钟内所有人都通过才算是完成整个戒毒之路，你们愿意接受挑战吗？”那一刻，大家跃跃欲试。在简单商量对策后，便开始尝试，战战兢兢，亦步亦趋。活动在交错出现的“正确”“失败”声中完成了，有的人嘻嘻哈哈说笑，有的人沉默地想着什么。这时，督导又说：“我们来作一个简单的‘分享’，请大家围成一个圈。”（以下截取笔者感触最深的部分分享）

督导在大家坐好后问：“刚才发生了什么？”

“我们一起完成了戒毒之路！”有人抢着回答道。

“过程中发生了什么？”督导接着问道。

社会工作者小A举起手回答道：“大家都在试探着走，有正确的，也有戒毒失败的。”

督导道：“很好，那当失败的时候什么心情呢？每个人都说说吧。”

“失望”“沮丧”“懊恼”“觉得自己很没用”“想放弃”，顿时很多词语在督导室中喊出。

“看来都是一些很负面的词语，”督导接着说，“我很想问问，有的社会工作者说想放弃，是为什么呢?”

“因为……戒毒戒了很多次都没有成功，觉得自己没办法成功，索性不如就放弃好了！”社会工作者甲沮丧地说道。

督导接着话题说：“那最终又是什么让你坚持下来，最终成功呢?”

“因为发现大家都没有放弃，而且身边还有人在不断地支持我、鼓励我、指引我，我觉得不能辜负大家。”社会工作者甲接着说道。

“是的，有了身边人的鼓励和帮助，是我们最终能够成功的重要因素。其实，吸毒者也是如此，在戒毒的路上总会遇到很多挫折、失败，如果身边没有人支持他们，给予他们指引，最终复吸的概率是很大的，而现实中能够给予他们支持、指引的人寥寥无几，社会工作者就是这其中的一股力量，只有我们坚持，才有机会与他们一同走出这个困惑的‘毒网’。”督导认真地说道。

上述对话深深地触动了社会工作者小 A 的内心，让他明白到，其实戒毒不像人们想象的那样简单，可能会遇到许多挫折和困难，而吸毒者也是需要获得支持和指引的，对他们不能一味排斥、歧视。通过本次督导，社会工作者小 A 进一步坚定了从事这一职业的信心和决心，希望能够尽自己的努力，帮助更多的吸毒者摆脱“毒网”。

（二）第二阶段：实务跟进提升社会工作者对毒品文化的了解

通过培训、沙龙、工作坊等形式，丰富了禁毒社会工作者对毒品、吸毒者、戒毒者的了解，深化了禁毒社会工作者对毒品文化的认知，而知识的储备只有在实践中进行检验并加以完善，才能够做到真正的内化。因此，在第二阶段，督导将会采取实务进程跟进式的方式，推动禁毒社会工作者开展专业的服务，接触服务对象，尝试开展面谈，在服务过程中辅以一对一督导、现场观察式督导、团队个案会议等形式，协助禁毒社会工作者处理服务过程中面临的困境和疑惑，处理突发文化冲突情境，进一步实现文化、价值观传递。

1. 督导方式

（1）一对一个人督导：督导利用与社会工作者开展个人督导的时间，设置固定的专业服务督导议题，通过社会工作者提问、查阅咨询服务记录、个案跟进记录等服务档案材料，发掘服务跟进过程中遇到的文化困境，利用经验和案例等形式，协助社会工作者处理情绪、分析原因、总结经验。

（2）一对一现场观察式督导：督导协同社会工作者前往服务对象处开展个案面谈、咨询服务，在征得服务对象同意的情况下，以观察者的方式全程参与社会工作专业服务，记录过程中发生的情景、技巧运用等，并在服务结束后及时开展个人督导，通过情景分析社会工作者具体服务过程中的不足之处、微观技巧运用时的注意事项等，协助社会工作者在情景中提升实务技巧和处理能力。

（3）团体个案会议：督导通过对团队内社会工作者进行一对一个人督导、一对一现场观察式督导、查阅服务档案后发现团队内存在的共性服务困境或优秀的服务处理技巧，利用团体督导的方式开展个案会议，设置固定的主题，通过小组动力进行分享、探讨，提升团队处理服务困境的能力。

2. 督导进程

表 4－8　督导进程简表

阶段	督导主题	督导后社会工作者跟进事宜
第一部分	1. 个别督导 ①了解社会工作者服务时迟疑的原因及重新聚焦问题 ②社会工作者对小 W 父母的行为的看法和意见，评估社会工作者的文化基础和价值是否中立	1. 继续跟进小 W 的父母，争取父母对服务对象积极的支持 2. 继续跟进服务对象，引导其维持操守，融入社会
第二部分	2. 集体督导个案会议：社会工作者如何回应小 W 的父母并进行介入	1. 团队内部反思在服务过程中存在的文化冲突的情况 2. 社会工作者根据督导及朋辈的意见，结合服务对象需求继续跟进该服务对象

（三）第三阶段：推动文化解构和重构

“毒品难以戒断”这一毒品文化标签在禁毒社会工作者开展服务的过程中，不仅时常干扰着社会工作者对服务的判断，更是成为阻碍服务对象进一步改变的障碍，由其延伸的家人信任度低、社会歧视程度高等现象，这在某种程度上成了社会工作者急需摆脱的困境。在服务开展前期，督导通过知识传授、体验学习、服务跟进督导等模式，帮助社会工作者对“毒品”“吸毒者”等毒品文化的认知有了一定程度的提升，服务过程的同理状态也不断深化，社会工作者开始反思毒品文化对于服务的影响、对于服务对象的阻碍，改变吸/戒毒人士文化环境的期待越发强烈。

文化作为客观存在的意识形态，由当前大众的社会认知构成了它的属性，设定了正负面标准。改变吸/戒毒人士文化环境，并非推翻已存在的客观文化，而是需要通过行动解构当前毒品的属性，打破毒品文化的负面认知，重构文化中的正向含义，从而推动环境的改善。而在背景案例中突出的体现便是毒品文化中最根深蒂固的标签——“毒品难以戒断”。

1. 毒品文化标签对大众及吸/戒毒人士的作用

（1）社会大众（含吸/戒毒人士的家属）：传统宣传往往将“一日吸毒，终身戒毒”作为警示大众毒品危害性和涉毒严重性的口号，潜移默化下的社会大众，尤其是吸/戒毒人士的家属对戒毒这一行为抱有怀疑，并将其转化为对吸/戒毒人士的不信任、歧视、偏见，更有甚者坚持认为只有强制手段才能够控制毒品的吸食行为。

（2）吸/戒毒人士在经历过“吸毒－戒毒－复吸”反反复复行为后，明白毒品戒断的困难，由于复吸的原因复杂，戒断毒品不能仅仅依靠意志，还需要家人支持和社会接纳。但是由于家人对其信任度低、社会大众对其接纳程度低，更多吸/戒毒人士选择在标签群体里“抱团取暖”，这亦形成了吸/戒毒人士群体化现象，滋生毒品吸食行为交叉感染。

2. 毒品文化标签的解构

（1）根据前述禁毒社会工作者跟进的真实服务案例中总结得出“毒品难以戒断”，除去毒品本身所带的药理作用对个体的影响和控制巨大之外，诱发个体接触毒品、吸毒成瘾以及复吸行为频发的原因是多样性的，甚至在某种程度上比毒品本身的作用更巨大。

（2）吸/戒毒人士群体化现象，缘于社会氛围的排斥，拥有毒品行为的个体难以获得家人、社会的接纳，仅能栖身标签群体相互支持和接纳，除去“抱团”后的行为交叉感染，标签群体更多具有相同感受，更能体会吸/戒毒人士的困惑，实现相互支持。

3. 毒品文化标签的重构

毒品虽难戒，但是在家人支持、社会接纳以及社会工作者干预等多方协同的基础上，吸/戒毒人士通过心态调整、生活适应和社会融入后，能够不断维持不复吸状态。同时，联合更多拥有戒毒期待的吸/戒毒人士，利用群体互助的力量，相互支持和激励，进一步夯实戒断成效。

4. 毒品文化标签解构与重构的初尝试——戒毒康复过来人公益服务行动

（1）行动背景

2015 年年初，深圳市温馨社工服务中心禁毒社会工作者针对戒毒学员开展生涯规划和技能培训项目，为 2000 名学员开展 6 场职业规划教育讲座，并对其中 60 人开展 5 期小班制团体辅导课，协助其制定出规划，实现社会融入，效果显著。同时，社会工作者针对出所后情况良好和意向强烈者，尝试开展过来人培养，带领其参与毒品预防宣传等公益服务，重塑生命价值，巩固其回归的成效。本项目是针对出所戒毒学员开展的“过来人”培养计划，通过 90 天强化生涯规划、过来人课程设计、演讲技巧等培训，带领过来人开展毒品预防宣传、消除歧视倡导等公益服务，实现生命价值重定义，巩固回归社会成效。

（2）行动目标

针对出所戒毒学员开展的“过来人”培养计划，通过 90 天强化生涯规划、过来人课程设计、演讲技巧等培训，带领过来人开展毒品预防宣传、消除歧视倡导等公益服务，实现生命价值重定义，巩固回归社会成效。

（3）行动计划

第一阶段（1 ~2 月）：资源对接、物资准备、推广宣传。

- 与强制隔离戒毒所确定方案执行细节，达成执行意向。
- 宣传折页、展架、横幅等物资准备。
- 开展整体项目推广工作。

第二阶段（3～11月）执行、中期检讨、改进。

- 开展生涯规划普及性教育讲座（2016年3月、6月）。
- 遴选符合资质人员并进行所内个案跟进（4～9月）。
- 开展“过来人”培养课程，并进行所外个案跟进（4～10月）。
- 中期检讨。
- 社区宣传教育及消除歧视倡导活动，在“6·26”国际禁毒日举办操作手册发布会，在9月慈展会举办过来人音乐路演等大型倡导活动（3～11月）。

第三阶段（12月）总结及成效评估。

- 召集项目工作人员及相关参与方的联席检讨会，总结项目成效。

（4）行动成效

2015年年初，禁毒社会工作者成功培养10位戒除毒瘾的戒毒人士成为“过来人”禁毒志愿者，并组建了名为“馨起点”的过来人禁毒志愿者团队。三年来“馨起点”团队的过来人对深圳市的禁毒工作作出了巨大贡献。一方面，他们为学校学生和社区居民开展了大量的毒品预防宣传教育志愿服务；另一方面，他们自身保持着良好操守，并用自己的自身经历去鼓励深受毒品危害的戒毒学员。截至2017年12月，温馨社工服务中心的社会工作者共带领“馨起点”过来人开展了20场戒毒所内现身说法、55场学校讲演、80场社区宣传活动、1场“洗我尘埃，涅槃重生”音乐分享会、1场“温馨来敲门”公益同人座谈会。

五、督导成效评估

（一）评估对象

与社会工作者小W有共同问题的新入职禁毒社会工作者、督导。

（二）评估方法与工具

1. 问卷

表4－9　问卷反馈表

调查项目	非常满意（5分）（份）	满意（4分）（份）	还可以（3分）（份）	不满意（2分）（个）	非常不满意（1分）（个）	平均分
我对培训讲师的授课内容	16	19	1			4.4
我对培训讲师的授课方式	19	16	1			4.5
我对培训讲师的工作态度	21	15				4.6
我对培训时间的安排	14	18	4			4.3
我对培训场地的安排	6	16	14			3.8
我对培训资料的准备	12	23	1			4.3
我对班主任的工作	26	10				4.7
我对培训主题及内容的设计	20	15	1			4.5
我对整体培训模式的设计	15	20	1			4.4
本次培训对我的帮助	21	15				4.6
我在本次培训中的投入程度	20	16				4.6
我对此次培训的综合评价	15	20				4.4
单项综合平均得分（自动生成）	不填	不填	不填	不填	不填	4.4
培训满意度（自动生成）	不填	不填	不填	不填	不填	88.5%

2. 督导收获反馈

培训结束后，社会工作者撰写督导记录表、培训感想等反馈其对于此次培训的收获，从侧面评估督导的成效。以下摘录了督导开展《毒品及毒品文化解读工作坊》时，部分社会工作者的感悟。

社会工作者A：“在所有的课程中，让我记忆最深刻的是梁琳督导所讲的社会工作价值观和社会工作理论知识，梁琳督导讲的那个飞船末日选择体现出了社会工作的基本价值观即人人平等，我们社会工作者尊敬每一个人的独特价值和尊严，并不因任何人家庭背景、种族、国籍、性别、性倾向、年龄、工作岗位、信仰、政治观念、职能、体能、社会及经济地位、对社会的贡献不同而有所分别，还有我们要相信每一个人都有发展的潜力，因而有责任鼓励及协助个人在顾及他人权益的情况下实现自我。”

社会工作者 B：“就我而言，在未到岗之前对毒品以及相关人士是持恐惧的态度，在通过学习毒品的种类以及对人体的危害，我深刻了解到毒品对这个社会的危害，明白了禁毒工作的必要性，跟‘过来人’的交流，让我了解了这个曾经略带恐惧，甚至带有鄙夷心理的人群。每个人都是平等的，犯过错真心悔改就应该被接纳，而不是被排挤。”

社会工作者 C：“入职培训结束后，王良玉讲师针对社会工作伦理困境作的知识分享与交流，不仅扩展了我们自身的专业知识面，强化了看待禁毒工作所遇问题的思路，更让我们从理念上剖析了自己，有了较好的认识和更新。通过培训，我认识到，禁毒社会工作不仅是一个需要专业知识和技巧的工作，更需要树立坚定的工作信念和作风，踏实面对工作中的挑战，同事之间互助共勉，用更专业的姿态、更卓效的行动为我们的服务对象提供帮助。”

3. 访谈反馈

在本次案例的督导服务完成后，从督导次数是否合理、督导形式是否合适、督导结果是否有效三个方面来进行评估，每个纬度 0 ~ 5 分进行评分（0 分为最低，5 分为最高分）。除此之外，还要询问以下问题。

（1）督导在这个过程中给你的帮助程度有几分？（0 ~ 10 分，0 分为最低分，10 分为最高分）

（2）你觉得在这个过程中督导给你帮助最大的是什么地方？

（3）你觉得在这个过程中督导做得不足的地方是什么？

（4）你在这个过程当中最大的收获是什么？

六、督导服务反思

（一）递进式督导渗透，实现价值内化

个体文化和价值观的形成是社会文化长久以来潜移默化的影响，这关乎个体所处家庭、社区、社会等多重网络，因此文化传递和感染的过程，不完全是点对点的知识传授，需要一步步渗透，并尊重差异性。本文案例涉及的是禁毒社会工作者对于因服务对象被毒品亚文化标签所带来的困境，此时督导的处理方式不仅仅是给出社会工作者解决问题的方向，而是先以知识教授，提升社会工作者对毒品、吸毒者的了解，再以体验式学习，加深社会工作者对毒品文化的感受、认知，最后推动社会工作者开展实务实践，辅以过程督导、结果总结，不断深化禁毒社会工作者对于毒品文化认识，实现价值观内化，最终增强面对毒品文化冲突时的处遇能力。

（二）历奇体验式学习，感受深度同理

历奇辅导是通过将服务对象安放在一个新奇的环境中，让他们跳出生理及心理的舒适区域，互相合作，解决问题。继而通过总结经验，让服务对象得到成就感，并能将成功的经验转化为未来生活的参照。用于督导工作中，处理因毒品文化理解和认知未完善而导致的困境，它有别于教育和知识传递，而是让社会工作者带入情境，亲身感受，以第一直观的体验去了解服务对象的感受、了解服务对象所处环境带给他的影响，从而实现深度同理。

（三）文化处遇能力影响服务介入

社会学家埃德文·雷梅特在其研究的《标签理论》中提及“二级越轨（secondary deviance）”，在二级越轨中，越轨者必须围绕越轨者的角色来认知他们的行为和自我观念。他们可能以某种方式穿戴，使用一种特殊的、只有他们自己人才知道的俚语。他们越清楚地将自己界定为越轨者，他们就越可能被其他人当作是越轨者。作为禁毒社会工作服务的吸/戒毒人士，在社会主流文化的不断影响下，逐步将自己界定为“越轨者”，导致其行为和自我观念都相应改变，在禁毒社会工作者接触的服务对象里，几乎所

有服务对象都会用“我们这种人”给自己作标签。禁毒社会工作者接触服务对象，不仅仅需要处理自身对于原有主流文化和价值观的转换，更需要协助服务对象运用优势视角开展“毒品行为”，正视个人的权利、能力和潜能，从而改善困境。在这个过程中，对于文化的理解和处理尤为重要。

（四）文化解构和重构的重要性

文化的蕴含是多重的，既有正向的思考维度，亦有负面的理解和认知。同时，文化的发展和变迁不受人的意志控制，需要在过程中找寻文化的正向含义，加以整理和推广，从而推动文化的发展。“毒品文化标签”的社会属性，使得吸/戒毒人士、社会大众，甚至社会工作者都更多关注它展现出来的负面部分，禁毒社会工作者在接受督导培训、体验和实务沉淀后，萌生改变这一现状的需求。整个改变的过程则分为“解构”和“重构”，解构需要社会工作者将这一亚文化进行拆解、分析，发掘正向文化的部分，而重构则是将拆解、发掘的正向文化加以整理并推广。文中所提到的“过来人”禁毒志愿者便是基于毒品文化解构和重构所孕育的正向文化，在这一服务中，社会工作者重构了“毒品文化标签”，用戒断毒瘾并保持操守的人士现身说法，一则能够用真实事例教育大众远离毒品，二则通过现身，让社会大众转变“毒品难以戒断”的观念，三则通过“过来人”禁毒志愿队伍的建立，借助群体相互扶持的力量，让吸/戒毒人士感受到支持和向心，从而转变观念。

第五章　理论转化议题

第一节　专业理论的本土化

2008 年 5 月深圳市第一批信访社会工作者在盐田区上岗，盐田社工服务中心一名社会工作者入驻盐田区信访大厅，开启信访社会工作先河，标书中阐述信访社会工作的目的是“为信访人提供专业的情绪疏导等服务，积极引导来访居民依法有序反映诉求、依法维权，切实减少矛盾上行”。这既是深圳社会工作职业化的机遇，又是社会工作专业化路径的挑战。在社会工作理论和本土暂无任何实践的窘境下，督导带领社会工作者不断探索信访社会工作的实践模式，丰富社会工作专业的领域，挖掘信访社会工作介入的路径，在“微观实践－中观机制－流程重建－模式构建”中带领社会工作者走出迷雾，建立专业自信。

一、案例背景

早期深圳社会工作的督导是香港督导直接承接负责，香港督导按照西方社会工作理论和实践体系开展督导工作，极大地推动了深圳社会工作专业实践的发展。但在信访这个我国内地独有的领域，香港督导不是很了解，认为信访领域不需要社会工作，期望社会工作要恪守理念，香港督导表示如果不能开展专业服务宁愿撤岗。而作为购买方的政府在最初决定购买社会工作服务的时候就提出，必须要在窗口单位安排社会工作者，来体现社会工作的专业服务价值。

小 L，女，24 岁，社会工作本科毕业，和其他四名社会工作者一起通过严格的招考和面试进入机构，加入机构一个星期之后被派到信访岗位上。两个月之后，其余四名社会工作者在校园、军营、企业等都不同程度地开展了实务工作，而且跟随香港督导开展了自杀危机个案处理等，学习到很多实践知识。只有小 L 依然一头雾水，不知道怎么开展实务工作，每天配合信访局工作人员完成复印、转办文件等零碎工作。小 L 觉得非常焦虑，同时自己觉得遭受了不公平的待遇，感觉“一定是自己表现不好才被派到信访大厅做社会工作”。小 L 每天都抱怨机构不给自己调整岗位，情绪非常大，要求调离信访岗位。督导在接到小 L 要求调离信访岗位的邮件后，约谈了小 L，通过面谈初步梳理了小 L 的问题。

二、督导核心问题确认

（一）社会工作者面临的困境主要来自无力开拓专业实践的焦虑

小 L 比同期加入机构的其他社会工作者稍大一点，毕业后在企业已经工作一年，辞职来参加招考和面试，对自己从事专业工作非常向往。但现实是自己并没有开展专业的工作，还被独自派遣到信访岗位，感觉被边缘化了，小 L 觉得很失望。而且当时香港督导的建议是信访工作和社会工作专业的价值观冲突，社会工作者不应该待在信访岗位上，而机构要求小 L 坚守好岗位，小 L 面临多方压力，感觉进退两难，非常焦虑，以致在每月的同工会议上小 L 都会抱怨甚至会在工作汇报中哭泣。同期加入机构的社会工作者都有不同程度的进步，受到香港督导的夸奖和直接跟进，而自己被香港督导要求降绩效，小 L 觉得自己坚守岗位却受到不公平待遇。

（二）社会工作者迷失因找不到信访社会工作的角色定位

其他领域社会工作者可以通过群体分析开展对应的服务，但信访群体有男有女、有老有青、有家族有群体，来访的人群类型多样，诉求丰富，什么是信访社会工作？如何做好信访社会工作？小L感觉每一个来访者都有其特点，无章可循，无法可依，无处下手。如何将理论应用于中国的实践？由于没有及时得到有效的支持，小L感觉很无助，陷入自我否定和怀疑中。

（三）社会工作者主次环境的支持系统不足

社会工作者小L同时面对机构、香港督导、其他同事、信访部门等多重压力，但都没有得到有效的支持。机构重视但没有有效破解的办法，只是安抚，信访部门虽非有意矮化社会工作者但确实不知道该如何让社会工作者介入，小L不好意思和其他同事作交流和沟通，整体工作非常被动。由于在日常工作中需听从信访部门的安排，专业工作毫无动力，对行业没有归属感，小L陷入了“无助—抱怨—无奈—退缩”的恶性循环。

三、督导总体方案设计

（一）督导目标

督导目标聚焦为：及时处理小L的焦虑情绪，缓解和削减其自我否定和怀疑；帮助小L调解机构主环境和信访部门次环境的工作压力；建构信访社会工作者角色定位，促进专业实践发展；建立小L基础的支持系统。

（二）督导策略

1. 削减社会工作者的焦虑

督导表达愿意和小L一起面对现有压力的态度，并通过每周一次的密集倾听，支持其负面情绪宣泄，反复强调当前的状况不是小L一个人的责任。从优势视角来看，社会工作者的焦虑也正是其非常想要改变当前状况的重要动力。

2. 提高社会工作者面对主次环境的应对力

积极和香港督导沟通小L想要做好专业社会工作者的决心，并呼吁一起面对目前的境遇，一起改善专业环境。要求机构出面与信访部门沟通，表达社会工作者需要开展专业服务的期望，希望能配合支持。

3. 搭建社会工作者支持系统

通过关系调解，缓和与香港督导的关系，积极创造机会，要小L参加其他领域的社会工作实践，例如作为小组观察员和摄影师，或者协助带领义工等，增加小L的专业服务经验积累。

4. 构建信访领域社会工作本土化模式

协同建构信访社会工作专业实践，初步形成一套信访社会工作者专业发展模式，而这需要破解社会工作专业理论和实践体系与信访工作实际的匹配、排斥和融合，需要我们扎根实践，从实务研究者做起，完成信访领域社会工作本土化的模式构建。

（三）督导服务理论

建构扎根理论，是通过社会支持理论搭建督导角色，分析社会工作者所处的环境，并给予小L实务过程中的整合式临床督导，协同社会工作者建构信访社会工作专业体系。

1. 社会建构论

社会建构论是现代西方心理学中一种新的思想潮流。它主张知识是建构的，是处于特定文化历史中的人们互动和协商的结果。社会建构论者强调理论要先行，理论要为实践服务。理论是实践的前结构，具有实践力量，且可以产生积极或消极的结果。这种将理论置于观察、建构与社会实践活动之中的新视角，为解决心理学理论与实践应用的矛盾问题提供了新的方案。

2. 社会支持理论

社会支持是指在社会网络中运用一定的物质和精神手段对社会困难群体进行无偿帮助的行为的总和。社会支持理论对督导的启示是，在协助小L搭建支持网络的整合式督导中，督导从不同角色出发，形成了不同的督导模式。

3. 扎根理论

扎根理论是一种质性研究方法，其主要宗旨是从经验资料的基础上建立理论。研究者在开展研究或者实务之前没有基本的理论假设和指导，直接从实际观察入手，从基本的实务经验，然后上升到系统的理论，从经验事实中建构新的概念和理论模式。扎根模式强调扎根本土研究的重要性，要求发展出与本土相关的问题意识和研究程序，使笔者有信心面对“无处下手”的信访社会工作现状，引导社会工作者在参与式观察和行动研究的基础上，提出信访社会工作的概念，形成信访社会工作的专业介入模式，搭建中观层面的运营机制，并有一定的专业影响力。

四、督导过程描述

以社会构建的视角来检视信访社会工作的发展，可以发现，小L在对比校园社会工作、军营社会工作之后，觉得信访社会工作是行政化的，包括香港督导和整个社会工作行业都认为信访社会工作是“缺乏专业元素”的，不符合社会工作“专业的、有效的、以服务对象（信访群体）福祉为首要责任”的实践，这种二元对立的语言描述，阻碍了本土化的探索。所以本案例督导着力从社会工作和信访部门关系入手，理顺专业实践的基础服务，将信访领域的本土化建构分成如下四个部分：本土微观环境的基础构建；在本土环境中实施；重新建构信访领域实践的价值观和本土流程方法；接纳基于本土资源和经验视角下的实务工作模式。

（一）本土化督导基础建构

本土化是非洲学者Shawky最早定义的，他认为社会工作本土化就是调整和修改进口模式使其适应本土需求。埃及学者Walton和Abo EL Nasr认为本土化就是从进口到认证的过程。我国学者王思斌教授认为，社会工作在中国的本土化是指产生于外部的社会工作模式进入中国，同其相互影响而适应中国社会需要和发挥功能的过程。综上所述，我们认为中国社会工作本土化是指欧美社会工作体系进入中国本土后互动影响和相互适应的过程。

1. 社会工作理论本土化的重要意义

信访是中国独特的引导居民表达诉求沟通民意的渠道和体制机制，社会工作专业的“嫁接”是一个新的现象，如何配合进而有效地开展工作？是信访社会工作者小L和督导必须要作的探索。所以社会工作专业理论知识在信访领域的本土化具有极强的实用价值和理论研究价值，既能较好地满足信访群体的需求，也能很好地解决信访社会工作是什么、怎么做的问题。同时，也能丰富社会工作实务经验和补充信访现有工作手段。

2. 社会工作理论和信访工作实际的适应性介入

通过积极熟悉信访工作机制，阅读《信访条例》，扎根在信访大厅，参与式观察和实际接待来访者、参加协调会议等工作，督导发现信访工作和社会工作有很多契合点。

第一，社会工作服务对象覆盖信访工作群众。随着社会的不断进步，社会工作的服务对象也在不断拓展，除了因生理、心理等无法抵御的社会和自然原因而陷入生活极度困难的群体，伴随城市化进程中各类问题的凸显，因社区、自然环境等所有与人类生活息息相关事件而陷入困境的人群也成为社会工作的服务对象，而信访工作的对象主要就是由于突发的社会、自然原因陷入生活适应性危机的群体。

第二，两者目标一致。社会工作维护社会稳定和促进社会公正的功能契合信访工作的目的。社会秩序是社会各部分关系协调、社会稳定的状态，是任何社会都极力追求的。社会工作通过服务化解矛盾、解决问题，从而达到维持社会秩序的和谐稳定，在解决问题的方法上，社会工作不但强调维持社会秩序的重要性，也强调要通过改变环境、完善制度来解决问题，所以社会工作可以从更深层次上发挥维护社会稳定的功能。信访作为政府社会管理的行政抓手，更倾向于用行政力量，自上而下的行政系统和权力解决问题，维持社会稳定是其直接目的。

第三，社会工作理念有助于从全新的角度阐述信访群体的来访动机，形成解决信访问题的新思路。社会工作理念包括专业价值观及伦理、社会工作专业理论、社会工作视角和方法。社会工作尊重、接纳、平等的价值观有利于和信访群体建立平等合作的关系，社会工作“人在情境中”及优势视角等理论，可以帮助信访社会工作者全貌式分析信访群体的需要和动机，而社会工作微观技巧例如动机晤谈等工作方式有助于探寻信访群体的心结，尽快了解信访群体的需求，促进信访工作“案结事了”。

第四，社会工作者第三方的身份有利于协助信访群体和政府搭建沟通平台。信访群体因不同困境的问题对代表国家机关的信访部门有对立情绪，担心不能被公平对待，在意识和行为上会有防御性。信访社会工作者作为独立的第三方，可以在信访群体和信访部门之间搭建沟通桥梁。

第五，社会工作专业工作方法能完善现有的信访工作方式。作为一般的行政管理工作，信访工作设有简单特定的标准、流程和方法，由于各地区跟进工作的实际情况不断创新。但也正因如此，不同素质的工作人员执行会有不同的成效，工作过程不好科学管控，存在风险。而社会工作的个案、小组、社区、社会政策和社会工作行政等职业的工作方法和流程，有助于信访工作标准化操作和服务水平提升，对信访群体进行科学分析，从而探索形成有效的预防措施。结合信访工作的实际状况，小L强调与问题有关的所有其他人员应一起参与研究和行动，在研究过程中，将策划、行动、考察、反思等视为循环往复的过程，动员研究者与被研究者建立伙伴式工作关系，相信服务对象是自己问题的解决者的价值伦理，避免信访工作陷入主观、偏袒甚至腐败。社会工作的视角更开放，可以从过程评估和结果评估两个阶段来评价，手段更加科学，有说服力，评估中注重服务对象参与的感受，有助于推动信访工作从管理到服务的理念转变。

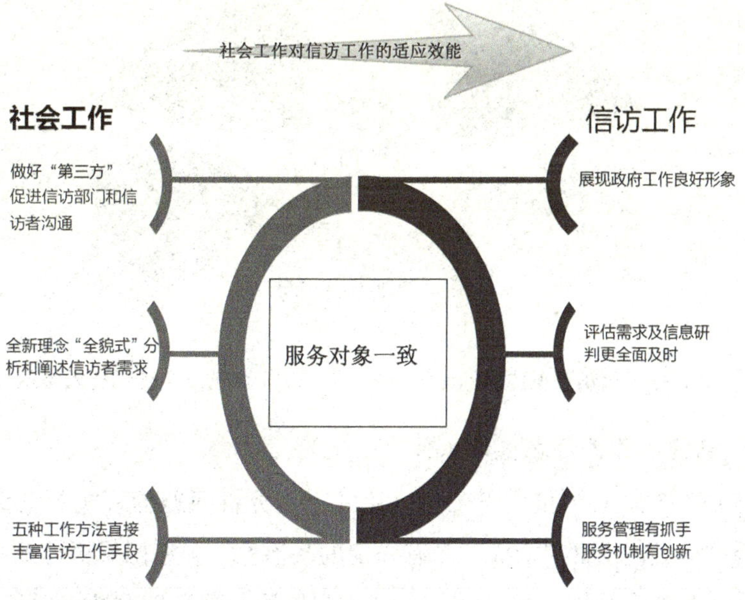

图5－1　社会工作本土化对信访工作的提升示意图

（二）本土环境中的扎根实践

通过本土化的论证和各方关系调解，初步打消了外围对社会工作介入信访工作的质疑和压力，督导继续引导社会工作者小L思考探索，社会工作者所处的场域就是实务开展的环境，社会工作者在信访的场域可以做什么工作？基础的三大手法如何运用在信访群体中？如何介入？首先，通过阅读《信访条例》等相关法律政策，熟悉和解读信访工作的价值和意义，寻找政策介入点，社会工作者小L发现国家、广东省和深圳市有多份文件都指出“鼓励社会力量参与信访矛盾化解和调处工作”，这为信访社会工作的价值找到了基本的支点。其次，通过信访月度和季度的数据来了解不同信访群体的分布，熟悉信访群体不同节点的信访需求，做好预防性工作。改变过去信访工作只是被动接访，完全开展补救性工作的方式，结合信访数据节点，将信访群体的需求类型进行分析，倡导信访工作从补救性工作逐渐向预防性的矛盾排查预警转变，将矛盾化解在源头。最后，积极参与接访，利用观察法、访谈和行动参与来深度发掘信访者的需求，多角度来关注社会工作的介入点，积极寻找专业参与的准确路径。

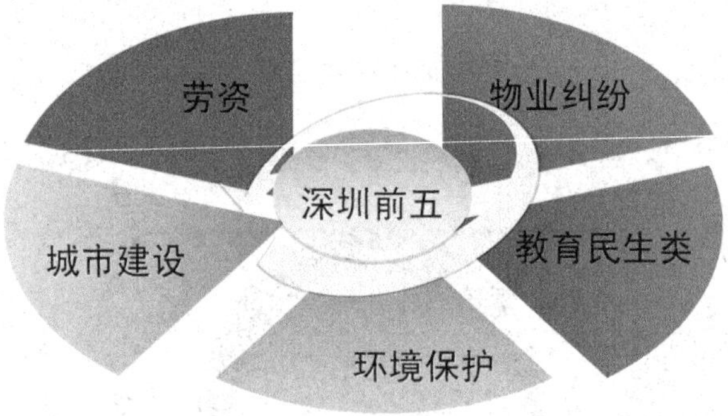

图5-2 信访数据体现的深圳市2013~2017年前五名信访诉求类型

1. 社区工作手法在信访工作中的运用

区别于个案工作和小组工作，社区工作分析问题的视角更为结构取向、介入问题的层面更宏观、具有一定的政治性，关注困难群体的权利维护，善于从社会结构、社会政策、制度和资源分配角度分析和处理问题。社区活动从预防性视角出发，对尚未发生的信访活动的群体进行介入，提供咨询、法律宣传等，倡导从萌芽期开始解决问题。

往年信访数据显示，每年8月末，会涌现很多暑假兼职等短期务工劳资纠纷，社会工作者关注到这一数据趋势后，通过分析发现部分高职院校学生在暑假会做暑期兼职，当作社会实践并赚取零花钱，由于对短期劳务合同等不熟悉，不懂保护自己的权益，以致上当受骗。所以社会工作者从预防性视角出发，在每年6月底联动校园社会工作者，在高职学校开展暑期兼职劳动权益保护知识讲座，维护打工学生权益，有效减少此类信访群体。

2. 个案工作在信访工作中的实践

个案工作不是把服务对象的困扰简单地归结为服务对象自身某种不良的特质，而是将其放到特定的社会环境中，考察服务对象与社会环境之间相互影响的过程和方式，其本质是协调服务对象与社会环境之间的适应性状况，恢复和增强个人或家庭的社会功能，回归常规的社会角色和生活。信访者都是生活中出现突发状况，自身没有能力应对才会通过信访寻求帮助，此时信访社会工作者可以依托社会工作专业链接信访资源的优势开展个案工作。

王女士（化名），中专文化，深圳户籍，低保户，单亲母亲。女儿小婕（化名）14岁，因发高烧，住进Y医院。经医生初步诊断无碍，开具退烧药和消炎药，随后带女儿回家养病。次日，女儿再次高烧，住院输液治疗，当天夜里医生诊断其女儿高烧不退，有大叶性肺炎并伴随精神错乱，建议转康宁医院（深圳市精神病类专科医院）治疗。王女士称“医生治疗不当导致小婕精神错乱，医院必须赔偿”。自此王女士每天到Y医院及管理该院的卫生局局长办公室上访，卫生局联系信访办协同处理，小L作为工作人员之一加入了工作组。

在最初建立关系时，社会工作者整合“同路人”（一位也是有精神病女儿的单亲妈妈个案）资源，持续给予王女士关心和支持，其间信访部门多次组织协调，医院认为自己没有责任，要赔偿必须要有医疗机构鉴定，证明医院直接导致小婕精神分裂。王女士不愿意医疗鉴定，只是要求赔偿。经过近一个多月的探访和咨询服务，王女士对社会工作者非常信任，坦诚说出女儿的疾病属于家族遗传，自己也比较清楚，信访只是想要多争取一些钱。这个意外的转折给社会工作者极大的伦理挑战，但督导还是支持小L澄清，社会工作者不会帮助王女士隐瞒这个信息来达成自己的利益诉求而影响社会公平，但如果王女士愿意接受社会工作专业界限内的服务，社会工作者可以继续提供服务，而其信访诉求由其自己决定是否继续或者寻求其他方式帮助。尽管小L非常担心会失去这个个案服务对象，但笔者还是要求小L坚守伦理。一周后，王女士电告小L愿意继续接受社会工作者的专业服务。

社会工作者由此开始利用个案管理的模式寻找资源帮助服务对象解决支援系统不足、经济负担重、精神压力大、女儿长远照顾及社区融合服务等方面的问题。针对王女士存在的不同问题，链接资源和开展信访联席会议，提供整合式专项服务。

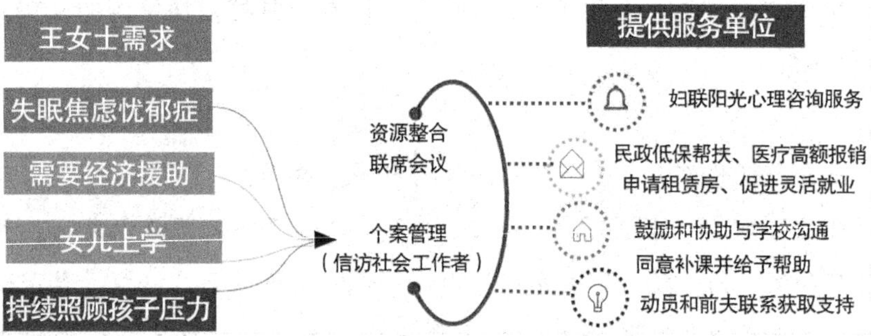

图5－3　王女士个案管理过程

信访社会工作者充当个案经理，借助信访平台的协调优势，联动政府和社会资源开展服务，并通过信访联席会议的形式，推进和管理服务过程，高效实现服务目的。第一，联系妇联专业心理咨询师，引导其接受心理辅导，王女士表示已经不需要吃药，可以睡觉。第二，社会工作者陪同王女士向区民政局提出了救济申请，因其是低保家庭，民政局会按照相关政策，给予一定数额的大病补贴，并按照低保补助金的最高限额给予补助。同时，协助王女士向住建局申请了廉租房，并给其介绍兼职会计帮助她，王女士的经济压力得到有效缓解。第三，同王女士探讨女儿照顾及上学问题。随着上述问题的解决，王女士应对危机的能力增强，自主性和自助能力得到提升，改变了最初依赖、迷茫的状态，开始积极面对问题。王女士主动和老师沟通并协助女儿回到校园上课，和老师、同学关系都比较融洽。第四，建立支援系统，长期照顾。社会工作者积极动员王女士前夫抽出时间来陪伴女儿，缓解照顾病人的精神压力。同时，征得王女士同意后，社会工作者协商两位有相似经历的大姐（之前社会工作小组参加者）与王女士建立互助关系，定期见面，相互鼓励，同时分享照顾精神分裂症患者家人的经验。

3. 小组工作方法在信访群体中的运用

小组工作是经由社会工作的策划与指导，通过小组活动过程及组员之间的互动和经验分享，帮助小组组员改善其社会功能，促进其转变和成长，以达到预防和解决有关社会问题的目标。信访群体本身由于各种相同的利益诉求聚集在一起，同质性非常高，跟进部分信访群体的需求，适时开展小组工作，有助于化解深层次社会矛盾。

某区 40 多名环卫女工集体信访，反映环卫大队管理不善及工资福利问题，并就高温补贴等问题多次来访，信访工作部门协调城管局，进行了多次处理。但每次遇到困难时，环卫女工们都会通过信访，有时候是围堵政府办公大楼等方式表达诉求获取支持。在信访部门工作流程外，信访社会工作者拟尝试开展社会工作小组活动，帮助该群体建立自身支持系统，回应生活困境，化解社会矛盾。

社会工作者通过访谈分析了环卫女工存在的同质性需求，以及生活面临的诸多困境。环卫女工经常“风里来雨里去”不分昼夜，工作环境恶劣，受不到尊重，很多女工患有严重风湿、胆息肉、胃炎等慢性疾病。一些女工在谈话中会说“我们天生就是下等人”“身体不好，说不定哪天就不在了”等一些自暴自弃的话。环卫女工人际交往圈比较小，缺少社会支持系统，同时与子女交流沟通不畅。总之，在解决生活中的困难和适应社会生活方面信心不足，需要社会关注和支持。

针对环卫女工存在的问题及需求，社会工作者开展了“阳光加油站”互助支持型小组，主要采用的方法是优势视角和社会支持网络。该小组立足于环卫女工优势，开展了一系列有针对性的活动，激发她们自身的潜力，回应生活中的实际困扰，帮助她们建立自己的互助支持系统。社会工作者有针对性地在小组中开展了“美妆扮靓”“瑜伽体验”、上网技能培训、亲子沟通等活动。

在小组活动各阶段组员改变明显。第一阶段：大多数组员比较沉默，对小组活动持观望态度，部分参加者认为只是纯粹的娱乐活动，部分参加者认为参加这个小组能改变自己的经济状况。第二阶段：组员对社会工作小组游戏、分享的形式有了新的感受，感觉能带给她们一种思考，参与积极性有了一定的提高。同时，个别认为不需要参加活动的组员退出，小组重新整合。第三阶段：小组内凝聚力增强，组员之间建立了一种互信的关系，可以做到彼此简单的情绪疏导。第四阶段：参加的组员自发地组织起来，改善自己的生活，讨论策划了很多兴趣小组，都希望能通过大家的力量，实现很多愿望，并力所能及地帮助那些需要帮助的人，其中小组中的4人加入了义工队伍。第五阶段：组员完全信任社会工作者和其他组员，认为小组活动能把大家聚集在一起，通过分享分担，感觉生活中多了一种力量，还有一些参加者，在活动后会主动联系社会工作者，打开心扉，释放自己的情绪压力。第六阶段：实现“自助助人”，小组拟成立“粤语口语班”，由环卫女工发挥自己会讲粤语的优势，帮助有需要的青年工友学习粤语。

经过3个月的小组服务，环卫女工自身建立了更好的互动关系，对自己能力有了信心，解决问题的方式方法更加有力和自助，不再完全依赖政府被动化解。她们通过和环卫大队沟通谈判等方式，选出了自己尊敬的环卫队长，环卫女工的工作和生活逐渐充满了正能量。

（三）重新建构信访领域实践的概念和本土流程方法

经过实践，小L坚定了信访社会工作者是可以做专业社会工作的信心。此时信访社会工作因为“嵌入式”发展被质疑“行政化”，小L在督导支持下，尝试将自己的实践经验进行梳理，初步形成了信访社会工作的概念、价值观、基本介入服务内容、服务流程等。

1. 信访社会工作的基本概念

信访社会工作是社会工作者嵌入信访工作，从“人在情境中”的视角，采用个案、小组、社区等社会工作的专业手法，为信访者提供资源指引和信息转介，为其中有需要的信访者或群体开展社会工作专业服务，提升其面对困境的能力，使其更好适应生活。信访社会工作是社会工作者运用社会工作的理念和方法引导信访群体依法信访，畅通居民诉求表达，促进社会稳定的过程，信访社会工作者即从事信访社会工作的专业社会工作者。

2. 信访社会工作价值观

价值观是社会工作的灵魂，依托价值观引领社会工作实践，引领信访社会工作者客观判断、澄清问题，采取适当的解决问题的方法与策略，以满足信访群体的需要。结合我国本土化特色和信访工作特点，信访社会工作遵循以下基本工作理念。

（1）人具有能力与动机去追求更满意的生活

信访，是一个行为，社会工作者解读这个行为是正面、积极的，社会工作者充分尊重信访群体的权利，相信信访是表明自身强烈动机，是为了追求更满意的生活，是值得尊重和肯定的。基于这样的理念，社会工作者在日常接访信访群体时，会更有耐心去倾听，更主动关心，通过微观的技巧支持信访群体合法、合理表达诉求。

（2）注重案主潜能发挥和改变参与

身陷于困扰的信访者有认识问题、解决问题的能力，经有效能的社会工作者的协同，就会有转变为感悟和成长的动力，达到自我认知的高度，更自主地面对现实，回归生活常态。对信访社会工作者来说，更重要的是在服务过程中真正将信访者视为改变的一种力量，协同其一起寻找恰当的解决问题的策略与方法。

（3）协同发展，协助“维权”从而“维稳”

社会进步出现新问题大多数的前期表现就是“信访诉求”，社会工作者通过人性的、直接面对面的、有效的社会工作专业技巧，落实社会政策，分析各类信访群体诉求，满足不同人群的社会需要，并对一些“苗头”“典型”或“趋势性”的信访案例进行深入剖析和归类处理，为党委政府决策提供“前瞻性”“预测性”的决策参考和建议，从而维护不同信访群体的合法合理权益，促进社会和谐稳定。

（4）以人为本，回应需求

社会工作是一种帮助人解决困难，协调人与环境之间关系的服务获得。以人为本，是以尊重人为基本态度，优先关注人的需要，信访社会工作者在信访接待中本着以人为本的态度，真诚对待信访群体的问题和需要，及时地回应，并通过协调和整合资源，来满足不同信访群体的需要。不会因为信访部门不受理而终止社会工作者和信访群体的关系，根据不同的需求和自身能力，社会工作者会持续跟进。

(5) 个别化和不批判

信访群体的种类和特点各不相同，有拥有较多资源以为了“争口气”为信访目的的金领群体，也有不认识字满身泥泞来追讨工资的工地工人。无论信访人员是什么样的人，社会工作者都会给予充分的尊重，理解不同群体之间的诉求，注重不同信访群体的收入、特征、文化背景、社会地位，但不因此而差别化对待。社会工作者要避免将自己的价值观强加于服务对象，不指责和批判服务对象，严厉杜绝“这个都不会”等抱怨性的语言。同时，社会工作者也不会矮化服务对象，将服务对象弱势化，影响社会政策的公平执行。

3. 社会工作者介入信访群体的补救性工作

根据居民反映的问题和情况，针对事件的种类和问题的轻重程度，通常有相对应的解决步骤和解决部门。许多信访案件发生后，政府会采取相应的解决办法，但各种解决手段都属于问题出现之后的一种补救工作。社会工作者参与政府部门在上访出现后的补救性工作主要体现在以下三个阶段。

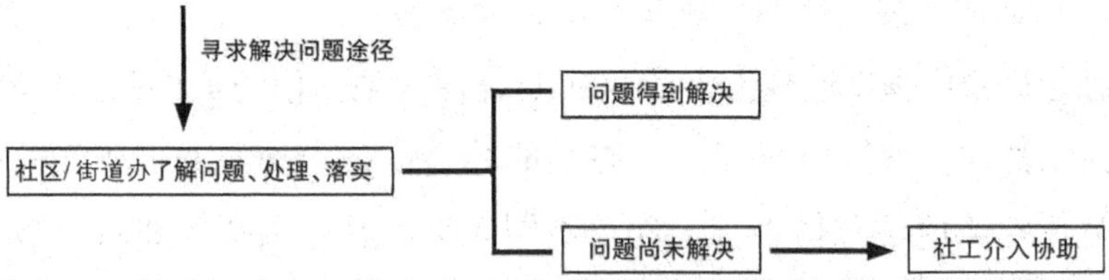

图5－4　第一阶段工作流程图

第一阶段：集体层面基层居民问题、困难出现。居民寻求解决的途径主要是通过社区/街道办这一级来落实处理。如果落实不力，社会工作者可以主动介入，了解信访人员和信访部门双方的处理方式，进一步做好协调。

第二阶段：如果信访群体对第一阶段处理结果不满意而上访，此时可由政府行政部门和社会工作者配合共同完成。信访局或区相关部门根据上访人反映的诉求，进行相关程序处理，处理结果可能是将此问题消除或者仍未解除。针对仍未解除的情况，社会工作者可以根据实际情况介入，如通过咨询服务、个案服务、协调服务等对上访对象开展专业领域的工作。

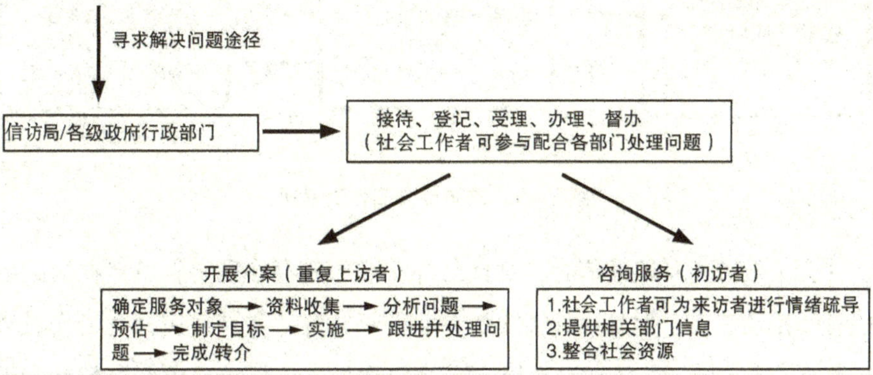

图5-5　第二阶段工作流程图

第三阶段，则是出现社会公共事件或突发性社会事件。有可能是从第一、第二阶段事件未果演化而来，也有可能是未经过第一、第二阶段直接发生，如集体越级上访和居民堵路等。这时需要应急部门、公安、维稳、各相关职能部门联动处理，而社会工作者则以中介者的身份传达相关信息，配合各部门工作。

4. 信访社会工作的专业流程

根据社会工作实务通用过程模式，结合信访部门工作机制，形成了本土化可操作的信访社会工作服务流程，并推动了信访社会工作标准建设，建构了信访社会工作的原则、目标，明确了信访服务对象和内容，规范了服务流程，提出了服务质量监督机制，完善了专业服务评估。

（四）接纳基于本土资源和经验视角下的实务工作模式

虽然初步建构了信访社会工作的本土化实务模式，也形成了基本概念，扫除了小L实务工作介入的盲点，开拓了信访社会工作新领域，但信

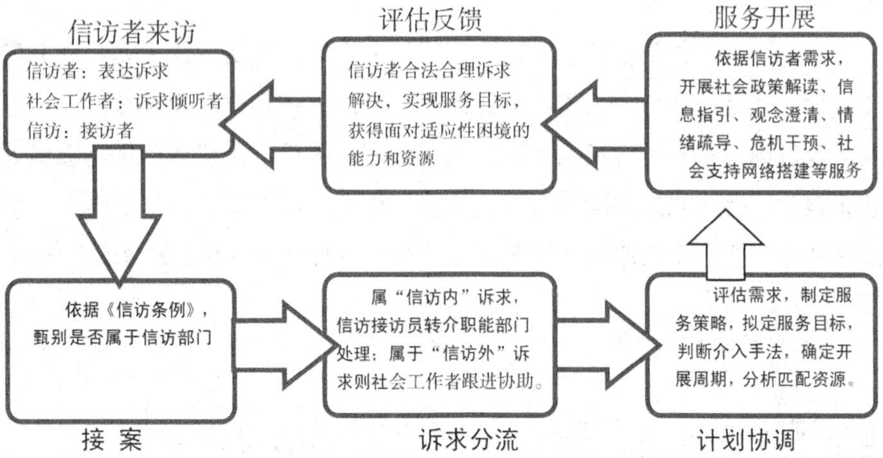

图 5－6 信访社会工作流程图

访社会工作者还是缺乏信心，对自己的实践经验存在疑惑，虽然在实践中能有效推动工作，但是这种实践是专业的吗？督导联同信访社会工作者小L参加了第一届少数派社会工作论坛（包括计生、信访和民族宗教社会工作服务），在信访社会工作分论坛上，小L作为信访社会工作者进行了案例分享，现场香港督导非常肯定小L的实践探索和理论总结，觉得内地的社会工作真的进步很大。此后，小L对信访社会工作的专业自信逐渐建立起来，在信访领域承担了深圳信访社会工作领域开拓者和培育者的角色。

五、督导效果和反思

信访社会工作的督导在社会工作专业理论视角下，建构了本土化的操作模式，解决了信访社会工作是什么，信访社会工作做什么，怎么做的问题，丰富了社会工作实务领域，拓展了社会工作的服务内涵，形成了社会工作者有成长，信访部门工作有创新，信访服务对象有助力，社会工作行业有拓展的“四赢”效益。

（一）信访群体和信访部门对工作效果表示满意

通过服务评估可以发现，信访社会工作者提供的服务面广，解决问题的角度新颖，工作推动力度较大，能从信访者长远的需求给予全貌式的关注，全面提升信访者的自主能力。社会工作者能与信访群体建立良好的专业关系，为服务对象增能，信访群体和信访部门均对社会工作服务表示满意。

表 5－1　信访社会工作服务评价

案主问题评量表

案主姓名：王女士

档案编号：＿＿＿＿　填表社工：李社工

请填写案主认为需要处理的问题（按优先次序）	开启个案时 日期：8 月 11 日	结束个案时 日期：
	困扰程度（0 分至 5 分，0 分代表不困扰，5 分代表非常困扰）	
1. 焦虑迷茫，失眠忧郁	4	0
2. 健康活泼的女儿突然患病，并且王女士持续投诉医院	4	0
3. 单亲低保家庭，缺少支持	4	1
4. 对未来生活（经济、女儿）的担忧	4	1

姓名：王女士　编号：＿＿＿＿日期：＿＿＿＿

（二）督导的反思与应对

信访领域的督导，其工作核心是协同社会工作者一起开拓社会工作理论在本土信访工作机制中的适应，从最初的茫然无措，到熟悉信访工作机制；从社会工作手法的直接嫁接使用，再到信访工作场域的调查研究，工作经验的梳理反思，每一步督导都需要给社会工作者较多支持。督导充当了社会工作理论的教授者、实务研究者、发展协同者、服务支持者、关系协调者等角色，形成了本土化的督导角色。

在取得一定服务成果的同时，我们也发现，信访社会工作这种本土化发展领域，要开展专业理论落地，必须要扎根实践，用较长时间来开展研究工作，需要督导周期长且需要稳定的社会工作者方能持续。同时，由于信访社会工作者岗位分布有差异，服务规模小，信访群体多元，诉求多样，故此类实务模式很难有规模化效益，需要督导持续的培训和个性化的支持。

第二节　理论、实务与实践的结合

一、案例背景

社会工作是社会发展到一定阶段的产物，主要是为困难群体和所有需要帮助的人提供社会福利服务。而医疗领域是社会工作者的重要场域之一，医务社会工作也是社会工作专业化程度最高的领域。国外医务社会工作的发展起源于美国，从1905年马萨诸塞州总医院率先创立“医务社会工作部”，到目前倡导的“生理－心理－社会健康模式”的健康照顾社会工作，国外的医务社会工作经历了由医院社会工作到医务社会工作再到健康照顾社会工作三个阶段，其工作的对象也从最初的病人延伸至病人、家属、亚健康人群和健康人群，而工作的范围也从医院延伸至覆盖社会生活的所有领域，包括疾病预防、环境保护、人口政策等（刘继同，2011）。中国的医务社会工作最早诞生于1921年的北京协和医院，到1984年医学社会学家刘宗秀在《中国医院管理》中明确提出了“医务社会工作”问题，2000年北京朝阳医院、上海东方医院等多家医院开始重新设置“社会工作部”，医务社会工作发展的道路可谓艰难曲折。近20年来，医务社会工作进入快速发展阶段。2009年，新医改方案中提出“要开展医务社会工作”，首次在国家层面确立了医务社会工作的发展方向。2012年，上海出台了《关于推进医务社会工作人才队伍建设的实施意见（试行）》，推动了上海医务社会工作的整体发展。上海医务社会工作走出了自己特色，形成了“上海模式”，并在全国处于“排头兵”地位。

然而医务社会工作快速发展的同时，也遇到了一些瓶颈。其中非常重要的一个问题就是外来的社会工作理论如何与中国实践相结合。作为“舶来品”的社会工作，很多理论和工作方法都是基于国外的实践而来，而国内的情况与国外有很多不同，如何将这些外来理论本土化，灵活有效地应用到中国的实践当中去，一直是社会工作者思考的问题。本案例将以MSW（社会工作硕士）学生在医院实习的经历作为案例背景，通过与学校和机构督导一起工作，探讨如何将外来的医务社会工作理论转化，与本土实践相结合。

MSW学生在读期间，需要在实习机构进行800个小时的微观实习，其间需要参加个案、小组和社区工作服务。本案例将选择一名在上海某医院实习的MSW学生，通过对她参与的如何将短期焦点解决模式应用于医疗社会工作服务的督导，系统、全面地展示将医务社会工作理论与本土实践整合，为病人和家属提供医务社会工作服务的过程。

二、督导核心问题确认

（一）医务社会工作者的角色和作用

国外的医务社会工作发展已经有上百年的历史，无论是医生、护士还是病人、家属，人们对医务社会工作者的角色和作用了然于心。医务社会工作者作为跨团队合作中的重要组成部分，与医生、护士、心理治疗师和理疗师等一起为病人和家属提供生理、心理和社会方面的全人服务。其工作的场域不仅是医院和临床医疗服务，还包括社区、公共卫生等多方面。而在中国，社会工作者并不像国外那样为众人所知。同时，目前医务社会工作者大多数在医院这一场域工作，而医院本身作为非常专业化和结构化的工作场域，医生和护士是医院的主要服务提供者，其身份和地位非常明确和稳固。相对而言，医务社会工作者作为新的专业人员进入，其间必然会遇到身份和角色认同的问题。很多时候，病人和家属不知道医务社会工作者是做什么的，很多时候他们会认为医务社会工作者等同于志愿者甚至护工。因此，学生进入医疗场域实习，第一个需要面临的问题就是如何定位自己，如何与医生、护士合作，为病人提供心理社会层面的服务。

（二）焦点解决模式在医疗场域中的应用

焦点解决模式（Solution Focused Brief Therapy，SFBT）是20世纪70年代提出的，主要是以寻找解决问题的方法为核心的短期治疗技术。这一模式主张用正向的、未来导向的积极观点看待问题，尽可能地挖掘个人的力量、优势和能力，目标集中在问题解决上，而非探求问题的根源。这一模式近年来在国内外的临床护理领域得到越来越多的关注和应用。例如，焦点解决模式曾被用于干预颈椎病患者的抑郁和生活质量（李莉等，2012）、2型糖尿病患者的健康教育和抑郁（陈依鸽等，2016；崔雨等，2008）和永久结肠造口患者心理健康及自护能力（张继红，2015）等，通过一系列准实验设计，证明焦点解决模式在临床护理方面有显著的效果。然而，在医疗社会工作领域，该模式的运用和探讨还非常有限。从医院的实际工作环境来看，焦点解决模式的应用有其独特的优势。首先，医院的床位轮转速度很快，病人平均3～5天就要出院，如此短的时间内，要系统、全面地开展社会工作专业的个案和小组工作非常困难。因此，聚焦问题解决的焦点解决模式恰好适用于高流转率的医院，很多时候个案和小组的开设更多的是解决一个具体的问题，而非从问题的根源开始，深挖需求，并进行系统、持续干预。其次，如果要在医院提供深入、全面的社会工作服务，建立良好的专业关系是重要的前提。然而，病人和家属对于医务社会工作者非常陌生，很难在短时间内建立持久、深入的专业关系，再进行细致的社会工作干预。因此，就病人和家属本身面对的问题进行处理，是让他们最快了解和认可医务社会工作者的做法，也是让医护人员了解社会工作有效性的途径。最后，短期焦点解决模式也符合社会工作所提倡的积极视角和赋能理论，从发现人的力量、优势和能力出发，更多看到病人和家属积极的一面，协助他们解决问题。虽然在理论层面上焦点解决模式比较适用于医疗情境下，但是具体解决何种问题，在实际干预中如何应用这种方法，值得探讨和研究。

（三）医务社会工作效果评估

“循证医学”的概念是将“最好的研究证据、临床技能及病人的价值观三者整合起来”（杨文登，2014）。而社会工作的循证实践也是根源于循证医学，目前已经成为西方社会工作主流的实践模式。国外的医务社会工作干预逐渐通过科学研究来提高自身的有效性。而国内的医务社会工作者常常被质疑工作的“有效性”。医务社会工作在实务方面积累了诸多经验，却很少对效果进行评定。以往的研究和调查也表明，临床医务社会工作者往往对医务社会工作的目标和作用机制没有清晰的概念和理解。同时，医务社会工作者对于效果的意识也有待加强。

在医疗领域，无论是国家财政资助、健康卫生政策，还是医疗质量、健康照顾，都是围绕“治疗效果”展开的。治疗效果有相对客观的评价指标，通过对个体治疗、服务体系和政策方面进行评估，可以比较不同医疗机构的治疗水平。同理，医务社会工作也存在“治疗效果”的评价问题。通过“治疗效果”的评定，识别有效的医务社会工作，传递社会工作的理念和价值，既有助于提高医务社会工作的专业程度，也有助于提升医务社会工作者的专业地位。

医务社会工作的效果评估之所以重要，有以下原因：首先，对医务社会工作的服务效果进行评价，是对服务对象负责的表现，也是社会工作伦理的基本要求。其次，医务社会工作的专业化建立在服务效果测量和评价之上。最后，只有对服务效果进行评估，并在提供服务过程中以此为工作目标，才能回应外界对“医务社会工作有效性”的质疑，从而确立医务社会工作的“专业地位”。

然而，虽然效果评估非常重要，但是在医疗情境中，如何运用较为科学的研究设计对医务社会工作干预进行效果评估一直有待解决。循证实践是解决医务社会工作如何证明服务有效性的最佳答案。它的优点包括：（1）循证实践提倡“遵循最佳证据进行实践”，因此为医务社会工作实务的开展提供了技术支持和实践的方案。（2）强调尊重服务对象的价值观和权利，确保提供的社会工作服务能够有效促进服务对象利益，从而促使服务对象主动地参与到整个社会工作服务的过程中去。(3) 循证实践的本身就是提供一个科学的证据，能够为同样从事医务社会化工作实践的人提供指导和帮助。

三、督导整体方案设计

（一）督导目标

社会工作督导的最终目标是协助社会工作者为服务对象提供有效率及有效果的服务，确保服务对象获得最大的利益。在实习督导中，督导的教育性和支持性功能也非常关键。因此，督导者需要协助学生发展其专业，为他们提供专业性“建议和咨询”，协助他们将课堂所学的社会工作理论和技术应用到医务社会工作实习过程中去，尽可能拓展其实务知识与技巧，提高社会工作服务的能力；同时，确保他们在提供社会工作服务的过程中，保持情绪和心理状态稳定，协助他们适应和处理服务过程中遇到的挫折、不满、失望、焦虑等各种情绪，帮助他们获得从事专业的满足感和价值感，促进其对专业的认同。而督导的行政性功能主要由机构内的督导协助完成，他们负责安置和引导学生，协助他们制订工作计划和分配工作任务，同时与有关部门沟通，为学生在医院内开展社会工作服务提供帮助和行政支持。另外，机构内的督导和学校督导一起，共同对学生的社会工作服务进行督导、总结和评估。

（二）督导模式

该案例中运用的督导模式是理论与实务整合的环形模式（Integration of Theory and Practice，ITP）。这一环形模式包括四个步骤：回溯—反思—联结—专业回应（Vayda & Bogo，1991）。

环形模式的起点是回溯，也就是信息获取，是指关于具体实务情境所有信息的回想，其中包括准备性思考和实务过程两部分。而回溯的信息又可以分为：心理－社会因素、互动因素、背景因素和组织因素。心理－社会因素关注服务对象系统，包括对服务对象行为、情感和认知的观察，以及关于服务对象的正式和非正式支持系统的信息。互动因素是指社会工作者和服务对象交流的新系统的建立，互动的质量对于干预的效果起着非常关键的作用。背景因素是指嵌于社会中的经济和政治结构，包括服务对象的性别、民族、年龄、社会经济地位等方面的因素。其中，社会态度也是非常重要的背景因素之一。例如，大众对于患有精神障碍、艾滋病和癌症的人抱有歧视和偏见。组织因素是指官僚政治体系及其意识形态与设想、规则及程序，包括组织的宗旨、环境、角色和结构等。例如，与儿童医院相比，一般的三甲医院在资金捐助方面明显缺乏资源。而三甲医院的医务社会工作者无论从人力、物力还是专业性来看，都要好于二甲和社区医院的社会工作者。

反思是指将在临床实践中收集到的信息进行反思，是社会工作者对实务情境的个人联想，而联想的过程会受到学生个性风格、内化的文化价值观念或者过去经历的影响。反思的目的就是对整个联想过程进行自我觉察，对我们加诸所观察事实的价值、信仰、假设和态度的确认，从而使这些事实在个人背景中容易被理解，并跟我们内化的正确观念相符。通过反思，学生的感受、信仰、价值和假设变得清晰，学生可以在与服务对象或实务情境的参与者之间的互动、作出的评估和判断以及计划和干预的有效性等方面进行评判性思考。

联结是指学生有意识地将理论运用到实践中去。对回溯所得的信息以及反思所得的联想进行认知联想，并将其与阅读、研究、讲座和一般经验中得到的知识结合起来。鉴别并标志出那些有助于解释实务资料及其引起主观反应的知识，并最终将这些知识运用到专业社会工作服务的设计中。将有关某情境的实际情况和看法进行抽象和概括，以便归纳出相关知识基础的一般要素。

联结专注于知识基础在实务中的体现，并且作为实务的产物进行重构。鼓励从互相对抗的概念中选择所需要的概念来构成一个理解认知体系，跟所回溯到的资料相适应并对之进行反思。专业回应就是选择和实施具体计划，为下一步的情况做好准备。

（三）督导的方式

1. 机构督导与学校督导相结合

机构督导负责学生日常的工作安排和监督管理，学校督导负责学生专业能力的提升和社会支持。

2. 面对面督导与日记反馈相结合

学生在实习的第一周会每天写反思日记，之后是每周写一篇反思日记，机构和学校督导会对日记进行阅读和反馈，通过书面方式给学生提供督导。学校督导每两周一次会和学生进行当面督导，询问实习的进度和实习过程中遇到的问题。而学校督导和机构督导每个月也会一起与学生见面提供联合督导。

3. 小组督导与个体督导相结合

学校督导一般采用小组督导的方式，以实习机构为单位，对于在同一家医院实习的同学进行团体督导。另外，如果学生有个别督导的需求，也会向学校和机构督导提出，进行不定期的个体督导。

四、督导过程描述

（一）督导过程

1. 督导前期

实习第一周，学生小菲进入医疗场域，实习目标是要对整体环境有所熟悉和了解。因此在督导前期，机构督导通过讲座、参观、分享和讨论的方式，让小菲了解实习医院社会工作发展的历史和现状，对医院本身也有进一步认识。同时带着小菲一起进行查房，让她更加了解临床现实。而学校督导会要求小菲每天把自己的所见所闻和所感所悟用日记的方式记录下来，进行情境回溯。另外，需要他们从专业的社会工作者角度去反思和联结，将自己所学的医务社会工作知识与实践结合，反思问题和现象背后的心理社会、组织、背景因素，问题形成的原因和机制。最后，进行专业回应，思考进一步解决问题的办法，提出自己的意见和建议。机构和学校督导会对他们的日记进行反馈。

从小菲第一周的日记来看，由于实习医院的医务社会工作开展得较早，而且较为完善、系统，因此小菲进入医疗场域中有很多感慨，对于书本上学到的理论能够在实际的医院进行实践，而且开展的工作也如此专业、多元，表示很欣喜和激动。然而，另一方面，对于自己能否胜任在这里实习，也有少许怀疑。特别是想到自己可能要和儿童一起面对疾病和死亡时，小菲会感觉不太舒服。因此，在日记中，学校督导对小菲进行了情绪支持，正常化她的情绪和了解自己对死亡的看法，并让她对这样的情绪和感受进一步探索。在之后的小组督导中，学校督导与小菲和其他同学一起讨论对死亡的看法和相关的经历，并去反思这些想法和经历将会如何影响自己在医院进行医务社会工作，以及如何看待和处理这些影响。在讨论的过程中，小菲回顾了自己对死亡的感触和过去的相关经历，通过与同学的分享和讨论，她对死亡的看法有所改观，对死亡的焦虑有所降低。

另外，学校督导要求小菲在机构督导的指引下，对医院经常开展实习的血液科进行需求评估，进一步深化对医务社会工作的认识。并在需求评估的基础上，提出进一步满足病人或家属的服务方案。在日记的情境回溯中，小菲提到之前实习生对血液科也进行过很多评估，机构督导将这些评估都交给他们，让他们学习，并从中有所领悟。从小菲的反思中，可以看出，她对于这些需求评估的认知更多停留在书写格式方面，认为前面学生写得非常仔细、认真，但是并没有对整个内容进行专业联结和回应，从中探索出自己需求评估的目标和方法。因此，学校督导在日记中让她更多对前人的需求评估内容进行分析和整理，看别人做过哪些需求评估，做的方法和效果如何。同时思考可以如何将前人的需求评估结果融入自己的需求评估中，做一套更加系统、更加有针对性的需求评估方案。而在小组督导过程中，学校督导向小菲和其他学生介绍了临床数据挖掘（clinical data mining）的理念和技术，让他们有可能的话去了解和学习一下，对于他们在临床上开展需求评估和干预会有帮助。

2. 督导开展期

经过前一段时间的实习，小菲对医院以及医务社会工作者在医院提供过的服务都有了较为系统的了解。从小菲的实习日记和面对面的小组督导过程，可以发现她对医务社会工作的理解有了进一步提高，日记的反思内容不仅仅停留在描述自己的想法和感受方面，而是进一步在思考自己可以如何提供医务社会工作服务。例如，在小菲的日记情境回溯中，她提出在与医生和护士一同查房的过程中，她感觉“自己会有一种不知道站在哪里的尴尬，交班时候听医生讲解病情，也不知道 PH、VSD、ASD 是什么，第一次进 CICU（小儿心脏病重症监护病房）所有医生护士都在各自忙碌着，你会希望自己是个透明人”。

在小组督导中，机构督导和学校督导就医务社会工作者在医疗服务过程中的角色和作用与小菲和其他同学一起进行反思、联结和专业回应。首先，让小菲进行情景回溯，描述当时的情况和状态。其次，对描述的问题从心理－社会因素、组织因素进行反思，她的这些感受和体会与自己个人的原因是否有关？是否和医院本身的体制和制度有关？最后，将所学的社会工作知识与实际情况进行反思和联结，思考为什么理论应用于实践中会出现这些问题？思考的问题包括：一是医务社会工作者是否需要了解一些医学知识？正如小菲所说，她不知道医生和护士所说的医学术语，自己根本无法与他们对话，这样的自己如何与他们一起工作？而在病人和家属那边看来，医务社会工作者穿着白大褂，虽然胸牌上写着的是实习社工，但是病人和家属还是会很自然地问他们一些和自己病情有关的医学方面的问题，如果一问三不知的话，如何赢得病人和家属的信任，让他们愿意进一步与自己讨论有关社会心理方面的问题？二是医务社会工作者在医疗团队中该如何体现自己的地位和作用？理论层面上，医生和护士以治疗病人的疾病为主，社会工作者主要负责病人的心理和社会方面的问题，同时也会帮助病人家属处理和解决一些其他问题。然而在临床上，这一理论设想并没有那么容易得到执行。医生和护士虽然知道全人的观点，也同意社会和心理因素对疾病的影响，但是在他们看来，社会心理因素的影响和疾病本身相比并不那么重要。他们看不到医务社会工作者的专业性如何体现。同时，对于已经开展过的一些社会工作服务，他们也表示看不到太大的效果。三是在医生、护士普遍都很忙的情况下，如何和他们一起为病人和家属服务，同时不增加医护人员的工作负担？就病人和家属来看，他们从未听说过医务社会工作这一专业，他们的关注点也不是心理和社会层面。对他们来说，看好病是最主要的，只要病能好，其他都不重要。另外，中国文化中，心理和社会方面的问题属于个人隐私，他们也不太愿意向陌生人吐露。这样的情况下，医务社会工作者该如何开展工作？四是督导结束之后，进行专业的回应。如何进一步解决面对的问题，医务社会工作者自己可以做些什么？

除了对医务社会工作者角色和作用的讨论，小菲目前也在积极寻找个案。实习医院针对住院病人住院时间短，流转率快的现状，正在探索短期焦点解决方法在医疗环境中的应用，而小菲也希望通过这种治疗方法帮助服务对象。在对短期焦点解决方法进行反思和联结时，小菲觉得短期焦点在医院的适用性主要体现在短期焦点解决并不会去涉及问题的原因和背后深层次的根源，而是着眼于当下的问题，以问题解决为最终目标。这也恰恰符合医院的情况，病人和家属很多时候需要的是解决具体的问题，而不是非常详细、深入的问题探索以及背后原因分析。同时，短期焦点解决的时效性高，能够在有限的时间内发挥医务社会工作最大的干预效果。同时，短期焦点解决强调发展服务对象个人的能力，其中的“赞美”技术易操作、见效快，是初学者最容易上手、操作的，尤其在探索例外阶段，“赞美”服务对象自身的优势，对于服务对象自我认识以及自我思考解决途径非常有效。小菲在为一个个案服务时，针对患儿爸爸处理妻子的车祸事件，集中“赞美”患儿爸爸的冷静、勇敢、坚定。如此，患儿爸爸便会集中思考，自己具备这样的性格优势，并且自己这样的性格对于自己孩子有莫大的影响。这样患儿爸爸会考虑继续坚持这样的处理方式，并且对于这次“危机事件”，甚至是以后遇到的“危机事件”，都有这样的经验可以参照。因此，小菲根据前期收集的个案情况，制订了下一步的干预方案，进行了专业回应。

然而，在短期焦点解决方法的实际应用过程中，小菲也遇到了一些困境，主要是短期焦点解决技巧的应用方面：一是奇迹询问的使用问题。小菲在日记的情境回溯和反思中提到，在使用奇迹式提问的时候，会让服务对象有莫名其妙的感觉，或者听得云里雾里，根本无法体会到想象中的感受。原本想加强服务对象治疗效果的目的，却适得其反。二是过度“依赖”例外询问出现的问题。“例外”询问是在探索解决方式或途径阶段重要的技术之一，小菲认为“例外”询问和“赞美”提问是一对梦想搭档，可以很好地帮助服务对象找寻自己的解决方式。但这一切都是建立在服务对象有“例外”情况，并且在例外情况中有不错的成功经验的基础上。但现实情况中，会出现很多“消极”的服务对象，他真的没有一点例外情况，或者他一点都不愿和你一起探讨例外服务对象。像这样的服务对象，便不能过度“依赖”例外询问。对于上述技巧的使用，机构督导、学校督导和小菲以及其他实习同学一起进行了反思和联结。首先，对于焦点解决技巧的使用不能生搬硬套，而是要了解这一技巧背后的作用机制和目的是什么。奇迹式提问主要是让服务对象能够确立更加清晰的目标，同时为服务对象赋能，让他们在困境中看到希望。因此，在提问之前，社会工作者需要通过前期的沟通，培养适时的语境，做到水到渠成。而不是非常突兀地就问：“如果奇迹发生的话，你认为会怎么样？”而“例外式询问”主要是为了让服务对象能够跳出目前的困境，找到自己处理类似问题的成功经验，增强他们的控制感以及效能感，从而达到增能的作用。其次，在问题的提出方面，要通过自己的理解和表述，让问题变得更加浅显易懂。最后，学校督导、机构督导和小菲一起调整了干预计划，为下一步服务做好准备。

3. 督导终结期

在小菲实习的后期，她逐渐开始掌握了短期焦点解决方法在临床过程中的应用。而这时实习的任务主要集中在干预效果的评估方面。在早期督导过程中，学校督导就和小菲强调，需要对干预方案进行效果评估设计，找到合适的干预评估指标，从而体现干预的有效性。然而，在小菲的反思和联结过程中，她认为进行效果评估的阻碍很大。首先，干预指标的确定比较困难。由于干预对象的问题都比较具体，问题的解决大多和经济、知识相关，选用何种指标体现干预的有效性？社会工作传统使用的情绪、生活质量指标是否适用？同时，效果评估的问卷长度也不宜太长，要考虑病人的身体和心理状态。其次，研究设计方面，准实验设计或者随机分组实验设计虽然比较科学，但是在医院的适用性不强，不太容易找到匹配样本。同时，病人出院时间较快，而且外地病人较多，也不太容易进行效果追踪调查。针对上述问题，在专业回应方面，学校督导和小菲讨论了评估指标的设定问题，督导建议小菲可以就问题解决的程度让服务对象打分，同时也可以根据服务对象的实际情绪状态选择适合的量表。而研究设计方面，前后测是个案的基本要求，同时可以增加一些质性的访谈，对干预的过程、效果和治疗性因素进行评估。同时，家属也可以作为评估的对象，通过他评的方式进行效果的评估。

（二）督导的策略和方法技巧

督导不仅是知识和技巧方面的超人，其主要责任在于协助社会工作者如何对自己的实务工作产生深刻的洞察，鼓励社会工作者作有目的性的反思与批判性的回馈（Barretta - Herman，1993）。因此，在整个督导过程中，学校督导和机构督导采用了 ITP 环形模式对小菲进行督导。让小菲在写日记和面对面的督导过程中，先进行情境回溯，回顾具体实务情境的所有信息回想，包括准备性思考和实务接触本身。之后进行反思和联结，将课堂学习的社会工作理论和实际工作联系起来，分析理论在应用过程中出现的问题及问题背后的原因。原因可以包括自身因素、服务对象的心理社会因素、与服务对象的互动，以及更为宏观的组织和背景因素，包括医院的体制、环境、整个医疗政策等。最后，对问题进行总结，作出专业回应，制订下一步工作计划，或者对现有的计划进行调整。

同时，在对小菲进行督导的过程中，机构督导和学校督导提供了工具性、教育性和行政性的支持。针对实习学生在实习过程中对自己产生的怀疑、对死亡的恐惧，督导采用了正常化和叙事的技巧，让小菲认识到自己的情绪是非常自然和正常的，同时也对这种自然的情绪进行反思，从自己过去的经历中梳理出情绪出现的原因，并探讨解决的方法。而针对小菲专业方面的困惑，督导采用互动讨论的方式，通过策略性的提问，有意识地引导小菲进行专业的思考。

五、督导成效分析

（一）小菲的实习效果得到各方的肯定

经过三个月的实习，小菲的个案、小组和社区工作任务顺利完成，每一次干预都进行了效果评估。评估结果显示，小菲对于服务对象的帮助非常大，得到了医院医生、护士和机构督导的认可，同时小菲在实习汇报大会上的汇报也得到了机构和学校领导的赞赏。

（二）小菲的自信心和专业技能有了较大的提高

从最初的小心翼翼、不自信、恐惧、焦虑到最后顺利地完成实习任务，小菲从事社会工作服务的自信心得到进一步提高，都表明小菲在实习和督导过程中得到了较大的成长和发展。另外，从小菲的日记内容和面对面的督导来看，小菲对医务社会工作的专业思考也由浅入深，从最初简单地对情境的描述、对自己情绪的表达，到渐渐出现专业的分析和思考，同时逐步进行专业的回应，都能看到她在专业方面的成长。

（三）小菲对自己有了更多的认识和了解

医院实习对学生来说是一个非常大的挑战，可能会面临死亡和伤痛，也会面临无法帮助病人和家属时的那种绝望和无助。在整个督导过程中，小菲对自己的死亡态度和感受也进行了梳理和整合，对自己有了更多的了解和接纳，也为更好地帮助服务对象奠定了良好的基础。

六、督导反思

（一）社工理论与实务的整合（ITP）环形模式的灵活使用

在督导过程中，机构督导和学校督导以ITP模式作为督导的框架，通过情景回溯—反思—联想—专业回应四个步骤，与学生一起对实习过程中遇到的问题进行了由现象到本质的探索，不仅在专业层面上提高了学生的知识和技能，也教会了学生思考问题的方法和技巧。而且这种环形模式可以灵活多变地使用，不一定要完全按照四个步骤的顺序来使用，可以按照实际情境进行灵活的排列、组合，如在专业督导会上，专门进行反思和联结，而不需要进行专业的回应。而情况紧急的时候，可能只需要和学生进行情境回溯和专业回应，暂时略过反思和联想的步骤。

（二）督导方式的选择

及时和定期的督导需要相结合，以提高督导的及时性和针对性。虽然学校安排每周两次学校督导和每月一次联合督导，再加上每日和每周日记反馈，但是学生有时在遇到问题的时候需要督导及时提供指导和建议，如果等到定期督导的时候再说，时效性已经不强。因此机构督导在这一方面可以发挥更加积极的作用，就学生实习过程中遇到的棘手问题，可以有针对性地开展及时督导，让学生能够有效地回应病人和家属的需求。

（三）机构督导和学校督导的配合问题

机构督导和学校督导的分工比较明确，机构督导重点进行行政性督导，学校督导负责教育性和支持性的督导较多。但实际情况是，机构督导和学校督导都会涉及学生教育性和支持性督导的部分。而两者的受教育经历或立场有所不同，可能给学生的意见也有所差异，学生在这一过程中会有一些困惑。因此，机构督导和学校督导需要加强互动和联系，在给学生反馈意见之前，最好能够提前沟通，达成较为一致的意见，这样对于学生的成长更为有利。

第六章　专业方法与技巧议题

第一节　需求评估

一般来说，服务对象的需求评估、服务方案的可行性评估、过程评估、结果评估、效率评估是社会服务“评估体系”的重要内容。其中，对服务对象的需求评估是社会工作者制订服务方案的重要基础。全面、深入、有效的需求评估过程对制订有效的服务方案和最后服务成效的获得都是至关重要的。

虽然需求评估在社会工作服务过程中具有非常重要的地位，但是在实际工作中社会工作者对需求评估的重视却远远不够。深圳市社会工作需求评估督导调研统计数据显示，在参与调研的249名社会工作者中，31.58%的被访者“不知道需求评估理论”，30.83%的被访者“知道一种需求评估理论”，仅有17.29%的被访者“知道三种或以上的需求评估理论”，整体看社会工作者在实际工作中对服务对象开展需求评估时缺乏理论依据。在需求评估督导方面，83%的被访者认为“需要督导介入需求评估工作”，仅有17%的被访者认为“不需要督导介入需求评估”。

从上述数据可以看出需求督导服务在社会工作督导工作中应被重视并提上日程。

一、案例背景

深圳是一座年轻的移民城市，2013 年深圳人口的平均年龄只有 33.6 岁。随着经济社会的飞速发展，深圳市老年人口的数量及其所占总人口的比例在不断增长。根据深圳市人口管理部门提供的数据，截至 2015 年 12 月，60 周岁以上户籍老年人口总数为 23 万人（占户籍总人口的 6.9%），60 周岁以上非户籍常住老年人口总数为 95 万人，全市 60 周岁以上常住老年人口总数达 119 万人，占全市总人口约 6.6%。在年龄结构上，60～64 周岁的老人占老年人总数的 41%，65～69 周岁占 26.5%，70～74 周岁占 14.3%，75～79 周岁占 9.7%，80 周岁以上占 8.5%，老年人口年龄分布比例呈金字塔形状。

2015 年广东省的养老体系目标是“9073”，即 90% 的老人通过家庭照顾养老，7% 左右的老人由社区提供日间照料和托老服务，3% 的老人入住养老服务机构。但随着家庭规模缩小、空巢独居老人数量增多，单纯依靠家人以及雇用护理人员显然已难以解决老年群体照料问题。

项目假设：深圳老年人口年龄分布呈金字塔形状，低龄老人数量多于高龄老人，且低龄老人有参与社区互动、呈现个人价值的需求。整合社区低龄老人资源服务高龄老人，既能满足低龄老人的社会参与需求，又能解决社区高龄老人服务需求。

为了更好地推进项目，项目团队需要开展精确的调研和调研分析，进而根据调研结果制订服务方案。

二、督导核心问题确认

前期的需求评估督导过程中，通过访谈和聚焦小组讨论发现目前社会工作者在需求评估工作方面存在以下问题。

（一）需求评估方法单一

开展需求评估的常用方法是问卷调研，通过问卷分析得出服务需求，制订服务计划。本案例缺乏多种方法去验证服务需求。

（二）需求评估缺乏理论依据

在督导过程中问起需求评估是依据哪些理论来做的，社会工作者们对此问题非常迷茫，认为："需求评估还需要理论依据？不就是问问题、统计答案吗？"

（三）抽样样本不具代表性

由于抽样困难和人手不足等因素限制，需求调研数据的收集以偶遇抽样调查为主，样本的代表性差。

（四）数据分析不具科学性

数据分析以百分比居多，运用 SPSS 开展的交互分析较少。

表 6－1 "老伙伴·志愿行"项目需求评估常见问题

需求评估设计层面	现状	存在的问题
需求评估方法	采用问卷调研	方法较为单一
需求评估理论依据	根据人口老龄化趋势	理论依据不足
需求评估群体	60 岁以上社区老人	样本不具聚焦性
需求问卷的设计	简单地罗列问题	设计没有逻辑性

综上，督导核心问题集中在社会工作者需求评估能力的提升方面，拟通过个别督导、培训和集体督导的形式开展需求评估督导。

三、督导总体方案设计

（一）需求为本的督导工作介入模式

大多数的社会工作是基于群体需求而制订服务计划，督导工作也不例外。在大多数的督导工作中，督导一般是以社会工作者的需求为驱动开展督导工作。需求为本的督导模型是：需求收集—需求分析—需求回应—督促执行—成效监测—需求满足。模型见图 6－1：

其中"需求收集"可以通过访谈和社会工作者事先填写的问卷需求表进行收集。在"需求分析"中督导多会使用"人在情境中"的人本理论分

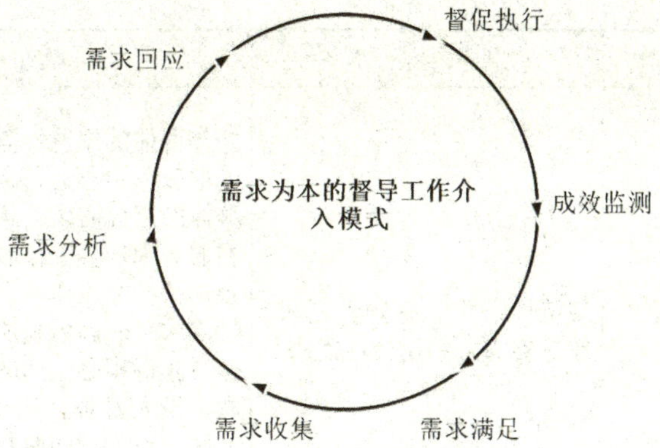

图6-1 需求为本的督导模型

析社会工作者现在的处遇，环境是如何影响社会工作者提出的该项需求。在“需求回应”中，督导常使用自身过往的经验作为分享，引导社会工作者在督导过往经验中悟到解决之道。同时也会使用“寻解导向”的会谈方式，引导社会工作者发挥自身内在动力，自身获得问题的解决方法。在“督促执行”中，督导以权威的身份督促社会工作者按照之前的解决方法执行。在“成效监测”中，督导以“行为-认知-态度”三个维度，对社会工作者进行成效的测评，评估督导成效。最后在“需求满足”阶段，引导社会工作者回顾督导过程，领悟自身的成长，以致需求得到满足，问题得到解决。

（二）需求理论及需求评估视角

1. 需求理论

对需求的理解是需求评估的起源，常用的需求理论有马斯洛的需求层次说和 Bradshaw 的需求类型。

表6-2 需求理论简表

阐述需求的视角	内容	案例
人本主义心理学（Maslow）	人类需求分五个层次：生理需求、安全需求、归属与爱的需求、受人尊重的需求、自我实现的需求	老年服务对象有安全需求——被照顾，归属与爱的需求——被关注，自我实现的需求——参与社会服务

续表

阐述需求的视角	内容	案例
需求类型	规范性需求、感知性需求、表达性需求和比较性需求	老年群体的规范性需求——如社区党群服务中心运营标准提出了老年群体的服务需求；感知性需求——在服务中社会工作者发现空巢老人很期待社会工作者上门探访；表达性需求——高龄独居老人向社会工作者倾诉担心生病的时候没有人照顾，没人发现；比较性需求——A社区有设置日间照料服务，B社区老人数量与A社区的很相似，但社区没有提供日间照料服务

2. 需求评估依据

著名科学家爱因斯坦说过，提出一个问题往往比解决一个问题更困难。需求评估就是一个发现问题，通过分析信息和数据将问题转换成需求的过程。需求评估的视角不一样，评估的方法和内容也会有所区别。

（1）优势视角

优势视角强调每个个体、团体、家庭和社区都有优势（资源、财富、智慧、知识等），应聚焦于目标群体的优势。运用优势视角进行需要评估时应以“问题—需要—优势”为主线，评估应该包含四个方面的内容，第一象限是居民的问题，第二象限是环境的问题，第三象限是居民的优势，第四象限是环境的优势。

（2）系统理论视角

贝塔朗菲（VonBertalanffy）提出一般系统理论，运用于团体、家庭和社会等社会系统以及生物系统，生命有机体都是一个完整的系统，各个系统都是一个更大的系统的子系统。Hearn 是将系统理论运用于社会工作中的早期贡献者之一，他提出了全人的概念，核心在于它是以整体的视角来看待人和社会。Godstein 提出了整合视角，即打破原来居民单一层面的分析需要评估，将需求评估对象放置到宏观、中观和微观三个系统进行需求

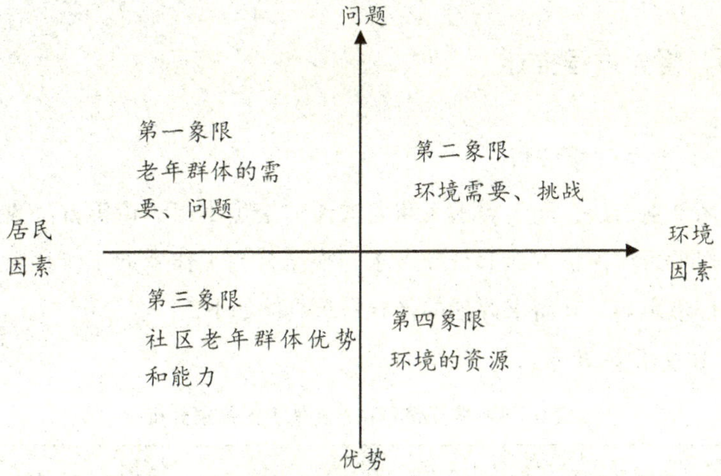

图 6－2 "老伙伴·志愿行"项目需求评估运用

分析评估，建立需要评估的体系内容。

表 6－3 系统理论视角的需求评估运用

系统	对象	举例	评估方法
宏观系统	社会需要与资源	深圳市老年群体的需求体现	社会指标法、政府文件、文献分析、专家访谈
中观系统	基层政府、购买方及相关利益方	购买方、基层单位关注的是什么	关键人物访谈、聚焦小组、会议、文献分析
	服务提供方	机构使命、愿景和发展规划等，社会工作服务内容	文献分析
微观系统	社区需要与资源	规范性需要	社会指标法
		感受性需要	社会调查法
		表达性需要	服务使用分析
		比较性需要	服务比较分析、文献分析

四、督导过程描述

（一）督导需求分析

运用个别访谈、问卷需求表和需求评估聚焦小组讨论等方法收集了解社会工作者需求评估方面的督导需求，根据社会工作者的工作年限、学习专业等环境影响，其需求评估的督导需求具体如下。

1. 按受督导者专业情况

表6－4 按受督导者专业情况的需求分析

对象	需求评估能力分析	案例
社会工作专业	掌握了一定的需求分析知识，实际运用能力低	在编制老年服务需求问卷时，社会工作者没有进行前期的资料收集，没有问题假设，仅通过头脑风暴形式进行问题设置
相关专业	需求理解和模式了解不清晰	“我作需求评估时，就是跟着感觉走，理论我不晓得的，最后写的时候，哪个好套就用哪个呗。”
非相关专业	对需求评估了解甚少	“不知道，要求说要做。”

2. 按需求评估内容

表6－5 按评估内容的需求分析

内容	需求评估存在的困扰	案例
需求评估理论	缺乏需求评估依据，依赖主观判断	在问及社会工作者老人存在哪些需求时，回复多以“健康、康娱”为主
内容	需求评估存在的困扰	案例
需求评估方法	方法单一	通过随机发放问卷的方式收集老年人需求，忽视了行走不便居住在家的老人的需求
需求评估实施	实施方案不严谨	实施过程中，通过摆摊的形式发放老年服务需求问卷，并没有科学的抽样过程等
评估数据处理	数据处理采用百分比居多	如在“您是否有探访的需求”数据处理时，采用“有需求占60%”这种统计方式

（二）需求评估督导目标制定

根据社会工作者的需求制定需求评估督导的总目标和具体目标如下。

1. 督导总目标

通过个别督导、集体督导和培训等多种形式帮助社会工作者精确定位项目需求评估目标群体，采用科学合理的需求评估方法开展“老伙伴·志愿行”项目服务需求评估，科学分析需求评估数据，形成具有参考价值的需求调研报告。

2. 督导具体目标

（1）通过需求评估督导，社会工作者能清晰定位需求评估的目标群体，采用科学的抽样方法进行抽样。

（2）通过需求评估培训，社会工作者能运用两种或以上的需求评估方法开展项目需求评估，并运用 SPSS 进行数据分析。

（3）通过个体督导，社会工作者能列举出所作需求评估依据的理论。

（三）需求评估思路

进行需求评估，督导首先要明确机构的宗旨，确定需要评估的目标群体，目前已经掌握了哪些资料，还需要哪些方面的信息。其次分析团队资源和能力，再次分析服务使用和服务购买者的目标，选择需求评估方法，制订需求评估方案，最后进行需求数据分析。

（四）需求评估方法

常用的需求评估的方法有问卷、访谈、观察法和文献分析法。各种方法的选择原则是：择优而用。

第一，每种评估方法都有它的优缺点。每个方法都是依据各自的假设来收集资料的，它们收集到的数据是否有用则取决于实施方要达到什么目的。

第二，在选择需求评估方法时，应该基于“有用性”来决定。根据实际情况进行选择，考虑哪种方式比较适合项目。

第三，各种需求评估方法并非相互排斥，需求评估中常会混合使用多

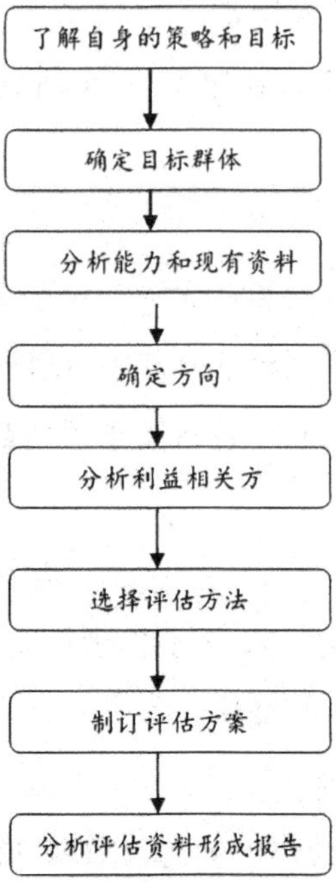

图6－3　需求评估思路

种方法，这样一种方法的缺点可以由另一种方法的优点来弥补。

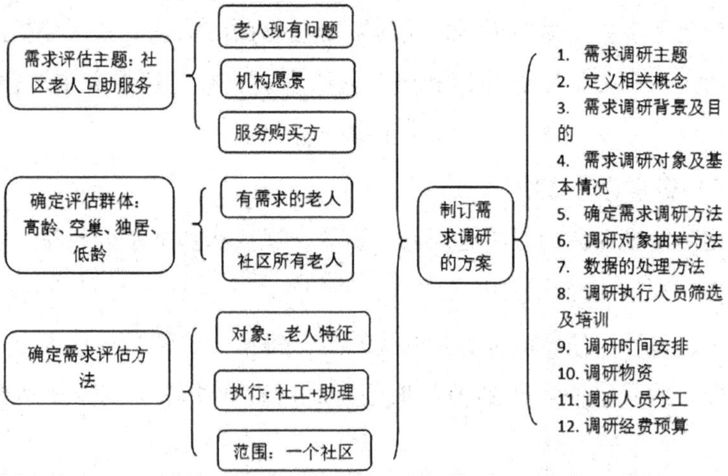

图6－4　需求评估方案制订

第四，根据对象来选择，这里对象包括了需求评估对象、需求评估执行者，特别是要根据需求评估对象的特征进行选择。

第五，各种方法的选择还需要考虑需求评估的经费预算、人力资源情况和调研范围。

1. 问卷法

问卷设计对于社会调查研究的重要性是不言而喻的，一个好的调查问卷不仅反映社会工作者的水平和能力，同时也能反映出理论结合实际的能力。但是无论设计出多么好的问卷，很多社会工作者还是会反馈“在现实调查当中总会遇到或多或少的问题”。为什么会这样？主要是因为社会的复杂性，而调查对象是一个个的个体，每个个体的需求特点和性格千差万别，再高明的问卷设计者也不可能考虑到所有调查对象的需求，穷尽所有的问题，而且对同一个问题，不同的人其看法肯定是不相同的。因此，每一次问卷调查，大家都会对问卷有一些这样那样的看法，这些看法，一方面可以帮助我们重新认识自己设计的问卷；另一方面，则为下次设计问卷提供了一些有意义的经验和教训。所以督导在服务中需要不断强化问卷法的概念和流程。

（1）概念

问卷调查法是调查者通过事先统一设计的问卷来向被调查者了解情况、征询意见的一种资料收集方法。

（2）流程

通过多种方式了解被调研者的基本情况，包括社区老人数量、分布等基本信息，以及本次调研的目标和具体问题是什么。根据老年群体的特征如年龄、文化程度、视力和听力情况确定问卷采用封闭式问卷，在问卷方式上选择自填和访问式相结合。自填问卷针对低龄老人，访问式问卷针对高龄、理解力低的老人。

在选定了问卷所要采用的形式后，就可以进入问卷的实体设计阶段。问卷设计经常采用：①卡片法。按一题一卡形式将每个问题和答案写在一张卡片上；将卡片分成若干类；将分好的每一类中的卡片分别排序；依托整张问卷的逻辑顺序把各类卡片连成一个整体即可。②框图法。按研究假设和所需资料，作出整份问卷的各个部分的条框，并给条框编号；按问卷的逻辑顺序用线条连接各已编号条框；对应每一个条框，用与条框数相同张数的纸分别写上各个问题及答案；按条框的编号和排列，安排已写好的问题及答案的顺序；对所有问题进行检查、调整和补充；将调整结果整理成文，形成问卷初稿。

卡片一　您的年龄是：
A.60~69岁　B.70~79岁　C.80岁及以上

卡片二　您的居住方式是：
A.独居　B.夫妻俩同住　C.与子女同住

图6-5　问卷设计的卡片法

编码1 基本信息
1.您的年龄是：
A.60~69岁 B.70~79岁 C.80岁及以上
2. 您的身体状况是：
A.非常健康 B.一般 C.健康状况比较差
3. 您的主要经济来源是：
A.退休金 B.子女提供 C.政府补贴 D.其他

编码1 照顾情况
1.您的居住方式是：
A.独居 B.夫妻俩同住 C.与子女同住
2. 您是否需要他人照顾生活？
A.需要 B.不需要

图6-6　问卷设计的框图法

问卷试用和修改。问卷初稿设计出来后，可以通过试调查进行有效性检验，一般选择30~100个试调研样本，并根据试调研结果对问卷进行修订。

问卷发放。根据被调查者特征、调研经费和调研方式不同发放调研问卷。在“老伙伴·志愿行”项目中需求调研采用的是现场发放式和入户发放。

问卷回收。成功发放问卷的回收率应达到70%以上，最低不能低于50%，回收率低于50%的问卷调研无效，应该中止。

（3）注意事项

①问卷的排序方面，问题的排列应有时间连续性，或由近及远，或由远及近地排列问题，切忌远近交叉；难易顺序，一般先易后难；同类型问

题编排在一起。

②问卷设计时需要注意答案的穷尽性；答案要具有互斥性；答案要符合社会现实；答案要简单、易理解。

（4）督导步骤

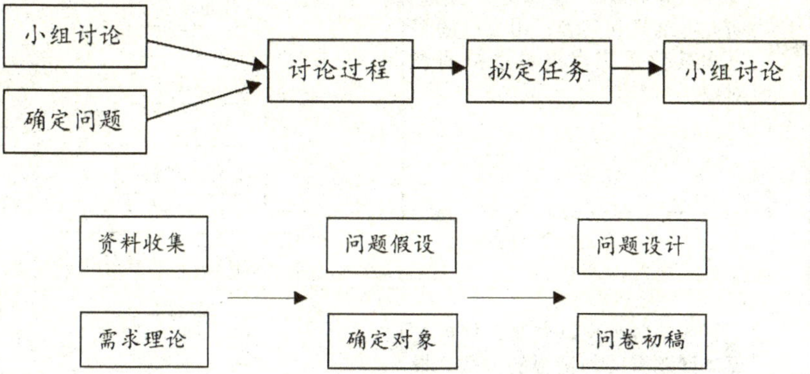

图6－7 督导步骤及任务

2. 其他需求收集方法

表6－6 其他需求收集方法

方法	定义	督导流程
访谈法	访谈法是一种主要运用口头交谈的方式，通过访谈者与被调查者之间的沟通与互动获得调查资料	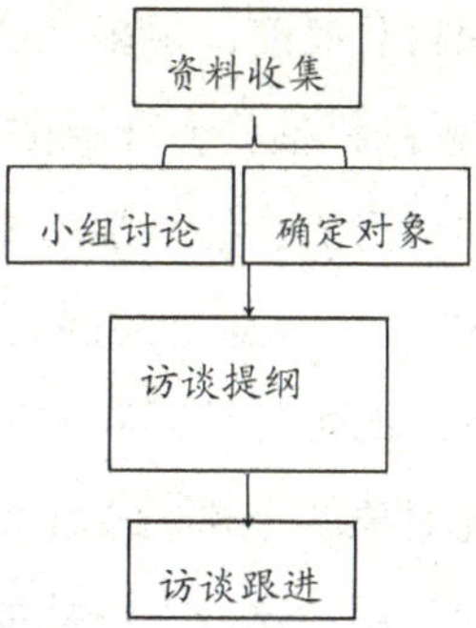

续表

方法	定义	督导流程
观察法	观察法是根据一定的研究目的、研究提纲或观察表，用自己的感官和其他系统直接观察被调查对象	资料收集 → 小组讨论 → 观察演练 → 反思改进
文献法	通过收集各种文献资料，摘取与调查课题有关的情报的方法。根据外部形态，分为文字、数字、图像和有声文献四类	课前阅读、文献查阅 → 练习 → 督导教授 → 小组讨论

（五）需求调研的抽样

在项目开展前，很多社会工作者会与督导讨论抽样方法存在的问题："很多时候随机抽样会变成随便抽样，对抽样方法还有一些模糊。""有时候我也知道需要这种科学的抽样方式，但是因为时间紧，没有按照具体的方法去执行。"针对上述问题，这需要督导在项目开展前期就与社会工作者做好详细的督导计划和流程，熟悉抽样概念，确定抽样的方式。

研究对象的全部称为总体，抽样调查就是先将调查对象编制成抽样框，然后运用一定的方法从抽样框中抽取一部分样本单位作为样本，并以样本的调研结果来推断调查总体的情况。

抽样的方法主要分两大类，一类是非随机抽样，一类是随机抽样。无论哪种方法，一般程序为：设计抽样方案，界定调查总体，选择抽样方法，编制抽样框，抽取调研样本，评估样本质量，最后进行样本调查。影响抽样方法因素有样本大小、调研经验预算和调研目标。

用培训或集体督导的形式进行抽样方法的督导，流程参考：

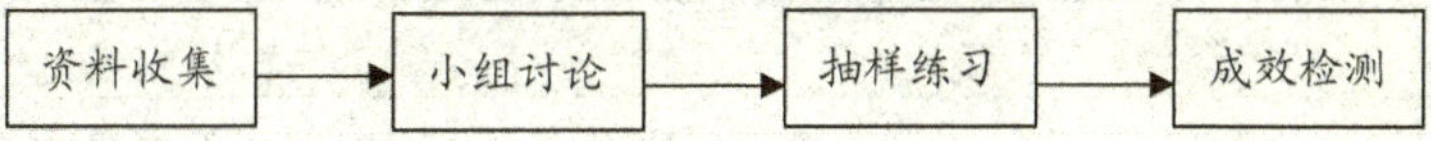

图 6－8　其他形式督导的抽样方法

（六）需求资料分析方法

资料收集后要进行分析，一般采用定量和定性分析。

表 6－7　资料分析方法简介

分析方法	运用	案例
定量分析	一是从统计年鉴或其他调查文献中获得的数据；二是以调查问卷的方式获得的尚未处理的数据	“老伙伴·志愿行”问卷调研数据通过借助计算机 SPSS 进行处理倒出调研结果（具体运用见下文 SPSS 分析方法）
定性分析	文献资料、观察记录、访问记录与问卷的答案	通过文献查找关于老年人服务的文章，并进行信度校对，再按形式、内容和性质进行分类，如论文类、政策等，内容方面有老年社区养老、社区老人健康需求等，最后对资料进行汇编

1. SPSS 分析

在督导的“老伙伴·志愿行”项目中，很多社会工作者都比较畏惧 SPSS 的分析方法。“我确实不会使用 SPSS，忘记使用方法，用起来也很麻烦，不知道怎么作分析。”还有社会工作者反映因为学的不是社会工作专业这门学科，根本没有接触过这种分析方法。

在项目服务过程中，督导需要加强社会工作者在 SPSS 上的运用和分析，尤其是概念与流程的灌输。

在 SPSS 统计软件中有数据编辑、图形编辑、结果输出等多个窗口，它们分别执行不同的功能。定量分析一般有四个步骤：建立数据库、处理数据、分析数据以及整理和保存数据分析报告。

2. 需求调研报告撰写

调研报告撰写内容需要包括以下几个部分：标题、前言、正文、结尾和附录。

表6-8　需求调研报告撰写内容

框架	内容	方法
标题	标题形式	直叙式标题：指用调查对象和调查的主要问题作标题。如《深圳市社区老年群体社区互助养老需求分析及政策》 主题式标题：指用一定的判断或评价作标题，以表明观点、突出主题。如《深圳市社区老年群体社区互助养老的需求紧迫调研报告》 提问式标题：指报告的标题是一个设问句
	标题要求	概括、简洁、贴切、新颖
前言	要求	引出报告的主题、固定报告的调子
正文	结构	调查报告常用的结构形式有纵式结构、横式结构、纵横式结构三种
结尾	形式	概括式结尾、总结式结尾
附录	结构	关于调查内容与调查工具、文献目录

五、督导服务成效

（一）督导成效评估标准

1. “行”为原则的督导成效评估标准

对需求评估督导效果的评估标准是看社会工作者的“行”。即依据社会工作者的行动，包括是否按照达成的共识执行选择需求评估对象、选择适合的抽样方法等；需求评估问题有没有解决；社会工作者目前的状态如何。

2. “需求取向”的督导成效评估标准

社会工作者对督导效果总体是满意的。社会工作者对督导的评估标准是有需求取向的，即是否回应了其面临需求评估能力提升的要求。

（二）督导成效分析

1. 被督导视角评估

需求评估督导成效的评定可以从社会工作者视角进行分析，“老伙伴·志愿行”需求评估项目成员反馈：“开始的时候我们只知道要做老人服务，直觉是老人的需求就是健康，所以原本的设计就是罗列以往社区里老人服务的问题，然后在各个社区摆摊。督导后，发现需求评估前我们得先界定需求、设置服务假设，再去设计相应的调研方法。”

2. 行动改善

通过督导，“老伙伴·志愿行”项目组成员进行了分工，第一阶段是项目组成员分组按主题内容进行资料收集，包括社区养老、社区老人需求和老年人政策等。第二阶段是开展资料分析确定调研方向，制订调研方案。第三阶段是开展项目调研前的筹备，包括调研工具准备、样本确定等。第四阶段开展调研，分析数据，撰写调查报告。

六、督导服务反思

在整个督导的过程中，社会工作者在项目服务需求评估的工作中出现很多问题，如活动执行前没有做好评估设计、盲目采用评估工具、主观意愿影响评估结果、过分夸大工作成效等，导致社会工作服务的成效很难全面体现，较多开展康娱活动，严重影响了社会工作的专业服务水平。

（一）流于表面，缺乏深度服务

在“老伙伴·志愿行”项目督导中，社区需求调查结果与老年人对于社区服务中心的期望区别较大。同时因为服务对象选择范围太广，为了照顾大多数人的需求，不能妥善利用资源开展专业服务，开展较多的是娱乐性、兴趣性的服务。社会工作者对质性研究理解较浅，若不注重专业手法的运用，极易致使项目服务沦为不做实事的“绣花枕头”。

（二）受益人群的需求界定

首先社区党群服务中心提供的服务由政府买单，居民无偿享受。然而资源终究有限，势必涉及资源的争夺。社区党群服务中心开展需求评估时会更多地考虑本地社区工作站的立场，社区服务中心提供的服务会优先本地居民，如果资源剩余，才会考虑外来人口。其次，有些社区居民分化严重，贫富差距较大，本地贫困居民希望社会工作者能助其获取物资等福利服务，富裕者认为社会工作者的服务应锦上添花，丰富社区娱乐生活。然而社会工作者精力有限，势必顾此失彼。如何将有限的资源投入到社区中，取得最大效益，取决于社会工作者持有的立场。因此，如何确定服务对象的范围，深度而精准地做好需求调研服务在实际中显得尤为重要。

（三）社会工作者需求评估能力和归属感的缺失

在需求评估过程中，督导对社会工作者在需求理论、需求评估理论的了解程度都有很高的要求。而且对需求过程中如何获取有效的、全面的资料信息，如何对需求评估资料作出预判，如何分析这些资料选择合适的服务方法都有严格的要求，但是在督导中发现社会工作者在这方面的能力显然是不足的。要想做好服务对象的需求评估，这些方面的专业能力亟须提升。

（四）需求评估中的优势视角

需求评估是发现和评估服务对象面临问题的重要环节，优势视角的引入是至关重要的。在目前从事的社会工作需求评估中，社会工作者往往把服务对象放在一个孤立无能的角色上，制订服务方案时不注意激发服务对象的积极性和潜能，这对服务效果的影响是很大的。另一方面社会工作者更多的是把服务放在解决一些服务对象急需解决的问题上，而不是把服务的重点放在服务对象自我改变的提升方面。

针对上述督导中发现的问题，为提升社会工作者的需求评估能力，区别于经验主义模式，有效开展深度调研势在必行。

其一，采用多样化的测量工具，提高服务成效评估的准确度。无论是哪个主体、从哪个维度进行评估，都需要采用相应的测量工具，而同时使用多种测量工具能够在一定程度上提高测量的有效性，从而保证评估的准确度。项目的测量工具应充分利用问卷、观察、访谈、实地考察、前后测等多种手法，从而提高项目成效评估的准确度。一方面，填写好问卷、做好访谈记录、做好观察记录等，最大限度地收集第一手质性和量性的资料，为服务的开展奠定基础；另一方面，评估资料收集的方法应该与时俱进，大胆、充分采用互联网等形式。

其二，“把脉”社区问题，制订出更好的服务计划和服务目标。督导前期，社会工作服务脱离了老人和社区的需要，导致服务流于形式。所以，督导社会工作者的服务成效评估不单单是评估服务的成果，也应该包括对于服务需要的界定、服务目的的设定、服务目标的建立、服务指标的完成等多方面的评估，这样才能够更好地改善服务成效。

其三，实事求是的调研报告。一份客观、全面、有理有据的调研报告可以帮助社会工作者优化年度计划方案，提供贴近服务对象需求的执行方案，不断提升服务成效。

其四，扎实的理论学习。社会工作者应该利用机构等各种平台提供的各种培训和学习的机会，认真学习专业的理论知识，并在实践中加强同事之间的交流，在实践中更好地运用知识，提升专业能力；同时，社会工作者应该在实践中发现理论基础的不足，加强自我理论的学习，提升自己的专业理论修养，提高社会工作服务的专业性。

其五，提升社会工作者的归属感。社会工作者的职业归属感对社会工作服务起较大的影响作用。没有职业归属感，对服务对象没有责任意识，对需求评估也不会重视，这也是许多社会工作者在服务过程中需求评估缺失的主要原因之一。因此在提升专业服务能力的同时，树立职业归属感是社会工作者专业能力的重要组成部分。

其六，优势视角在需求评估中的运用。社会工作者的角色应该是服务对象解决问题的朋友与伙伴，是服务对象可以利用的掌握知识和技巧的人，服务对象才是真正自我改变，解决问题的因果行动者。这是需求评估过程中应该与优势视角整合的地方所在。因此，社会工作者在对服务对象进行需求评估时，应对需求评估所得资料进行预判，以“服务对象自决”为服务原则，挖掘服务对象身上的潜力，在服务过程中激发服务对象改变的积极性和主动性，才能够让需求评估的效果转化为真正的服务成效。

第二节　沟通技巧

一、案例背景

小 H 是一名在社工行业里兢兢业业工作了两年的社会工作者，从一线社会工作者到中心主任，从中心主任到督导助理，她对工作的认真和细致，对于专业发展的投入都十分让人敬佩。而就是这样一个优秀的成长型员工，最近却满脸愁容，似乎面临困境。

在督导中，小 H 在督导的支持和鼓励下讲出了困扰她的经历。

问题要从她刚选上中心主任说起。由于区域政府政策调整，小 H 所在的社区党群服务中心（以下简称“中心”）结题，小 H 和几个同事出于对机构的认可选择留在机构，机构也感激同事的支持，就近原则调配了几位同事的工作，于是小 H 就来到了 C 社区。

C 中心原来也是机构运营的三年老中心，这次招投标再次顺利中标，整体团队除了中心主任被街道抽调流失外，其他人员都是原班人马。小 H 因为一直表现都很优秀，机构委任其为 C 中心新一届的中心主任。

小 H 满怀想要大干一番事业的憧憬来到了 C 中心，结果呈现在面前的却是各种让人苦笑不得的场景——迟到、早退、在办公室养老鼠、上班时间打游戏。小 H 虽然明示、暗示同事们要遵守基本的工作纪律，但是似乎没人在意这种善意的提示，依然我行我素。

最让小 H 受不了的是，居然有一个社会工作者开小组座谈会的时候，完全不用破冰游戏，还理直气壮地说一直都是这么做的，破冰就是没用的，而且环节里设置了征集情绪小秘密的环节，期望组员有情绪困扰时可以向社会工作者求助，结果这个社会工作者收到了组员的情绪小秘密，却没有打开看过，而且几乎忘了还有这个工作要跟进。

小 H 觉得这个问题是专业伦理的问题，实在忍不住，就找这个社会工作者沟通，结果这个社会工作者告诉她不要大惊小怪，孩子哪有那么脆弱，自己就是这么被人忽视长大的，也没见自己有什么问题。这只是一份工作，何必那么较真。小H被堵得哑口无言，也无言以对，只能自己默默地生闷气。

中心其他员工看到小H这么好说话，纷纷向小H展示自己独特的一面，比如行政岗位开始推脱工作，直接以行政不需要实务的理由拒绝了小H安排的探访工作；明目张胆地在小H面前随意自行勾选参加者意见反馈表，并直接复制粘贴已有的意见反馈汇总表，连检查也不做。小H看在眼里，急在心里。这个中心到底怎么了，为什么之前自己做一线的时候还可以找到那么多志同道合的同行者，结果做了中心主任却摊上了这样的团队，每一个人都没有真心投入。心累加失望，感觉自己工作也没有动力。

众所周知，社区服务中心转型社区党群服务中心之后，服务中心和工作站的关系越发紧密，因此很多时候工作站会不分彼此地安排工作给中心。小H作为一个勤劳刻苦的典范，深得站长的喜欢，直到社区新来了一个负责宣传的组织员，小H发现站长越来越多地提示自己，要配合工作安排，要相互支持，而且自己和团队同事都莫名其妙地多了很多不是自己的工作，比如公益岗位的排班、积压了很久的稿件上传、帮组织员打字等。中心同事怨声载道，认为小H不做事，总给同事增加负担。

突然有一天，组织员在工作站大群里@小H，带着指责的口气质问：为什么中心不派一个人过来协助她工作？并表示为什么每次跟社会工作者这个群体沟通都会觉得困难重重，是不是社会工作者对她有意见，等等。站长出来调解，并@小H要有大局观，应配合工作。小H看了很委屈，一方面其实自己已经安排了同事去协助，只是组织员自己迟到了没有开门，同事就只能折回中心，另一方面组织员这样在大群里抱怨，工作站所有员工都看到了，站长也会对社会工作者有误会。好不容易建立起来的彼此信任、互助共赢的氛围又被蒙上了相互指责的阴影，后续中心工作开展将更加艰难。但是自己又不知道怎么处理，再加上中心每一个人都那么难管理，内忧外患让小H彻底崩溃，意志消沉，以往那个激情四射、朝气蓬勃的热血社会工作者变成了精神萎靡的冷面人。

听完小H的经历后，督导似乎看到了整个过程中小H想要去适应、想要去调整、想要去改变，但是面对周围各方的无动于衷甚至情况恶化后的愤怒、伤心、失望，也看到了一个充满干劲的社会工作者骨干慢慢消沉，怨气四溢以及倦怠正逐渐侵蚀小H的那一颗对专业的热爱和执着之心。她不愿去挣扎、去改变、去努力，这是很可怕的状态，同时这种困扰也在打击着小H的自信心。

为了更好地助力社会工作人才的成长和提升，督导需要介入小H的状态，协助其学习处理当前问题的工作技巧，从而提升管理上的信心。

综合小H的基本描述，可以发现困扰小H的都是关系的处理，与下属的关系，与利益相关方的关系，与自己内心的关系，而如何学着有效地表达自己的感受、要求、建议，恰恰是有效改善关系的良药。

二、督导核心问题确认

经过与小H的沟通了解后，督导发现其不是没有与团队同事沟通过，只是沟通效果不好，一方面同事觉察不到小H对这个事情是生气的，只是觉得是个机会可以争取福利，不愿意多做事情。另一方面小H也不愿意用特别严厉的语气表达，她认为一旦发生冲突，关系反而会朝着更不好的方向发展，那就更影响工作了。

至于和工作站以及组织员的关系，小H更是带有情绪，社区服务中心转党群服务中心后，大量的行政安排和要求铺天盖地，虽然每次小H都提示自己要注意和利益相关方保持良好的沟通关系，但是每次站长一找她，她就浑身一颤，觉得又有行政工作安排了，整个人都很厌烦。再加上这个组织员的行为太过分，又在站长面前告状，不够磊落，小H对于工作站的人和事就更加反感了，恨不得绕着走。

经过梳理，针对小H的督导问题确认为影响沟通的两个阻碍上，若可以改善这个沟通困境背后的阻碍，就会有助于小H更好地开展工作。这两个阻碍分别是：不会沟通和不愿意沟通。

（一）不会沟通

不会沟通，不知道如何在较为客观的基础上表达自己对事情的看法和要求。

作为中心主管，拥有管理团队的行政职责，这是权力也是责任，意味着小H是可以用中心主管的身份对团队成员提出要求的。同时，小H也有责任管理好团队，以为社区提供更高素质的服务。

作为驻点服务中心，小H可以有技巧地表达自己对合作关系中彼此尊重的期待以及澄清可能的误会，通过沟通可以提高对彼此关系的认知，可以更好地磨合彼此的关系。

（二）不愿意去沟通

内心有阻抗，担心沟通后会影响关系。

不愿意表达自己对工作的要求底线，不愿意直接表达对他人工作态度和工作能力的不满，一方面期待可以彼此留有面子和尊严，另一方面害怕表达了会引起矛盾，而自己又不擅长解决冲突，于是就憋在心里去逃避解决。

三、督导总体方案设计

厘清督导的核心问题后，针对小H目前的状态和希望改变的动机，督导总体思路整理如下。

（1）回应情绪，表达接纳。

（2）引发自我反思，识别内心的阻抗与担忧。

（3）分析沟通中的困难，学习一致型沟通技巧。

（4）协同其完成沟通。

（5）跟踪成效。

首先，督导需要回应小H当前的情绪状态，一连串的关系挫折让她自信心受到打击，需要协助其了解这只是职业角色转换的一个阶段，给予其参与督导工作的动力和耐心。

其次，对于为什么会出现这样一连串的沟通困扰进行讨论，督导协助小H认识自己为什么会陷入这样的困境中，自己内心的感受与想法如何，督导过程中需要发掘真正影响小H沟通的内在原因。

再次，协助小H认识自己在沟通过程中的自我暗示，提示其关注自己内在的感受，尊重自己职位赋予的权力，给予其在团队管理中的信心和助力。

再其次，协同小H完成一种至两种情况下的沟通，然后引导其总结沟通过程中的正面经验，鼓励其积极尝试沟通。比如与工作站的沟通，如何在维系关系的基础上不加任何指责地表达自己对于被尊重的期待，既尊重彼此的面子，又可以面对自己内心真实的感受，还可以顺利地解决这次关系危机。

最后，跟踪整体的成效，共同评估经过督导工作后，关系本身是否有改善，以及再处理同类型的沟通工作时，小H是否可以有自己的思路和坚定。

四、督导过程描述

回应督导工作思路，制定符合小H的督导策略，从以下几个角度来介入督导工作：践行督导基本职能，目标构建督导介入工作闭环成效机制，搭建策略与策略之间的相关联结，系统地分析、执行、调整、改善小H的督导问题。

（一）情绪支持，感受同理

充分应用督导的支持功能，理解小H经历岗位调整后迎接的角色挑战，理解这种压力是客观存在的，这不是小H不够优秀导致的，这是普遍升职后需要面对的职场困惑。

面对小H在倾诉问题员工的情况时，对于其指出员工工作的问题表示称赞，她的行为是一个负责任的主任应该做的，督导表示理解其作为中心负责人的压力和对团队成长管理的期待。

对工作站组织员的关系处理也表示一定程度的认可，当时小H没有直接在群里和组织员强硬对话是正确的选择，为中心和工作站的整体关系留

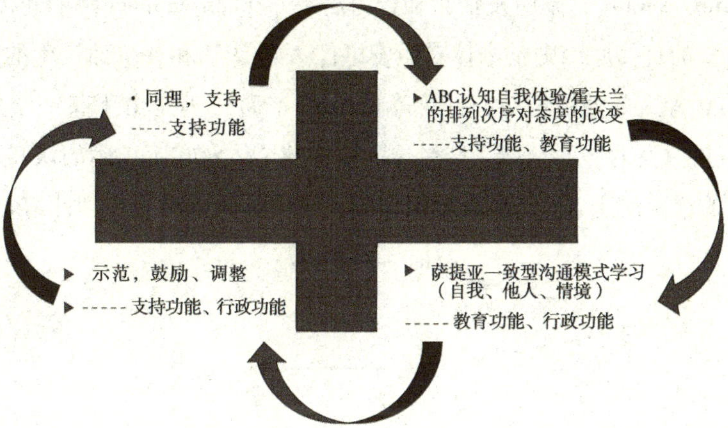

图6-9　督导介入策略及技巧图

足了空间。

督导整个过程中应用了倾听、释义等工作手法，接纳小H目前的状况，不指责、不批判。

（二）建立督导关系，明确督导目标

与小H一同分析目前的现状，了解其困扰的目标问题，梳理其面对关系时出现的共同点，明确督导目标，其一是解决工作站的关系危机；其二是处理好团队的关系；其三是个人成长。

督导与小H明晰了督导会和其一起面对并解决困扰，小H需要信任并与督导分享有关沟通的一些个人信息，以有助于督导目标的达成，督导会以中立的态度客观地分析可能的原因。

（三）协助提升自我感悟，了解困扰背后原因

督导协助小H提升对自我的感悟和体验，了解沟通困扰背后的原因。

督导在小H的谈话中完整地体现了小H对沟通的非理性思维，她认为沟通会带来争执和冲突，沟通更容易破坏关系，还不如自己忍一忍就算了，这样至少还可以维持基本的平和。由于这种非理性信念，导致她在团队管理上放宽了很多专业的把控，在工作站关系处理上少了很多表达与坚持。

情绪ABC理论是由美国心理学家埃利斯提出的，即认为激发事件A

(activating event) 只是引发情绪和行为后果 C (consequence) 的间接原因，而引起 C 的直接原因则是个体对激发事件 A 的认知和评价而产生的信念 B (belief)，即人的消极情绪和行为障碍结果 (C)，不是由于某一激发事件 (A) 直接引发的，而是由于经受这一事件的个体对它不正确的认知和评价所产生的错误信念 (B) 所直接引起的。错误信念也称为非理性信念。

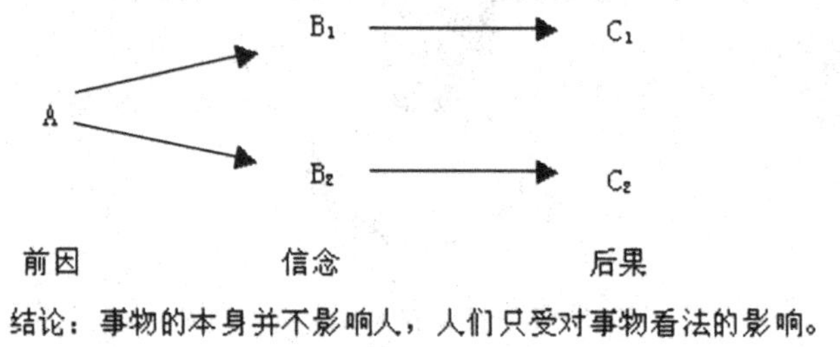

图 6-10　情绪理论示意图

为了更好地引发小 H 对自我内在的反思，督导引入了情绪 ABC 的理论，协助其更好地认识对于沟通的信念不同，会产生不同的行为，比如有些人就很喜欢与人沟通，因为他对于沟通的信念是彼此表达各自的期待和要求，在磨合的过程中达成共识，而不仅仅是对特定的人有意见。

（四）正面引导，促进改变的动机

霍夫兰研究采用的主要理论基础为刺激 - 反应的学习理论，假设态度的改变是基于求变的动机强过不变的动机。小 H 其实有做过努力去沟通，虽然目前大部分是不太好的沟通体验，但是有沟通的动机就是值得鼓励和表扬的地方，需要不断地提升这些正面的感受，促进小 H 自身改变的动机，这样有利于督导工作的介入开展以及督导工作最后的成效体现，也就是小 H 自身的改变。

（五）了解沟通三要素，学习如何一致型沟通

沟通三要素，包括自我、他人和情境。自我，指的是我是否接触到自己的感受与需求，并愿意为自己表达与行动。他人，指的是我是否关心与接纳对方的感受与需求，并愿意积极倾听与探询。情境，指的是我是否注意到双方所处的环境与客观条件，并愿意以对等协商的态度处理彼此所面临的问题。

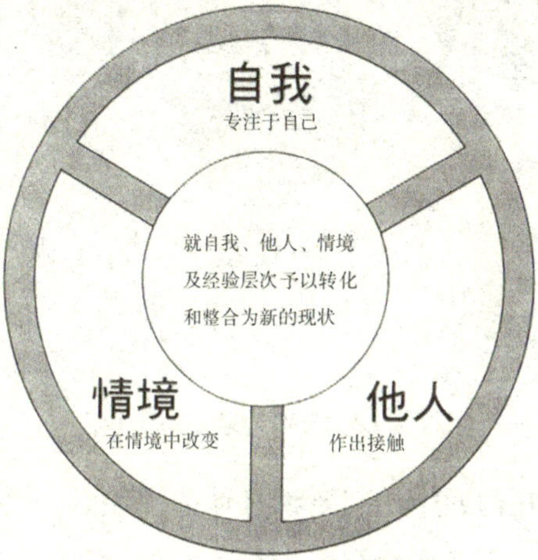

图6－11　沟通三要素示意图

根据各个要素在沟通中的关注程度，可以将沟通分为讨好、指责、打岔、超理智和一致沟通五种沟通姿态，每个人因为其各自的过往经历而有所不同，其沟通姿态也各有不同。

讨好姿态下的沟通者只关注他人的感受和情境的需要，而忽略了自己的感受，认为自己是无用的，不值得被爱的，可以被忽略的。指责姿态的沟通者较多关注自己的感受和情境的需要，而忽略了他人的感受，总认为是他人的不足，带有浓浓的火药味，不允许自己失败和示弱。打岔姿态的沟通者过于活跃或者低调，沉静在无关的世界里，对所有的东西都难以深入地表达自己的看法，对自我、对他人、对情境均保持无所谓的心态。超理智沟通姿态下的人只关注流程、规则、结果，强调逻辑和专业，对自我的认识和规划，对他人的体恤和关注都不是考虑的重点范围。一致沟通姿态在情境关注、他人接纳、自我方面做到了较好的融合，充满活力和开放的状态。

在现实生活中，我们常常受困于过往的经验以及家庭规则的束缚，很难用一种合适的方式将自己、他人和情境三者很好地结合起来，做到真实一致的表达自己、接纳他人。每个人身上都会有一种到两种典型的沟通姿态，也正是因为我们真实生活中的不完善，才有必要去学习如何改善已有

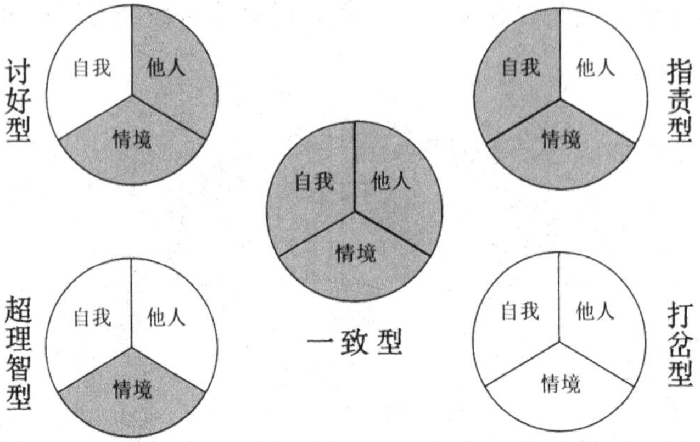

图6-12 5种沟通姿态示意图

的沟通姿态，提升在沟通中的三要素具体的关注点，尝试体验、使用一致沟通的方式和方法，不断优化个人的沟通姿态，提高沟通的有效性。

小H也同样拥有自己的固有沟通姿态，以及其真实的内在体验。督导在工作过程中，在信任的基础上，与小H一同探讨其个人对于沟通表达的真实看法，一同学习沟通的三要素和五种沟通姿态，协助其评估自己的沟通姿态和自我分析，形成对自己的沟通姿态、内在关注的认识，提升对于沟通有效性的重视程度。沟通不是目的，有效沟通才是工作、生活中追求的最终结果，因此在小H的团队管理中，很多时候也在做沟通，但是因为沟通姿态以及个人的因素导致沟通并没达到成效。而与工作站相关人员的关系处理上，是否也受困于个人的一些成长经历和自我价值感的怀疑，督导都需要与小H一同去学习和评估。

（六）提升沟通管理的必要性

了解中心主任应有的权力与责任，提升沟通管理的必要性。小H虽然由于个人的一些成长因素导致了团队管理的困境，督导也从另一个角度提示小H团队管理不仅仅代表个人，也代表了机构专业管理的质素，作为中心主任应该有职责去监管好服务，管理好团队，这对于为服务对象提供高素质的服务至关重要。因此在个人成长的同时也应肩负团队服务素质管理的重担，这是中心主任这个职位赋予的行政权限，也是机构专业发展对中心主任的行政要求。督导也会支持其行使自己的行政管理权限。在交流中督导也解释了督导的行政管理职责，比如与小 H 开展督导工作，一方面是为了其个人的成长困惑的解除，另一方面也是为了在行政管理中提升管理质素，这也是行政管理职能实现的一种方式、方法。

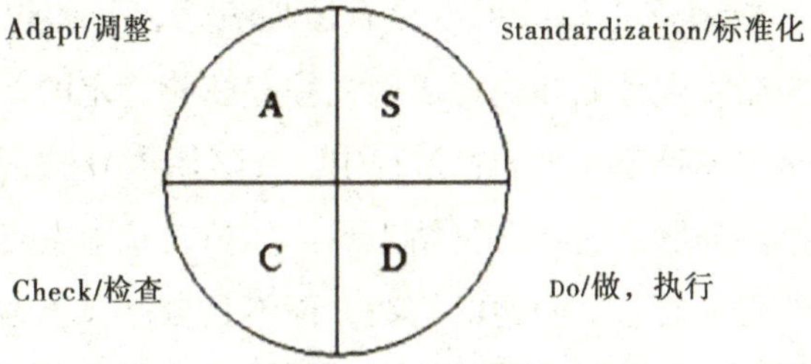

图 6－13　SDCA 模式示意图

（七）运用 SDCA 模式促进正面沟通体验

在学习相关知识以及自我反思个人的内在之后，由认识层面逐渐向行动层面转移，督导需要给予小 H 更多的信心和陪伴，去将真正学到的技巧和感悟转化成个人向上的力量，进而真正可以改善甚至解决其苦恼的问题，这样才有利于督导工作的顺利开展，提高小 H 改变的持续动力，再次回应霍夫兰的改变动机对于态度改变有直接影响这一研究假设中。

在行动实践的过程中，运用 SDCA 模式，将理论落地行动的过程模块化。首先根据理论指导和自我的观念，设置标准化的行动计划，比如一致沟通需要积极关注他人，关注情境的需求以及照顾个人的体验，在这个标准的指导下，协助小 H 一同梳理制定沟通的具体表达方式。包括：哪些是可以关注到他人的，哪些是关注到自己的，哪些是关注到情境的，如果需要都涉及，应该如何用语言表达。

在行动初期，一致沟通的相关对话都是需要被逐条罗列出来，并筛选合适的语句进行演练。比如针对团队的工作要求，一方面要表达自己作为中心主任对于基本工作的要求，这是底线，不可以有空间去挑战。另一方面要尊重他人的尊严和价值感，不要情绪失控，语言过激。但是尊重并不意味着可以逃避工作的要求，尊重和放任是两个概念，需要明确。最后在工作的环境和团队中，如何满足中心工作的需要，是需要彼此知晓的。中心人员的关系应该是建立如何更好地完成工作上，而不是彼此迁就，影响工作。

结合上述标准督导与小 H 一同罗列沟通的语句，督导尽可能指导小 H 去演练如何平静地使用新的沟通话语，从而逐步内化成为自己的沟通逻辑。

在行动中期，更多的就是将演练的内容真实应用到关系沟通中来，并在做的过程中不断地修正如何可以更合适地表达自己的想法，并进行调整。演练过程中会发现计划和执行之间往往存在着一定的差距，因此作调整和反思是很重要的环节。督导在过程中需要陪伴小 H 去应对应用过程中的适应性和调整的问题，这样在情绪上可以支持，感情上可以同理，让小 H 感觉到有勇气去面对这个问题的解决，而不是自己孤单地处理问题。同时督导也在行政管理的角度上给予小 H 更多动力，督促她直面问题，不要逃避。在调整过程中给予指导，降低因为再次沟通失败造成的重复打击。

在行动末期，督导需要与小 H 一起归纳、总结督导工作期间的基本思路，协助小 H 认识自己的成长，总结在应对问题过程中好的经验，以及还需要提高的地方，思考是否有能力自己去处理。同时，督导还需要和小 H 一起评估经过这次调整，团队关系以及工作站关系是否有好的改变。

五、督导成效分析

经过两个月零四天的督导介入，结合任务的完成情况、前后的改变以及督导的观察得出，小 H 整体状态有所调整，在处理团队关系以及工作站关系上面，有了自己清晰的沟通目标，也顺利地完成了一致沟通姿态的尝试，获得沟通的正面体验。小 H 本身也开始更加关注自身沟通姿态的调整，弱化对自己的束缚，提升对于自我的认同和价值感。

（一）当下的情绪得到疏导

在督导工作之初小 H 的状态是消沉的，言谈中较多无力感和负面的一些自我评价。经督导介入后，小 H 的基本情绪是稳定的，也在督导过程中放下了很多原本对自己的苛刻要求，比如我为什么做不到？都是我没有经验，所以才带不好团队，因为我的无能被工作站的人欺负等。

很多钻牛角尖的思维方式会削弱小 H 的能量感，也会影响督导工作的成效，因此在处理小 H 的工作上，第一环节就是疏导其当下的情绪。

（二）了解沟通姿态，关注内在需要

通过督导，小 H 对自己的沟通姿态有了初步的了解，开始关注自己内在的需要。督导与小 H 共同回顾了其成长历程，发现小 H 从小生活在要求很高的家庭中，家长总是期待小 H 可以表现优异，也很自豪小 H 取得的成绩。但是由于家庭规则很刻板，父母常常把小 H 不足的地方挂在嘴边，却很少给予表扬。每当小 H 表达自己想要被认可时，家长总是说："我们是亲人，当然要对你负责，每天夸你，你有什么进步吗?"久而久之，小 H 也习惯了这样的家庭互动，但是也越来越看不到自己的优点，总觉得自己还要更加努力，自己还不够好。参加工作以来，尽管各方对其工作表现都很满意，但是小 H 自己却不满意，认为自己还要进步。所以调任至 C 社区后，团队管理的阻碍，工作站关系处理的问题，就直接让小 H 崩溃了，因为从中她看到了自己更多的问题。

另外，在小学时，小 H 曾经因为向老师表达期望可以换到前排这个需求之后，被班主任拒绝，并被标签"这个孩子事情太多""很麻烦"。这段经历对于小 H 也是一个重要的分界线。从那之后，小 H 再也不愿意提出自己的需求了，因为表达自己有需求，是对他人的麻烦，是会影响到这段关系的。以至于在团队管理中，即使表达自己角色的管理权力的时候，心里也觉得是给同事带来困扰，不太愿意表达自己的真实不满。

上述经历都是影响小 H 在团队管理中不会沟通、不愿意沟通的直接因素。加上缺乏正面的沟通经验、没有过往的沟通技巧累积，内心抗拒表达自己的要求，多种因素联合直接导致了小 H 无法完成有效沟通。

通过督导工作介入，小 H 也发现了这些隐藏在记忆中的关联事件对她现在的影响。了解原因后，小 H 整个人都轻松了很多，如释重负，原来一切都是有源可循。

结合沟通姿态的具体内容，督导和小 H 一同检视在沟通中小 H 较常使用的沟通姿态是讨好，既关注如何做好这件事情，也格外在意他人的感受，不想因为自己的原因而要他人作出改变，给他人添麻烦，以致忽略自己的需求。比如作为管理者小 H 对于团队是有期待和发展要求的，但是由于得不到团队的配合，小 H 总是自己默默地承受这种压力，于是造就了团队怪相。

（三）辨识非理性信念，改变对沟通的认知

通过督导帮助小H辨识自我非理性信念，改变对沟通的认知，反思团队管理以及本土嵌入模式。

小H对于沟通的过程有自己独特的解读，即沟通就是力量的较量，看谁可以说服谁，实际就是逼着一方妥协。如果双方都不妥协的话，沟通就是争执，就会破坏关系。因此在关系沟通中，一旦需要沟通，小H都会主动妥协，以便沟通可以顺利完成，即使对于工作的要求规范，只要同事据理力争，她都会内疚、自责，认为自己让对方的利益受损，以致底线一而再、再而三地被突破。

对于工作站组织员的沟通方式，小H其实是很不满意的，她认为组织员很不尊重社会工作者，自己如果正面回应组织员的挑衅，会影响中心和工作站的关系，如果找站长沟通，又好像自己在挑起矛盾，想一想就忍了。

督导在工作中邀请小H一起去反思自己对于沟通的这些态度直接影响了她在行动中的表现，这让小H很惊讶自己的这种非理性信念如此根深蒂固。

根据情绪ABC理论的指导，辨识非理性信念后，督导与小H一起头脑风暴，沟通的正面影响有哪些。过程中小H惊喜地发现，原来沟通还可以表达彼此的想法，沟通的过程也是学习的过程；沟通可以促成高效的工作；沟通即使是争执，对于关系的影响也有一定积极促进的作用；沟通过程中双方都应该付出努力，而不是一方的妥协等。这些想法在一定程度上丰富了小H对沟通的想象力，也增强了小H想要尝试去沟通的动力。

另外，除了自己内在的沟通误区以外，对于工作站等政府职能部门的一些合作，小H表示不太愿意多接触。社区转党群服务中心后，每次对接都是行政性的工作要求，每次沟通小H都要做足心理建设，说服自己如何面对工作站分派下来的行政工作，有的时候小H会抱怨这是专业工作发展的掣肘。

督导在分享社区工作政策变动带给中心的挑战和机遇后，对小H在一线工作中遇到的困难和压力表示理解。同时也引导小H去思考，社区政策的变动为工作的推进带来什么好的改变。小H表示社区政策变动以来，中心可利用的资源更加丰富了，各职能部门的工作对接更加清晰，个案管理工作的空间更大。同时，站长本身也有很多经验可以分享给自己，在团队管理上自己成长的空间还很大等。

督导过程中，小 H 与督导一同就如何在行政性工作中找寻专业发展展开讨论，反思如何在本土性嵌入模式中保持专业自主性。目前中心与工作站的关系是紧密的，但是自己如何表达对尊重的需要，如何拒绝一些行政性工作，如果拒绝不了如何转化为专业服务。针对上述问题，小 H 在督导过程中也提到一些新的想法，比如组织员安排社会工作者去给社区义工排班，如果单纯看作行政工作，那么很没有意义，抗拒心理也很强，但是如果转换一下思路，利用这个机会与社区义工建立关系，通过排班过程中的访谈开展需求调研，为志愿者领域的服务作宣传招募，这将是一个绝佳的机会。小 H 表示如何找寻行政工作与专业工作之间的连接点，是这次督导工作的一个新的视角。

通过督导，小 H 在工作中学会了换角度思考，辩证地去看待事物的两面性。督导引导小 H 全面地看待与同事沟通后带给工作、同事好的影响，与工作站沟通后带给中心的机遇。由于平时太多关注负面的影响，转念一想，小 H 似乎又多了想要去尝试沟通的动力。

（四）回应沟通危机，达成任务型目标

结合运用 SDCA 模式，督导协同小 H 一同回应工作站大群@点名沟通危机，引导小 H 用一致沟通姿态去表达自己对工作站关系的重视程度，表明自己以及团队在过程中所做的努力。在积极回应站长的询问时引导小 H 表达期待被尊重的沟通态度，并表示自己还是会继续支持配合工作站相关工作。

经过沟通，站长明白了整个事件的前因后果，但鉴于整体关系的考虑，站长希望小 H 可以多包容。同时，站长也表达了对小 H 及其团队的认可，希望可以继续维持良好的沟通。对此，小 H 也表示理解。在与站长的沟通过程中小 H 第一次尝试表达自己的看法和感受，很紧张。但与督导检视的时候，小 H 觉得很自豪，也很开心，对自己来说这是一次好的沟通体验。

对于同事，督导协助小 H 召开团队会议。会上，小 H 陈述了就职以来团队的表现和自己的期待，并对某些涉及专业底线的行为明令禁止，希望相关同事积极整改。在会议中，小 H 从委婉地表达到直接说明自己的期待，表现有很大的改变。会议结束后收集的团队成员的意见，也都是积极、正向的，比如“主任也不容易”“基本工作职责说明白，大家是可以遵守的，之前就是很模糊，所以大家才彼此推辞的”。这些反馈对小H来说，是一种认可，也是一种尊重。

经过督导下的沟通实践演练，使小H意识到沟通的作用已经不仅仅是妥协与遵从，而是彼此协商达成共识的过程，这是一种新的体验，这种体验激励着小H以更加积极的态度作出改变。

（五）明确团队管理的行政角色

通过前后的访谈对比，督导发现小H对于沟通的意愿加强了，对于沟通的正面评价增多了，跟工作站沟通的频率增多了，提出的可行性建议被采纳的数量也增多了，在团队管理中沟通的效率提高了，同事们的工作进度也加快了。

小H对团队工作的管理信心增强后，开始尝试有计划地针对中心不同年限、不同岗位的同事开展分层管理，并兼顾其个人成长。在接下来的工作中，小H计划完善中心奖励机制，让优秀的人更优秀，让不合格的人有危机意识。对于以往小H不敢与其沟通的问题员工，也开始思考如何进行考核管理。

在督导后期跟进延续性访谈时，小H表示自己已经开始落实问题员工的考核，通过沟通让对方明白中心对其工作的期待，沟通双方达成努力改善的共识。如果该员工在一定期限内不能达成目标，小H就会跟该员工沟通劝其调整岗位。以往惧怕的沟通，现在已经逐步成为小H工作的辅助工具；小H整个人又恢复到了充满干劲的热血状态。同时小H也表示，自己也越来越多地认可自己的能力，相信付出一定会有收获。

（六）关注个人成长的意识提升

经过督导，小H对自我成长越来越感兴趣，并报名参加了精神分析和萨提亚成长课程，开启了个人成长之路。

六、督导服务反思

通过本次督导介入可以发现，督导职能的落实往往要结合督导社会工作的实际情况去开展，才会收获直接的改变。面对小H的沟通困境，督导如果只是口头指导小H如何去沟通，要求小H增加沟通的频率，或者过多的支持、理解而没有行动计划的话，都会导致督导成效大打折扣。只有了解影响小H沟通背后的认知，才能找到契合的良药。同时，在整个过程中，督导本身也有很多思考，主要包括以下几个方面。

（一）需考虑中国国情下的个人成长

小H家是典型的中国家庭教育思路，对孩子的要求是进步无止境，在这样家庭教养中长大的孩子很多都是对自己高要求的缺乏自信的群体。在以大局为重的社会环境下，很多人都存在或多或少讨好沟通的姿态。因此，在社会工作行业团队管理和人才建设方面，如何满足人才对自我的认可，提升对自我的关注是督导工作中需要考虑的群体特征和国情。沟通的渠道是开阔的，不敢不愿沟通都会使沟通的渠道减少，甚至封闭。

（二）督导人才培养应增加实用技巧的训练

社会工作教育中的通识教育、专业教育等可以基本满足从事社会工作职业的需求，但是针对实际工作中的一些应用类的技巧还需要督导对社会工作者开展更多的职业培养，比如沟通的技巧及应用。

虽然小H在大学时专业成绩名列前茅，但是在工作中仍然会遇到各式各样的具体困难。此时，督导除了要协助其掌握更好的专业技能外，也应拓宽督导思路，结合实际工作，协助其更好地在岗位成长。

（三）引导社会工作者运用全景视角看待现时困惑

面对与小H类似的与利益相关方沟通的难题时，社会工作者常常觉得这是冲突，是专业与行政的较量，此时自己的负面情绪和攻击性较强，还没沟通就开始排斥。一方面拒绝与当前的利益相关方对话，另一方面又自感力量对比悬殊，认为自己处于弱势地位只能妥协而不是合作。对此，督导应协助社会工作者以更加全面的视角去看待问题，学会如何去识别服务单位的需求，如何去沟通调整，如何去回应，如何回应不同层面的需求；学会用不同的话语体系沟通彼此的需求，在对话中找寻自己的位置和价值。要让社会工作者认识到拒绝沟通或者情绪沟通往往解决不了问题，双赢是社区发展的共同目标。

（四）反思传统治疗模式的局限性

对小 H 的督导工作采用的是传统治疗模式，虽然目标是为了更好地促进其团队管理能力的提升和解决工作中的困惑，但是很大程度上仍然是出于对个人成长的建议和考虑，督导与小 H 的关系也更多地类似于“社会工作者与服务对象”的关系。在这种督导理论模式下开展的督导工作，常常受限于关系建立的是否恰当，督导的成效也常被人情、面子所影响。若信任关系建立得比较好，督导成效就会比较明显。若信任关系建立不好，受督导者因为不好意思，或者因为人情关系而被迫分享，甚至过程中过多地移情，对督导过分依赖，都会直接影响督导的成效。如何建立多维度督导介入模式，是督导不断适应新形势下督导需求的一个重要挑战。

第三节　项目设计与执行

一、案例背景

在社区工作一年的社会工作者小方，在一次个别督导中提出疑惑，自己在社区的日常服务大多是基础性的、普惠型的服务，自己也经常听到别人说要做特色项目、品牌项目，那么究竟什么是项目？如何结合社区情况设计项目？项目如何有效落地在社区执行？成效又是如何体现？后来督导通过在团队中调研了解到，大部分团队社会工作者都有小方提到的关于项目设计的需求。

二、督导核心问题确认

通过对团队社会工作者问题的分析、了解，督导发现，案例中团队在项目方面存在的核心问题主要包括找不到社区问题的核心、项目设计欠缺逻辑、项目执行与项目计划偏离、项目成效无法科学体现四个方面。

（一）社区关键问题难以发掘

通过访谈团队的4名社会工作者，督导了解到，部分社会工作者也有设计项目的经验，但由于回应的大多数都是普遍化的社会问题及浅层化的需求，对所在社区的关键问题和需求把握不清，直接导致社会工作者在设计项目时与社区实际情况脱离。

（二）介入策略方法欠缺逻辑

在项目设计上，团队成员存在的第二个问题就是项目策略选择的困难。如针对社区因子女工作导致“被独居”的出行不便老人开展的服务项目，回应服务对象照顾和精神关怀的需求就不是通过外出的文娱活动可以解决的，更重要的是可通过社区照顾网络，满足其日常饮食和精神支持的需求。此时社会工作者可能会因社会经验缺乏及逻辑思维不清晰，以致在问题关键点的评估及策略方法选择方面出现偏差。

（三）项目执行管理出现偏差

在项目执行中，团队成员存在的最大困惑是，项目设计本身可能出现一些不可预料的问题，但因未做好风险管理，导致项目落地困难。亦有一些问题源于项目缺乏有力的监测和日常管理，导致项目执行较为随意，严重偏离项目计划。

（四）项目成效无法科学呈现

团队成员存在的另一个困惑是，在撰写成效报告时，如何更好地呈现服务成效，让服务的购买方更明显地看到服务带来的改变。具体分析而言，督导发现大多数团队成员设计的项目并没有进行评估设计，导致项目结案时无法用科学和数据化的方式呈现服务成效。同时，由于欠缺对服务经验的提炼和展示，服务成果的可视化欠缺。

三、督导方案总体设计

（一）督导目标

基于对案例进行核心问题的分析，制定具体的督导目标如下：

（1）引导受督导者发现一个社区实际存在的问题或需求。

（2）引导受督导者根据社区需要设计一个具有逻辑性的项目方案。

（3）受督导者的项目管理水平得到提升。

（4）受督导者的项目成效呈现能力得到提升。

（二）督导理论与方法

逻辑框架法（LFA）是由美国国际开发署（USAID）在1970年开发并使用的一种设计、计划和评价的方法。目前有三分之二的国际组织把它作为援助项目的计划、管理和评价方法。

1. LFA的概念

LFA是一种概念化论述项目的方法，即用一张简单的框图来清晰地分析一个复杂项目的内涵和关系，使之更易理解。LFA是将几个内容相关、必须同步考虑的动态因素组合起来，通过分析相互之间的关系，从设计策划到明确目的、目标等方面来评价一项活动或工作。

2. LFA的基本模式

这种方法从确定待解决的核心问题入手，向上逐级展开，得到问题的影响及后果，向下逐层推演找出引发问题的原因，得到所谓的“问题树”。将问题树进行转换，即将问题树描述的因果关系转换为相应的手段——目标关系，得到所谓的目标树。目标树得出后，下一步的工作要通过“规划矩阵”来完成，如下表所示。

表6-9　逻辑框架法的规划矩阵

层次描述	客观验证指标	验证方法	重要外部条件
目标	实现目标的衡量指标	监测和监督手段及方法	实现目标的主要条件
目的	项目最终状况	监测和监督手段及方法	实现目的的主要条件
产出	计划完成日期 产出的定量	监测和监督手段及方法	实现产出的主要条件
投入	资源特性与等级成本 计划投入日期	监测和监督手段及方法	实现投入的主要条件

如上表所示，规划矩阵是一个4×4矩阵，矩阵自下而上的四行分别代表项目的投入、产出、目的和目标的四个层次；自左而右4列则分别为各层次目标文字叙述、定量化指标、指标的验证方法和实现该目标的必要外部条件。目标树对应于规划矩阵的第一列，进一步分析填满其他列后，可以使分析者对项目的全貌有一个非常清晰的认识。

3. LFA的常规应用

在国际上，LFA已广泛应用到项目策划设计、风险分析、评估、实施检查、监测评价和可持续性分析的实践中，成为通用的一种方法。

（1）项目策划

项目策划者运用逻辑框架法分析问题，有助于在项目策划阶段对项目存在的关键问题和主要影响因素作出合乎逻辑的分析，并从总体上确定项目的目标与目的，以及达到目标所需要的主要控制手段，从而最终确定项目的范围和任务。

具体操作步骤如下：

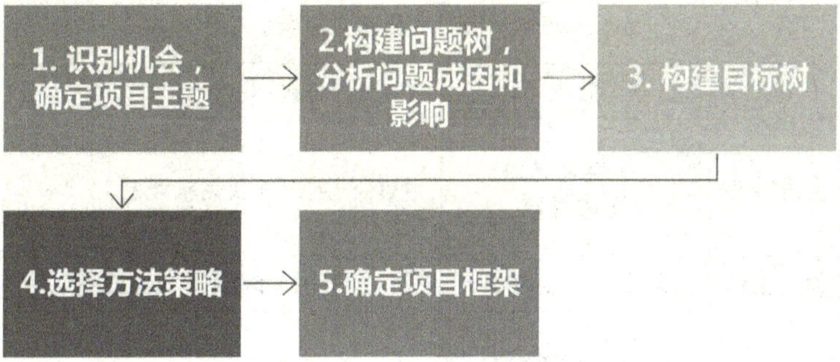

图6－14　项目策划框架

（2）项目管理

在项目实施阶段，逻辑框架法为合同管理、运行工作计划与监督提供了强有力的管理工具。逻辑框架法也可以理解为架构严谨的项目计划，即明确项目终极目标和实施目的，然后将目标分解为若干子项目，为使子项目产出结果，必然要投入人力、财力、物力进行各项“里程碑”式的活动和更加细分的行动作业。此时，逻辑框架法即为管理相关活动及目标提供了很好的参照工具。

（3）项目评估

在项目后评价与审计阶段，逻辑框架法提供了监督、回顾和评价项目的手段与工具。通过应用逻辑框架法来确立项目目标层次间的逻辑关系，用以分析项目的效率、效果、影响和持续性。

项目的效率评价主要反映项目投入与产出的关系，既反映项目把投入转换为产出的程度，也反映项目管理的水平。

项目的效果评价主要反映项目的产出对项目目的和目标的贡献程度。

项目的影响分析主要反映项目目的与最终目标间的关系，评价项目对当地社区的影响和非项目因素对当地社区的影响。

项目可持续性分析主要通过项目产出、效果、影响的关联性，找出影响项目持续发展的主要因素，并区别内在因素和外部条件提出相应的措施和建议。

（三）督导计划

结合督导的四个目标，制定下表。

表6－10　项目策划框架

序号	重点	形式	知识重点	周期
1	发现需要	个别督导、 团体督导	社区问题识别及需求评鉴	1～2次督导
2	项目设计	培训、个别督导	目标－问题树	1个月内
3	项目执行	培训、个别督导、 监测机制	项目管理 10个知识领域和操作流程	按照项目周期
4	项目验收	个别督导、成效 测评、检讨会议	项目评估	1个月内

四、督导过程描述

（一）发现需要

1. 通过社区分析，了解社区现状

督导通过带领团队成员分析社区的人口数据、整理过往的服务经验，以及走出办公室观察社区，让团队成员对社区的基本信息、特点、居民生活方式等有一个全面、细致的了解。团队成员通过数据分析及现场观察，掌握如下信息：A社区为一个微利房集中的社区，社区中的困难群体较多，包括单亲家庭、低收入家庭、残疾人家庭等，其中有记录的精神康复者有120多名；社区家庭整体收入水平偏低，有求职需要的居民较多；社区有广场等公共空间，但是居民之间共同参与的活动较少。

2. 运用头脑风暴，明确重点方向

在团队成员对社区情况有了初步的了解后，督导召开团队督导会议，运用头脑风暴的方法，让团队成员共同贡献自己的观察和发现，从而厘清可关注和回应的社区问题及需求。然后可采用名义小组的方法，让团队成员对不同的社区问题进行排序。根据排序结果，选择迫切需要解决，且团队成员能力范围可改善的几个问题作为服务重点，以项目课题立项的形式进行重点介入。通过团队的督导会议，小组共同选定了社区精神康复者、困境家庭、社区就业三个方面作为重点关注的问题。

3. 开展社区调研，深入了解问题

确定了几个重点介入的项目课题后，督导随后针对不同的项目课题进行个别督导，督导内容为社区调研的设计。调研的内容可以包括需求的程度、问题的现状以及问题的原因等。督导团队成员通过科学的调研设计、有效的调研执行，得出了关于精神康复者、困境家庭、社区就业三个群体的社区生活现状及成因。

（二）项目设计

1. 知识教育，明确指引

在正式策划具体项目之前，督导通过项目专题培训的方式，让团队成员了解了什么是项目、项目的设计逻辑等知识。培训课程的框架见下表。

表 6－11　项目主题培训课程框架

序号	课程知识点	课程内容
1	项目的基础概念	项目、产出、成效等基础名词的定义
2	项目的必要性论证	谁面临问题？问题有多严重？ 如果不处理有什么影响？
3	项目的策略有效性	问题树和目标树，项目的策略类型
4	项目落地的可执行性	项目落地的考虑因素和有利保障

2. 个别督导，梳理逻辑

通过个别督导，为团队成员提供单个项目的具体指导，协助其具体分析需要介入的问题以及问题的成因，明确对应的项目目标，寻找有效的介入策略。以社区精神康复者项目为例，该项目最主要的问题是精神康复者出院后无法在社区进行康复，导致病情的恶化，通过分析可知有以下几个原因：社区没有相应的康复服务资源；家属不知如何为康复者提供照顾及支援；社区居民对精神康复者缺乏接纳；精神康复者在社区就医及取药难等。针对上述问题，督导团队成员确定相应的项目目标包含：促进社区精神康复者享受社区康复服务；提升社区居民对精神康复者的接纳度；提升家属对精神康复者的照顾和支持能力；提升社区精神康复者的就医及取药的便利性。针对每个目标，寻找对应的介入策略，如表 6－12 所示。

表 6－12　目标对应策略

目标	对策
促进社区精神康复者享受社区康复服务	（1）建设一支社区精神卫生康复的跨专业服务团队 （2）建设一个社区为本的精神康复服务站点 （3）以复元理论为支撑，为 A 社区精神康复者提供专业、贴心、便捷、无障碍的社区康复服务

续表

目标	对策
提升家属对精神康复者的照顾和支持能力	(1) 提供给家属相应的家庭康复和照顾的知识和技能训练 (2) 构建家属之间相互支持的网络
提升社区居民对精神康复者的接纳度	(1) 在社区举办精神卫生知识教育及社区倡导类服务 (2) 向社区居民展现精神康复者的优势，改变固有形象 (3) 发掘社区居民参与站点的常规服务，形成示范效应
提升社区精神康复者就医及取药的便利性	(1) 联系医院资源，为社区精神康复者提供专家下社区服务 (2) 联系医院及社康资源，为社区精神康复者提供发药服务 (3) 联系医院资源，为家庭困难家庭提供免费就医派药服务

此外，督导通过提供项目方案的模版和撰写指引，帮助团队成员明确项目方案撰写的清晰方向。

表6－13　项目方案的书写指引

元素	功能和书写要点
项目基本信息	让读者能迅速地掌握项目的基本信息及规模 内容包括服务群体及人数、服务地点、服务期限、实施机构、联系人
项目简介	让读者能迅速地了解项目概要，特别有助于忙碌的读者无须读完整个方案都能对项目有所了解： 扼要介绍项目的“WHY－HOW－WHAT”组合 方案页数超过10页，篇幅建议1页内 方案页数3~9页，建议两段内 页数少的方案，无须书写简介
实施方简介	说服读者认可你/你们是运营项目最合适的人/团队/机构 你/你们/机构是谁，胜任这项工作的原因 提供相关资历、荣誉等，避免列出项目无关的资料 说明项目架构、职责分工
项目回应的社会问题	说明项目的急迫性，说服读者给予支持 以WHY－HOW－WHAT组合的WHY说明 说明项目回应的问题及目标群体 分析问题，不介入的消极后果，以数据支撑为佳 有利于项目的资源、成功因素 相关方的看法及对其应对策略

续表

元素	功能和书写要点
问题的解决方案	说服读者认可你提出的方案能解决社会问题 以 WHY – HOW – WHAT 组合的 HOW 和 WHAT 目的和目标 能实现目标的方案内容
项目成效	表明你重视成效，采用合理的测评方法 具操作性的监测和评估机制 具操作性、能量度的评估指标和方法 列出项目的产出（活动服务量、参与者特征及人次等） 为目标群体所带来的改变 对组织、社区和体制带来的影响
经费预算	说服读者你有合理及经过深思熟虑的预算 合理的预算，以简易表格展示为佳 筹资策略
风险与对策	展示你对项目整体性的把握及应对措施 针对项目进度、预算、监测与评估列出可能遇到的风险及应对措施
其他信息	其他能让读者进一步了解项目的信息 项目宣传单、项目过往的总结 可获得的回报（针对赞助方）

3. 思考讨论，优化计划

在项目方案撰写完成后，督导针对团队成员撰写的案例提供一对一的个别指导，并提出具体的修改意见。具体的修改意见考量标准如下。

（1）科学性：项目是否以真实的社会需要为导向，项目的策略方法是否是可以有效回应社会需要的。

（2）可行性：项目方案是否可行并能够帮助目标群体实现预期改变。

（三）项目执行

1. 知识教育、明确指引

因团队成员大多对项目管理了解较少，因此必要的知识教育和指引非常关键。LFA 逻辑规划矩阵中，关于投入、产出、目的、目标都对应了其重要的外部条件，包含资金落实、利益相关方支持、团队用心服务、项目执行到位、服务质量过关、风险有效控制等，综合来看，包含了10大领域47项项目管理任务。针对项目管理，首先督导通过开展项目管理专题的培训，对项目管理的知识作具体的讲解，让团队成员充分了解项目管理的目的和方法。其次，通过与团队成员共同明确项目执行的制度，并确保制度通过培训宣贯落实。最后，通过对项目管理形成清晰的文件指引，确保各项工作有据可依。

表6－14　项目管理10大领域47项任务

知识	说明	过程
范围管理	界定项目回应的问题和服务群体，确定服务范围，设定目标	1. 规范范围管理：制订范围管理计划，包括如何进行、何时完成 2. 收集需要：向相关方收集资料，评估需要 3. 界定范围：详细说明项目回应的问题、服务群体以及所提供的服务 4. 创建工作分解（WBS）：将项目分解为较小、易于管理的小件工作 5. 确认范围：对自己已完成的各项工作进行验收，准备交付 6. 控制范围：监测所提供的服务是否依照原方案执行，必要时进行变更
相关方管理	识别及分析能够影响项目或受项目影响的人员、群体或组织，制定应对策略，管理及控制相关方的参与度	7. 识别相关方：识别能够影响项目或受项目影响的人员、群体或组织 8. 规划相关方管理：制定合适的相关方管理策略 9. 管理相关方参与：实施相关方管理策略，处理与相关方的难题 10. 控制相关方参与：监测相关方的参与，必要时对设定的管理策略进行调整
时间管理	确保项目能按时完成	11. 规划进度管理：制定进度管理策略，以规划、编制、管理、实施和控制项目进度 12. 定义活动：设计项目具体活动，包括工作事项及专业服务 13. 排列活动顺序：各项活动按时间性排序 14. 估算活动资源：估算活动所需人员、物资材料、设施设备等 15. 估算活动持续时间：估算各项活动所需时间 16. 制订进度计划：创建项目进度表 17. 控制进度：监测项目进度，必要时进行变更

续表

知识	说明	过程
成本管理	确保项目能在预算内完工	18. 规划成本管理：制定成本管理制度，以规划、管理、支出和控制项目经费 19. 估算成本：对经费进行近似估算 20. 预算成本：编制详细、合理的预算 21. 控制成本：监测项目经费的使用，必要时进行变更
人力资源管理	组织、管理及带领项目团队，使之更胜任项目的各项工作	22. 规划人力资源管理：制定人力资源管理制度，包括架构职责、所需胜任能力等 23. 组建团队：招募、选拔等 24. 建设团队：培养、绩效考核、管理团队氛围等 25. 管理团队：跟踪及反馈团队成员的工作表现，处理团队的问题等
沟通管理	确保项目信息能及时且恰当地发布及储存	26. 规划沟通管理：针对相关方，制定沟通管理制度 27. 管理沟通：根据沟通管理制度，对信息进行发布及储存 28. 控制沟通：对沟通进行监督，确保沟通到位
采购管理	对外部采购或从外部获得的产品或服务进行管理，如购买硬件等	29. 规划采购管理：制定采购管理制度，明确采购方法，识别潜在供应商 30. 实施采购：收集报价，选择供应商，授予合同 31. 控制采购：监测合同执行情况，必要时进行变更 32. 结束采购：完结采购相关工作
质量管理	保证项目达致预定目标	33. 规划质量管理：设定项目需要达到的标准及测评方法 34. 测试质量保证：为确保质量，采用合适的测评方法 35. 控制质量：监测项目的完成情况，必要时进行变更

续表

知识	说明	过程
风险管理	把风险降至最低，提高项目成功概率	36. 规划风险管理：制定风险管理制度 37. 识别风险：识别及评判项目的潜在风险 38. 定性风险分析：评估风险的发生概率及影响，进行优先排序 39. 定量风险分析：通过一些工具及技术，产生量化风险信息 40. 规划风险应对：制定应对风险策略 41. 控制风险：落实风险应对策略，跟踪已识别的风险，识别新风险
整合管理	对以上9大知识领域所需过程进行整合管理	42. 建立项目章程：编写正式授权立项的文件 43. 制订项目管理方案，形成项目管理文案，包含其余9大知识领域的相关管理制度 44. 指导与管理项目工作：在实施中提供指导与管理 45. 监控项目工作：以项目方案为基准，监控项目进展 46. 实施整体变更控制：项目执行过程中出现变更，进行申请、批准及记录 47. 结束项目：完结项目各项工作，正式结项

此外，项目负责人的培养显得尤为重要，督导在项目负责人的培养上，重点提升其项目管理相关知识和技能。通过“示范+协同+独立负责”的阶梯式培养方式，以实际工作中遇到的问题为导向开展针对性的探讨，逐步提升团队成员的管理能力。

2. 严格监测，推进执行

针对项目监测，督导通过建立项目监测机制，明确了监测的内容、时间、方法以及责任人等。具体而言，督导开展项目监测的方法有以下几种。

（1）定期收集监测所需的资料：在项目实施阶段，通过各种记录或表格，例如月报表、服务数据统计表、服务月报表等，了解项目的实施情况，发现潜在问题，提出解决方案，并加以修正。

（2）实地检查：通过实地检查，收集并确认已收到的信息。

（3）督导：定期对团队成员进行督导，了解其开展服务的情况及困难，适当地向其提供指导，以提升其完成工作所需的胜任能力。

(4) 会议：定期与团队成员及相关人士召开会议，汇报工作进度，提出服务改善意见。

(四) 项目验收

1. 开展项目自评，评估项目成效

(1) 评估设计

一般而言，在项目设计阶段，督导已经协助团队成员做好了项目的评估设计。具体包含以下几个方面。

①产出评估：衡量服务项目的工作量、参与人数等情况。

②质素评估：衡量所提供的服务项目能符合特定的质素标准之数量或百分比，或满足质素因子之要求。质素因子包括：可接近性（即方便度）、可接受度、可用性、整合性和延续性，可依照这些质素因子而设计服务使用者满意度调查问卷，从而计算他们对服务质素之满意程度百分比。

③成效评估：指服务项目导致服务对象产生期望的改变或远离那些非理想的改变。也可通过对目标达成进行评估达成，对所定的方案目标作出衡量，以判断目标达致之程度。为有效衡量有关目标达致与否及其达成水平，必须为每项方案目标制定其表现指标。

以 A 社区精神卫生服务项目为例，笔者通过如下的表格指导团队成员进行评估设计。

表 6-15　评估设计

评估内容	评估指标	评估方法
产出评估	服务量： 1. 至少 5 项常规活动，每项常规活动不少于 8 节，共计 40 节 2. 建档 60 个，入户 120 次，电访 200 个，个案 30 个 3. 宣讲教育活动不少于 6 节，知识信息推送不少于 50 条 4. 家属教育讲座不少于 6 节，家属互助沙龙不少于 6 节 5. 专家下社区，每月 1 次，不少于 12 次 6. 社区发药，每月 1 次，不少于 12 次 7. 健康体检，半年 1 次，不少于 2 次	资料法

续表

<table>
<tr><th>产出评估</th><th colspan="2">评估内容</th><th>评估方法</th></tr>
<tr><td>评估方法</td><td colspan="2">服务人次：
1. 一年内，完成 60 户精神康复者的评估与建档工作
2. 一年内，完成 120 次精神康复家庭的入户探访
3. 一年内，完成 200 次精神康复家庭的电话跟进
4. 一年内，开展精神康复者个案辅导或个案管理 30 个
5. 一年内，中心接待精神复康者及其家属 800 人次</td><td>资料法</td></tr>
<tr><td rowspan="2">质素评估</td><td colspan="2">服务对象：90% 的服务对象对服务的综合满意度（5 级评分法）为 4 分以上</td><td rowspan="2">焦点小组访谈法</td></tr>
<tr><td colspan="2">其他利益相关方：90% 的利益相关方对项目的综合评价（5 级评分法）为 4 分以上</td></tr>
<tr><td rowspan="4">成效评估</td><td>1. 促进社区精神康复者享受社区康复服务</td><td>表现指标：
70% 的参与服务的社区精神康复者的康复情况得以改善</td><td>观察法
访谈法</td></tr>
<tr><td>2. 提升家属对精神康复者的照顾和支持能力</td><td>表现指标：
（1）80% 的参与服务的精神康复者家属的照顾能力得以提升
（2）80% 的参与服务的精神康复者家属表达获得一定的支持感</td><td>观察法
访谈法</td></tr>
<tr><td>3. 提升社区居民对精神康复者的接纳度</td><td>表现指标：
约 500 名社区居民表明对精神康复者的接纳度提升</td><td>观察法</td></tr>
<tr><td>4. 提升社区精神康复者的就医及取药的便利性</td><td>表现指标：
80% 的参与服务的社区精神康复者表示就医和取药便利性得到提升</td><td>访谈法</td></tr>
</table>

（2）收集并分析评估资料

督导指导团队成员通过如下的方法对评估资料进行收集和分析。

表 6－16　评估资料收集的方法

方法	说明	佐证工具
调查研究法	了解被访者的现实/历史状况，对调查关注的问题持有的观点/态度	问卷、量表等

续表

方法	说明	佐证工具
观察法	根据一定的研究目的，设计研究提纲，直接观察被访者，从而获得资料	观察表、行为量表
资料法	对一些现有的资料，进行查阅分析，即一些项目日常运作的资料	项目方案、监测报告、活动总结报告等
焦点小组	邀请服务对象、出资方、团队成员等代表，分组分别发表对服务的看法及建议	访谈大纲、访谈笔记
访谈法	让服务对象发表对服务的看法和建议	访谈大纲、访谈笔记

2. 提炼服务成果，提升项目影响力

最后，督导针对团队成员中做得比较优秀的服务项目，指导其撰写服务案例或文章，促进其服务经验的总结及传播，达致知识管理及服务项目品牌树立的作用。如针对社区精神卫生服务项目，督导指导团队成员撰写多个典型案例，以案例的形式展现项目的工作成效，总结服务的经验。同时，督导亦指导团队成员通过总结社区精神康复服务模式，发表相关的学术文章，更好地将服务经验和成果广泛传播，以提升项目的实证研究价值和影响力。

此外，团队成员可通过综合分析关于项目的新闻媒体报道、学术成果发表、接待采访、获得荣誉表彰等情况，评估项目的知晓度和美誉度，继而初步评估项目的影响力。

3. 协同团队成员呈现服务成效

督导指导团队成员根据服务评估的结果，撰写服务成效总结及 PPT。在撰写过程中，注重对社会工作服务成效科学化的表述，促进服务成果展示的可视化。

五、督导成效的分析

（一）从发现问题看

通过督导工作，项目团队共发掘了三个社区问题，分别为社区精神康复者的社区康复问题；社区居民就业问题；困境家庭的支援问题。并针对三个社区问题展开了细致的调研和分析，摸清相应问题的现状及影响因素。

（二）从项目设计看

在督导指导下，项目团队成员运用逻辑框架法（LFA）对三个问题分别进行分析和项目设计，得出三个逻辑严谨、设计科学的项目。其中社区精神康复服务项目和社区就业支持项目共计得到40多万元的社区专项资金支持，困境家庭抗逆力提升项目获得区级优秀创新项目荣誉，并获得专项资金支持。

（三）从项目管理看

从项目管理来看，三个项目都形成了各自的项目管理手册，针对项目利益相关方形成分析报告并制订沟通计划。项目工作量完成率均达到100%，项目进度和项目内容均未偏离项目计划。在项目质量上，三个项目均符合社会工作专业要求，项目综合满意度分别达到92%、87%和89%。

（四）从项目成效看

通过针对目标达成情况进行的科学评估和分析显示，三个项目的目标达成率都在90%以上。以社区精神康复服务项目为例，团队成员为120名社区精神康复者建档，针对其中60名开展了康复服务；通过基线测量显示，其中45名精神康复者的康复水平得到提升，形成5个典型个案；60户家属对精神康复者的家庭照顾和支持能力得以提升，并成立了一个40人组成的家属互助会；社区问诊及取药惠及54名精神康复者；600名社区居民表达了对社区精神康复者可以有更多的接纳。

此外，三个项目共形成4篇典型案例，1篇专业文章，其中关于社区就业项目的实务经验文章得以在全国企业社会工作论坛公开发表。三个项目都得到各方的赞誉，取得了一定的社会影响力。

六、督导服务反思

（一）经验总结

1. 逻辑框架法（LFA）的运用是培养逻辑思维的有效指导

逻辑框架分析方法不仅仅是一个分析程序，更重要的是一种帮助思维的模式，通过明确的总体思维，把与项目运作相关的重要关系集中加以分析，以确定“谁”在为“谁”干“什么”“什么时间”“为什么”以及“怎么干”。虽然编制逻辑框架是一件比较困难和费时的工作，但是对于项目决策者、管理者和评价者来讲，可以事先明晰项目应该达到的具体目标和实现的宏观目标，以及可以用来鉴别其成果的手段，对项目的成功计划和实施具有很大的帮助。

2. 项目管理标准化的建设是项目管理的重要保障

项目管理标准化是把以往项目管理的成功做法和经验，通过在相同或相似管理模块内进行管理复制，使项目管理实现从粗放式到制度化、规范化、标准化的方式转变。通过标准化管理，可以将复杂的问题程序化，模糊问题具体化，分散的问题集成化，成功的方法重复化，以实现各阶段项目管理工作的有机衔接，提高整体项目管理水平，为又好又快实施项目任务提供保障。

（二）案例反思

1. 社会工作社会性思维对项目设计有关键的影响

综合来看，案例中最影响项目策划和执行的一个因素是社会工作者大多欠缺社会性思维，导致项目执行的策略无法有效解决问题，或执行过程中一些风险无法预估。这就对社会工作专业教育和人才培养提出了更高的要求，即回归社会工作的本质，带领社会工作专业学生和人员更深刻地认知社会、分析社会、理解社会，从而提升他们的敏感度。这样，社会工作者在项目策划和执行上可以有更敏锐的触角，项目落地可更加接地气。

2. 项目可视化是项目管理工作中的重要工作

“可视化”是一个优化项目管理、执行的有效手段之一。本案例中，在项目成效展示环节，团队成员重视了数据、案例、经验提炼等可视化的成果产出，但项目是一个不断进化、修正的过程，因此要更充分地利用好项目“可视化”成果，将“可视化”的思路完全融入整个项目的规划、执行和监控过程中，才能使项目的“可视化”工作具有实在的意义。

第七章　关系处理议题

第一节　个人与团队、机构关系

一、案例背景

李霞是云南某社会工作机构的一位资深社会工作者，在机构属于重点培养的中层干部，她带领一个三人的小团队，主要开展反家庭暴力的工作。2016年10月至2017年10月，云南连心社区照顾服务中心为培养云南本土的督导人才，开展了“云南省督导人才培养计划”（第二期），李霞申请加入该计划，经项目组评估后认为李霞符合条件，同意其成为该计划的学员。为使该计划取得良好效果，该计划不仅在为期一年的项目周期内开展4次共10天总计70课时的课程，还为每位学员配备了督导，通过课后督导，支持学员将课程内容运用到实际工作中。张玲是该计划为李霞安排的督导。

2017年2月，李霞与督导谈及，最近感觉很疲惫，很纠结，感觉时间总不够用。近期，机构计划把A街道3个社区的工作进行整合，包括以流动人口综合服务为主的A社区，该社区共有3名社会工作者；以反家庭暴力服务为主的B社区，也就是李霞所负责的社区，共有3名社会工作者；还有正在准备合作的C社区，暂无工作人员。因为三个社区在地缘上刚好连成一片，地区特征很相似，属于城郊的城中村以及工厂区域，机构认为应该针对该片区的服务进行整体规划，并整合人力以提高服务效率。机构主任与李霞沟通，期望由其担任该片区服务的统筹。

李霞说："自己团队所负责的反家庭暴力服务，一直以来很难筹资，受境外组织管理法的影响，之前出资支持该服务的基金会已表示很难持续提供资金支持，希望我们提前做好准备。如果将三个社区的服务进行整合，申请资金的途径会比较多元，可以开展社区综合服务，再将反家庭暴力服务融入儿童、家庭工作中，也不至于将多年累积的经验丢掉；加之我对三个社区的情况比较了解，机构提出将业务进行整合的想法也是合理的。"基于上述考虑，机构主任找李霞谈话时，李霞意向性答应了出任该片区业务统筹的职位。李霞继续谈及："之后，机构主任在机构管委会微信群里公布了该决定，管委会成员也陆续表示认可；后来，机构同事也陆续知道该决议。可我的问题是，没有人告诉我，我的职责范围是什么，有关 A、B、C 社区的事宜，机构开会都会找到我，三个社区的有些同事遇事也会来问我，有些同事还是延续之前的习惯，直接找之前的主管，我很困惑、很纠结，担任片区统筹的决议，机构只是在微信群里说了一下，没有正式公布和任命，也给同事造成了混淆，遇事不知道该找谁。"

除了机构层面的问题，李霞还表示："自己团队的管理也面临一些小挑战。感觉团队的很多事情都是自己一个人承担，如何发挥团队成员①的力量，增加团队凝聚力，就团队发展和工作规划等议题进行商议，还需继续努力。感觉团队成员间相互有期待，但又不知如何表达。有时候团队沟通不到位，双方都以为明白了，但进入具体工作，发现双方沟通出现错位，打个比方说，看似我和团队成员都在说杯子的事情，我说的是杯子的功能，而团队成员说的是杯子的颜色，我们以为沟通完毕了，但实际上，沟通信息已经出现了错位。团队成员之间擅长表扬对方好的一面，但如何就对方需要改善的方面进行技巧性的回应，我们团队还需要再学习。团队成员很有信心，也都各

① 本文中，团队成员指李霞团队 B 中合作关系较为紧密的同事，同事则泛指机构其他团队的人或一般意义上的同事。

有所长，如何扬长避短，整合团队力量，营造一个相互信任、相互包容与支持的团队，也是目前需要面对的问题。在我的团队管理还需改善的情况下，还要加入其他团队的成员，很担心没有能力做好。”

二、督导核心问题确认

通过上述李霞对现状的描述，总结其面临的困扰有如下几项：一是需要机构确定“片区统筹”的岗位职责；二是同事对“片区统筹”正规性的认可；三是在 B 团队管理还未稳定的情况下，还要管理 A 团队成员，并且要将两个团队合为一个团队进行管理，担心自己能力不足无法带领团队发展；四是如何提高 B 团队成员对工作的认可度，提高团队凝聚力；五是如何进行有效的团队沟通。

经与李霞沟通确认，她认为只要机构确定了“片区统筹”的职责，自己则可以有一个明确的指引，知道哪些事情要负责，哪些不用。而 A、B 团队的整合管理，还有一段缓和的时间，虽然重要，但目前还没那么紧急。想先从团队 B 入手，只要团队成员愿意打开心扉，减少沟通过程中的担心，其他问题就会迎刃而解。因此，经督导与李霞确认，督导的核心议题是：“片区统筹”的岗位职责划定；促进 B 团队的有效沟通，提高团队凝聚力。

三、督导总体方案设计

（一）督导目标

（1）推动李霞与机构进行积极的互动，确定“片区统筹”的职责范围，以此提高李霞“向上”沟通的能力。

（2）推动李霞与团队 B 成员以及团队 B 成员间的有效沟通，以此提高李霞“向下”管理团队的能力。

（二）督导时间

（1）督导频率：每月 1 次，共 5 次。

（2）督导时间段：2017 年 4 月至 2017 年 8 月。

（三）督导与受督导者责任

（1）督导：在督导的工作时间段内，保证每月半天至少2.5小时的工作时间，保质保量完成督导工作。由于督导并非受督导者所在机构安排的督导，因此，无须给受督导者的绩效评定意见，不强制要求受督导者执行督导建议。

（2）受督导者：积极推动督导建议的实施，并将实施效果与督导进行沟通，与督导形成良好的合作关系，推动督导目标的实现。

（四）督导思路

李霞在机构处于中层管理者位置，需学习“向上管理”和“向下管理”的能力，而个人与团队、与机构的关系复杂、多变，因此，在工作中亟须完善的制度、有效的执行力、良好的沟通机制、实时变通的处理策略等相互配合，为工作的有序开展保驾护航。但有些基本心态和能力是李霞应对团队关系所需具备的，如“积极主动”“识人的能力”“有效沟通的技能”等，确保李霞以不变应万变。在督导工作中，督导将推动李霞学习上述基本心态和能力，并结合团队实际情况加以应用。

四、督导过程描述

（一）第一次督导

1. 时间

2017年4月。

2. 地点

李霞所在机构个案室。

3. 本次督导目标

协助李霞分析机构现状，如何确认“片区统筹”岗位职责。

4. 本次督导策略

培养李霞积极沟通的心态，理解在团队合作中的“共犯”结构，学习“影响圈与关注圈”的概念。

5. 本次督导知识点分析

（1）共构：个人与个人、个人与团队、个人与机构间的关系都是相互

“共构”出来的，区别在于哪个因素起着主导作用。督导时，要让受督导者意识到这种“共构”关系，这也是“解构”这种关系的重要因素。

（2）关注圈与影响圈：

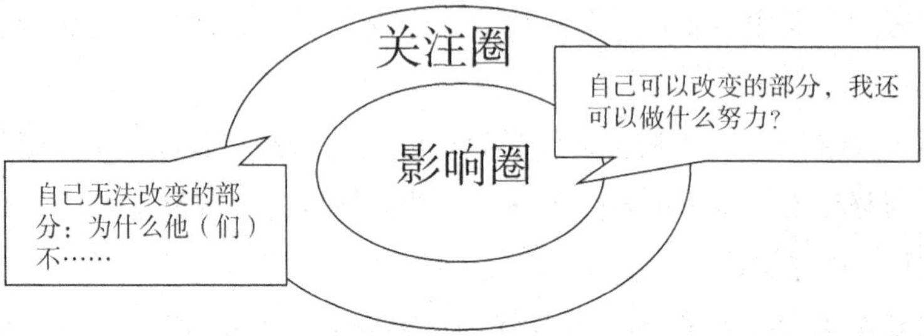

图7－1　关注圈和影响圈

影响圈是指自己可以改变的部分；关注圈是指自己在该阶段无法改变的部分。督导要影响受督导者在自己的影响圈内作出力所能及的改变。

6. 本次督导过程摘要

督导：现在担任片区统筹这个职位的感受如何？

李霞：并没有多大改变，还和3月份与你说的时候差不多，纠结，不知在这个职位上如何自处，A团队的小琴由之前的工作员升为团队负责人，面临的处境和我差不多，和她闲聊过，她也不知道哪些工作该请示我，哪些工作该请示机构主任。

督导：你认为片区统筹的岗位职责应该谁制定呢？

李霞：一般的机构嘛，应该是机构主任拟定，机构招人时，都有岗位职责描述的，但我这个比较特殊，从机构内部提任，3个社区合并开展工作的计划也在初期规划中，还不是特别成熟，我估计主任也没有这个清晰的岗位描述。他那么个大忙人，怕是没时间细想这事儿。

督导：那机构有没有让你自己拟定岗位职责的空间呢？

李霞：机构的管理风格是比较民主的，空间是有的，但我自己也很困惑，不知道要做什么呀。

督导：你刚刚谈到A团队的小琴也和你面临差不多的状况，有没有可能你和小琴先拟定你们二人的岗位职责，她既然今后要作为你的下属，也趁机主动和她沟通一下她对整个片区工作的想法。你们俩沟通后，拟定一个初步的岗位职责，再找主任沟通。有一个初稿，沟通起来比较快速一些。

李霞：嗯（迟疑了一下）。

督导：从3月份到现在，已经一个月了，这个问题还没有进展，总要有人迈出第一步。还记得督导课程中讲到的关注圈和影响圈的概念吗？人常活在关注圈里，但很多关注圈的事是我们现阶段还无法影响的，而影响圈是我们稍微努力一下就可以改变的，如果常活在关注圈，那我们只会等着别人行动，总是不断地在抱怨。如果我们在影响圈做些事情，就会发现我们的关注圈变得越来越小，能影响的范围越来越大。积极主动的心态很重要哦。这件事情过去一个多月还没解决，不仅仅是机构的问题，你在里面有责任吗？我们会不会也是导致这个问题不能解决的原因之一呢？一起"共犯"了这个问题。听你刚刚的表达，机构的管理比较民主。我想，还是存在这样的空间，你觉得呢？

李霞：嗯，应该是可以的。我先和小琴沟通一下吧。

7. 本次督导跟进

当天上午督导与李霞谈过后，其下午约小琴进行了沟通。督导需鼓励其与机构主任再沟通。

（二）第二次督导

1. 时间

2017年5月。

2. 地点

李霞所在机构个案室。

3. 本次督导目标

促使李霞学习如何更好"知人""用人"，从更多维的角度去理解团队成员行为，进而达到有效沟通的目的。

4. 本次督导策略

使用知人善用的工具"DISC"，理解团队成员的行为风格，从而对团队成员有更多的了解。

5. 本次督导知识点分析

“DISC”是一个进行行为风格测试的工具，有助于协助了解同事在工作环境中的行为表现，找到更好与对方沟通的方式。但其不是性格的测试，性格的测试结果相对稳定，但行为风格的测试会因环境、位置的改变而有所变化。

如下图所示，D、C 比较关注“事”本身；而 I、S 比较关注“人”本身。D、I 做事快、有效率；C、S 做事相对较慢，效率较低。D 称为掌控型，做事有行动、注重事情的结果，喜欢挑战；I 为影响型，做事有行动力，对人热情，喜欢合作；S 为稳定型，是团队很好的支持者，喜欢合作，偏向稳定；C 是谨慎型，做事精准，喜欢挑战，偏向稳定。

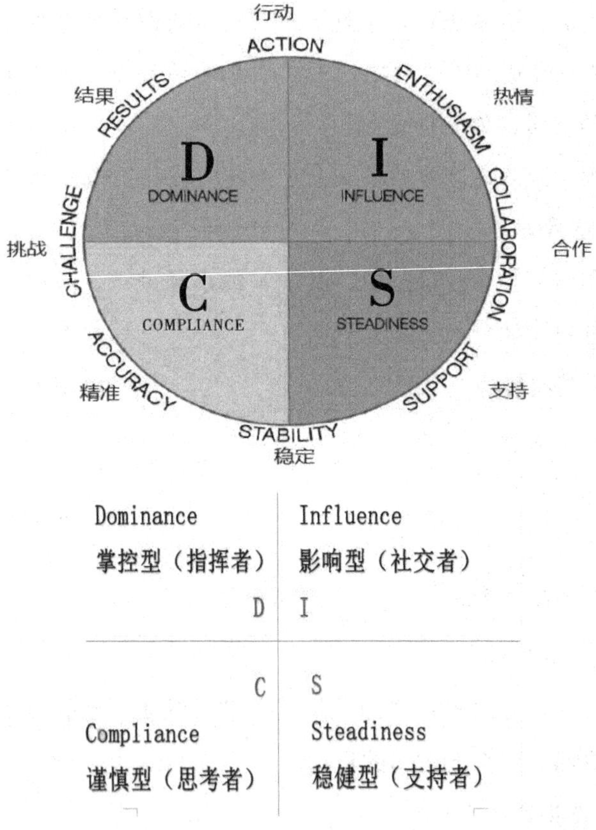

图 7-2　DISC 行为风格测试

作为一名下属，四种行为风格的人在“指导”“授权”“激励”“反馈”看重的要素如下表所示。①

表7－1　四种行为风格的人在“指导”“授权”“激励”“反馈”时看重的要素

风格	看重要素
D 掌控型	指导：目标明确、逻辑清晰、信服有实力的领导 授权：关注目标和结果、边界清晰、过程不要过多询问和干涉 激励：给以认同、当众赞美、精神鼓励更重要、给有挑战的工作 反馈：就事论事、真诚地当面说、说出明确的依据
I 影响型	指导：清楚的、有步骤的、温和的、被照顾、被问候 授权：边界清楚、无须给太多条条框框、关注我这个人而不用关注事情，放心交给我就好了 激励：友好的态度、正向、能力被肯定、权威他人的肯定 反馈：友好温和
S 稳健型	指导：明确、提前告知、需要准备时间、不要随便更改 授权：清晰、有时间准备、稳定、不要有太多变动 激励：真诚、细节、公平、权利义务对等 反馈：明确、有理有据
C 谨慎型	指导：步骤清晰、新人的时候需要细致盯着注意事项 授权：有讨论的过程、了解边界、定期跟进 激励：当众、直接 反馈：温和、直接、安全氛围、吃软不吃硬、有具体依据

6. 本次督导过程摘要

李霞列举了一些与团队成员交流需改进的例子，比如团队成员1，独立性强，分配的任务一向都是自己主动完成，但过程中较少与团队成员就进展情况进行沟通，也较少找团队成员帮忙，会出现工作要去实施时，发现有些工作还未准备好，需要其他团队成员协助紧急处理，搞得团队有些疲倦和紧张。而团队成员2，在与团队成员沟通和处理个案工作时，容易将自己的情绪带入，使得周围人受其情绪影响，沟通效果受限。

督导：那团队成员如何反馈与你的沟通状况呢？

李霞：认为我做事情比较快，在完成事情的当下，事情在第一位，但

① 该表来自“云南督导人才培养计划”学员在课堂上的讨论结果。

后面也会关注同事的情绪，有些重要决定很少与团队成员沟通。我是有点担心他们没有足够的视野和能力参与重要决定，如果决定出了问题，后果还是得我来承担，何不让我自己决定如何做？有些时候，也是由于时间紧迫，没有时间商议。现在想想，也是自己不够信任同事，团队这种状况，自己也是现阶段团队现状的“共犯者”呢！

督导借助“DISC”行为风格测试的问卷，对李霞进行测试，测试结果显示，李霞为D掌控型行为风格。之后，督导与李霞一起根据其对团队成员的了解，分析团队成员1和团队成员2所属的行为风格。经分析，团队成员1属于C谨慎型，团队成员2属于I影响型。并且督导从“指导”“授权”“激励”“反馈”四个维度，帮助李霞分析四种行为风格的人有怎样的偏好。通过了解团队成员行为风格，找到如何与他们进行有效沟通的方法。

7. 本次督导跟进

利用团队学习的机会，李霞与团队成员进行DISC行为风格的测试，了解测试结果是否和其所观测的一致。并且也按照“指导”“授权”“激励”“反馈”四个维度邀请团队成员分享他们期待怎样的沟通方式，以此为契机，总结出团队进行有效沟通的方式。

（三）第三次督导

1. 时间

2017年6月。

2. 地点

李霞所在机构个案室。

3. 本次督导目标

（1）跟进第二次督导课后作业完成情况。

（2）提高李霞进行信息回馈的能力，以促进其处理团队成员很少进行负面回馈的现状。

4. 本次督导策略

学习正面回馈和负面回馈的技巧，提高李霞有效回馈的能力，并促使其在日常工作中加以应用。

5. 本次督导知识点分析

（1）正面回馈

简而言之，就是对他人做得好的方面给以回馈，让对方知道你很欣赏他的行为。但每个人喜欢的回馈方式不一样，比如说 I 型行为风格的人喜欢被当众表扬，精神上的表扬很重要；相比较 I 型，S 型行为风格的人就不那么喜欢被当众表扬。每个人都希望有理有据的表扬，而非随便一说。否则会适得其反。

正面回馈的要点包括：真诚的态度；行为描述（具体、清晰、非评判）；表达对彼此合作关系和合作成果的影响；对方的回馈；如何持续这样的行为。

（2）负面回馈

在日常工作中，我们善于表扬同事做得好的一面，却很难对同事需要改进的一面进行回馈，即使进行了回馈，因时机不对或者表达方法不当，反而导致对方误会，加深彼此间的矛盾。在进行负面回馈时，我们总是表现得畏手畏脚，但作为团队负责人，给团队成员以负面回馈或是处理团队冲突，又是不得不面对的问题。

负面回馈的要点包括：真诚的态度；行为描述（具体、清晰、非评判）；表达对彼此合作关系和合作成果的影响；一起讨论对方的回馈；下一步计划。

案例：

督导通过微信两次与受督导者沟通，对方都没有回应，督导要对此事进行负面回馈。

“某某，我觉得有件事情很重要，担心对我们之间的关系造成影响，想和你沟通一下。我观察到上周三我两次微信与你沟通 3 月份个人成长计划的执行情况，没有收到你的回复，不知你是否收到？这让我担心你是否会认为我不适合做你的督导，是否需要换督导，以免耽误你成长计划的执行效果。这让我们的工作没有效果。”

6. 本次督导过程摘要

李霞就上次的课后作业进行回馈。

李霞：我与团队成员做了行为风格的测试问卷，两位团队成员的行为风格和我观察的一样。特别有用的环节是从“指导”“授权”“激励”“反馈”四个维度进行分析。这个过程让我更加理解他们的日常表达方式和做事风格，将以往只是观察和猜测的信息进行确认，也知晓了如何与团队成员进行有效的沟通，还提出了期望团队成员进行改进的方面，被提及需改善的团队成员也欣然接受。通过团队成员的回馈，我对自己也有了更多的认识，特别是团队成员也给我提出了一些需改进的方面，比如把焦虑和紧张的事情与他们沟通，无须一个人扛着，多关注团队成员的状态，给团队成员以肯定。

随后，督导与李霞一起沟通正负面回馈的要点，并以具体案例进行演练。同时，两人一起商议了该部分的行动计划，即用一个本子及时记录团队成员做得好的地方并通过“钉钉”① 软件及时回应，观察团队氛围的变化并做好记录，进行两次负面回馈。

7. 本次督导跟进

视情况所需，当李霞进行负面回馈时，督导与其一起拟定回馈计划。

（四）第四次督导

1. 时间

2017 年 7 月。

2. 地点

李霞所在机构个案室。

3. 本次督导目标

提高李霞根据团队成员具体情况进行授权程度的分析能力，并在团队中进行推进。

4. 本次督导策略

结合“DISC”行为风格测试结果、团队成员当责情况和能力状况进行授权学习，以解决因授权不明确而导致的沟通不畅。

---

① 钉钉是一款由阿里巴巴集团研发的办公协作软件。

5. 本次督导知识点分析

管理者最重要的能力之一就是根据团队成员的个人能力，将其安排在适当的位置，授予其适当的权利，“人尽其用”。但怎样的授权才是“适当”的呢？

如果同事责任感低，专业能力也不高，主管需要用教师的方法指导同事，授权范围就很小；如果同事稍微可以当责，专业能力稍强，主管可以师傅的角色指导他；如果同事的责任感较强，专业能力也较强，主管则可以导师的角色指导他，授权范围可适当扩展；如果同事担当责任的能力很强，专业能力也很强，主管则可以教练的角色指导他，进一步激发其潜能的发挥，主管对这类同事的授权范围最大。

此外，也可结合同事的行为风格进行授权方式的选择（可参考表7－1）。但在授权时，也需要考虑同事专业能力的程度。比如，I型行为风格的同事期望授权时看重“有讨论的过程、了解边界、定期跟进即可”，但如果该同事的专业能力和执行力都较差，主管就需要及时跟进其工作状况，增加定期检测的频率。

6. 本次督导过程摘要

李霞就上次的课后作业进行回馈。

李霞：对两位团队成员做得好的地方做了记录，并通过“钉钉”加以反馈，“钉钉”的使用能够很好地促进团队工作信息的及时沟通，增加了团队成员沟通的频率。团队成员也会通过钉钉作正面的回馈，这点很好。负面回馈也做了两次练习，一次是针对某团队成员，一次是针对小琴。踏出第一步没有想象中的难，做的两次负面回馈效果也还不错。但发现作负面回馈时，难点在于，一是心态的调整，负面回馈意味着我已经认为对方做得不好，心里本身就有情绪，要先调整好情绪才能进行；二是对对方行为“具体、清晰、非评判的行为描述”，你以为已经做好了，但实际还是做得不够。比如，某团队成员一周有两天迟到了，我要对此事进行负面回馈，对行为的描述是“某某，我观察到你这周有两天晚到办公室”，我以为已经可以了。但经你提醒，才知道我这样说还是带有批判性的，因为我评价他“晚到了”，换成“某某，我观察到这周你有一次是9：10分到办公室，一次是9：15分到办公室”会更好，描述一个事实并非那么容易，感觉在咬文嚼字。三是行为描述后，双方很容易进入往返的辩论中，难有机会进入“表达对彼此合作关系和合作成果的影响”。四是很多时候容易陷入繁杂的工作细节中，以往的沟通模式又会习惯性地跳出来，常忘记使用负面回馈。

随后，督导与李霞一起结合“DISC”行为风格、同事当责情况和能力状况进行授权的学习，并以团队成员 1 和团队成员 2 为例，进行授权范围的讨论。得出以下结论：团队正式对外发布的稿件、涉及政府关系处理、对机构形象有影响的事件需请示李霞之外，其余在团队成员职责范围内的事情，团队成员有决策权。但基于对同事专业能力和当责能力的考虑，李霞认为团队成员 1 负责机构的对外宣传工作，当责度好，传播的专业能力也较好，但对社会工作的理解和主动沟通意识还需进一步学习。因此，在授权方面，对外传播中涉及社会工作专业知识的内容不能完全授权，需设置时间监测点，增加对团队成员 1 工作完成度的跟进。团队成员 2 负责机构的个案工作和出纳工作，当责度好，但社会工作的实务操作能力还需进一步提升。在开展个案工作时，还需与其一起拟定个案工作计划，提高其专业能力，但在执行跟进方面，可以给予更大的空间。

7. 本次督导跟进

按照讨论的授权方案与同事进行沟通、确认；观察团队成员 1 和团队成员 2 一个月后的变化。

（五）第五次督导

1. 时间

2017 年 8 月。

2. 地点

李霞所在机构办公室。

3. 本次督导目标

（1）协助李霞澄清对团队的期待。

（2）回顾几次督导过程，评估督导成效，结束督导任务。

4. 本次督导策略

引导李霞思考她所认为的好团队应该包括哪些要素。

5. 本次督导过程摘要

督导：你所认为的好团队应该包括哪些要素呢？

李霞：其实我也说不清楚。以前我觉得承担得太多，团队还需磨合。在上督导课程时，郑杰榆老师推荐了《共好》这本书，我就发起了团队一起看这本书的计划。还好，两位团队成员也上过郑老师的课程，知道这本书。团队成员说，上过课后，意识到自己没有担起责任，如果哪一天我被压垮了，或者不干了，团队该怎么办？到时估计也没这个团队了。上个月两个团队成员学习回来后，主动与我沟通说：之前觉得自己站的位置和视角都很狭窄，郑老师问了几个问题，我们居然都答不出来，才知道原来负责人那么辛苦，要承担那么多，自己平时都不想这些问题，很自私。（说到这里，李霞很感动，眼角流出了眼泪。）看来，送他们出去学习还是有必要的。我也期望他们多操心机构的事情，多表达。

督导：我从你的表达中听出了几个关键词："责任共担""民主参与""相互支持与关心"，对吗？

李霞：是的。还有一点我觉得也很重要，就是通过团队的协助，让每个人在团队里都有成长，比如团队成员 2 学会处理自己的情绪，不仅对工作有益处，对她的家庭生活和个人发展都是很有帮助的。

督导：那你所期待的团队样貌似乎已经出来了，"责任共担""民主参与""相互支持与关心""相互助理、共同成长"。

李霞：嗯，就是这样的。但我觉得现在团队的目标还不够清楚，虽然我觉得目前要加强机构服务的专业性，考虑多元筹资方案，学会拒绝与前两个目标无关的事件对机构发展很重要，但细节还说不上来。

督导：既然你有理想中的团队样貌，又有自己对机构发展的一些思考。何不利用之前学到的沟通技术，与同事们一起就上述问题进行讨论呢？你觉得现在团队有能力就你提到的问题进行讨论吗？

李霞：可以的，现在团队关系倒是越来越好了。

之后，督导与李霞回顾了 5 个月的督导过程和每次的督导要点以及取得的成效，结束督导关系。

五、督导成效分析

（一）结果目标：从督导的结果目标看，已达成本次的督导目标

（1）李霞已主动与小琴进行岗位职责的沟通，并与机构主任进行“片区统筹”岗位职责的沟通。虽然岗位职责会随着外部环境的变化和机构业务整合的进一步调整而有所变动，但初步的岗位职责让李霞有了方向性的指引，并与机构主任达成共识，实际工作中遇到责权不清晰时双方需进行及时沟通。此外，督导还促进了李霞与下属小琴进行了岗位职责的梳理，为团队A和团队B的进一步融合奠定了良好基础。

（2）通过推动李霞对“影响圈与关注圈”“DISC”“正负面回馈”“授权”及“团队要素”的进一步学习与实践，李霞较好地掌握了上述有效沟通的方法，并通过自己积极的实践，推动自己对团队成员以及团队成员间的相互了解。

李霞表示：团队成员能了解主任职位的不易，也努力去明白主任作任何一个决定背后所需思考的多维因素，并提供力所能及的帮助，这让自己都很感动；通过自己的推动和团队成员的自觉，团队成员对自己、对彼此都多了一些了解，及时给予相互间的鼓励，也能非情绪化地指出团队成员的不足；团队成员的当责感增强，在机构内还推行了轮值负责人岗位，团队成员2能承担此岗位，真是让自己很感动，虽然因为客观原因没能继续推行，但由此可见，团队成员对团队的拥有感比之前增强；打开了与团队成员讨论团队发展、业务规划的空间，已不用自己一个人苦苦承担，可以从团队找到支持。

（二）过程目标

（1）从意识方面看，李霞意识到“关注圈与影响圈”的关系，积极在影响圈推动力所能及的改变，而这种积极心态是云南社会工作现阶段发展特别需要的。

（2）从自我觉醒方面看，李霞从团队成员的回馈中增加了对自我的认识。

（3）从知识技能方面看，李霞将在“云南省督导人才培养计划”中学到的课堂知识应用并推动实践工作的开展，不仅让自己掌握了团队管理的技能，还促进了团队关系的改善。

（4）从个人情绪方面看，通过督导，李霞逐渐变得轻松、坦然，对团队成员更加信任。

六、督导反思

1. 督导时应考虑受督导者的当责能力与专业能力

根据受督导者的当责能力和专业能力，督导要有觉醒力和判断力，在教师、师傅、导师和教练几个角色间适当穿梭，以提供更符合受督导者现状的督导服务。本案例中，李霞当责能力高，专业能力强，因此在督导时，督导更多采用教练方法，激发李霞目标的确定以及对现状的分析，一起商议可行的行动方案，而非一步步按部就班地指导。

2. 适当跟进很有必要

一般来说，机构的中层管理者既需进行“向上沟通”与“向下沟通”，还需推动项目实施，每天面对的事务多样而繁杂，“督导决议”很容易被抛之脑后，导致推行困难，特别是有关机构管理与团队管理的工作更容易遭此待遇。此时，督导要适当提醒受督导者“磨刀不误砍柴工”的道理，并与受督导者约定检测时间以确保“督导决议”被执行，在执行过程观察受督导者所遇困难，从而给予及时、有效的支持。

3. 做有效的督导目标设定与督导效果评估

督导目标的制定，常由督导者与受督导者商议完成，督导效果的评估，也常由受督导者自我总结及督导观察来评定。但在涉及团队关系改善的督导目标制定和效果评估时，加入“第三者”的“监督”会取得更好效果。受督导者订立目标时，最好在团队中找两位同事一起讨论，目标也是两位同事期望受督导者改变的。之后，两位同事观察甚至提醒受督导者的实施计划，督导在前、中、后期进行阶段性评估。届时，督导可访谈两位同事，从他们的角度评估受督导者当初拟定的目标是否达成，当然受督导者也有发言权。督导综合两方面的反馈，得出一个较为客观的质性评估。但这样的方式需要团队有较高的信任度，并且目标的拟定要与参与的其他同事相关，否则同事的积极性不会太高。

4. 关注机构的制度化建设与人性化管理

很多人选择在社会组织工作的重要原因之一在于，其拥有较好的民主氛围，员工的声音有表达的空间，工作时间也较为灵活。但一个正式运营的机构，会涉及机构治理的方方面面，包括复杂的人际关系等。机构治理必须有章可循，很多沟通不畅就是由于制度不完善引起的。常见的薪资涨幅标准、员工考核标准、假期安排、差异对待等都是引起员工与机构关系紧张的雷区。制度越完善越好，这样有助于减少员工与机构管理层间的张力。但同时也需留出一定“灵活处理”的空间，灵活处理的标准是什么？申请程序为何？决策机制为何？这些也需要有标准，以免员工误认为机构治理以“人治”为主，制度形同虚设。当然，每个机构因发展阶段不同、员工人数不同、文化特色不同等因素，机构治理风格也会有所差异。如何在制度化建设与人性化管理之间取得良好的平衡，是机构治理者需要考虑的重要议题。

第二节　个人与政府关系

一、案例背景

（一）岗位社工与政府工作关系现状

1. 岗位社工行业的现状

在政府部门、事业单位或群团组织中设置岗位，安排社会工作者进入岗位开展服务，已成为政府购买社会工作服务的一种重要形式（徐子彬、梁昆，2017）。

在政府购买岗位服务的社会工作者即为岗位社工，他们被派驻到不同的部门（包括政府、企业、社会组织）去开展工作，如司法、妇联、团委、企业等。社会工作者在所分配部门根据自身所具备的社会工作理论和实务技能在工作中更多增加社会工作元素，补充原有部门工作的不足，使相关工作更具专业性质。

截至2016年年底，深圳社工服务已覆盖全市各区、街道和社区，累计通过1700个岗位、480余个项目及668家社区党群服务中心开展专业社会工作服务（深圳市民政局，2016）。

作为深圳市社会工作初期首要推广方式，岗位社工在深圳市社会工作行业中占据半壁江山，也为深圳市社会工作行业的发展作出了重要贡献。

但随着近年来的发展，岗位社工服务也面临着岗位行政化、专业性发挥不足、角色不清等问题，这对社会工作的长远发展是非常不利的（徐子彬、梁昆，2017）。

2. 各方对岗位社工期待的矛盾

（1）政府对岗位社工的期待

政府通过购买服务的方式期望社会工作者在体制范围内协助政府做好社会管理。主要原因有：一是社会工作者普遍具有较高学历、有专业背景且有一定的实务经验，能够很好地配合政府开展相关工作。二是社会工作者由社工机构派驻，政府可根据需求对社工机构提出购买意向，由社工机构负责招聘、面试及岗前培训及后续工资薪酬发放等，减少了政府部门用人压力。

政府希望社会工作者能在重大事件中发挥社会工作的专业优势，紧急处理政府难题，协助政府维护社会的稳定。

（2）用人单位对岗位社工的期待

用人单位一般通过政府购买服务派驻或自行购买的方式设置社会工作岗位。政府购买派驻的用人单位相对比较被动，由于新派驻单位对社会工作者不了解、不信任，把岗位社工仅仅作为人员的补充，希望社会工作者能够在他们可控的范围内开展他们可控的工作。自行购买岗位的单位以及已有岗位社工的派驻单位对社会工作者比较了解，希望社会工作者能够发挥专业优势，联结政府与社会服务组织，转移政府职能，共同做好服务。

（3）机构对岗位社工的期待

机构期望岗位社工能按照机构制度、专业要求，发挥社会工作的专业助人优势，充分挖掘用人单位资源，解决社会问题。同时，在做好服务的基础上，整合更多的资源以促进机构服务的发展。

（4）岗位社工自己的期待

社会工作者大都是社会工作专业毕业，受过专业理论和实务训练，因此在择业时希望自己能在岗位上开展实务工作，提升个人专业实务能力。但由于岗位社工需要承担用人单位的部分行政工作，且会占用大部分工作时间，社会工作者会慢慢感到职业规划不清晰，有的甚至会离职不再从事社会工作。还有部分社会工作者由于之前从事的是与社会工作无关的岗位，也非专业毕业，即使从事岗位社工也不会认同自己的社会工作者身份，对机构、行业归属感较低。

（二）服务背景

2017 年 11 月中旬，深圳迎来了下半年首个寒潮。气象台发布持续强冷空气来袭预警，各级单位均加强了对辖区内流浪人士、特困家庭、临时工地等的安全巡查，妥善安置困难群众。深圳市坪山区大同社会工作服务中心（简称“坪山大同”）接到坪山街道办事处公共服务办公室的电话，在沙坐桥底居住五六年的拾荒老人，不配合政府安置工作。为避免出现生命安全事件，政府整合社会工作资源，转移服务职能，要求大同社工紧急介入。经了解，服务对象，男，60 岁左右，无身份证，口齿伶俐、思维清晰且具有劳动能力，来坪山流浪并居住桥底已有 5 年多时间。政府相关部门在这几年间均有跟进此人的情况，每逢台风季节，该服务对象都是政府紧急安置的老大难问题。服务对象对政府部门及工作人员具有很强的敌对心理，总是认为政府骗他（社区工作人员转述服务对象的表述）。因此每逢安置工作都要求社区工作人员给钱才配合安置，而且事后马上搬回桥底居住。该服务对象为上海人，未婚，无亲人、朋友在身边。由于怕政府拆掉其住所（临时用木板搭建的“房子”），服务对象白天在桥底睡觉，晚上 10 点钟以后外出捡垃圾，第二天早上 10 点左右回来。由于坪山河道正在整治，河道拓宽，挖掘机昼夜都在繁忙地工作，施工声音很大。桥底两旁的水草很茂盛，只有服务对象居住地两米左右范围未动工，周围散落着各种各样的塑料瓶及烂水果，桥底墙体被服务对象临时搭锅生火煮饭熏得黑黢黢的。桥底冷风强劲，生活条件十分艰苦。

二、督导核心问题确认

（一）协助社会工作者构建个案管理模式及建立关系

协助社会工作者构建个案管理模式，更好解决个案问题，获得各部门的专业认同，与各方建立关系。

社会工作者期望能通过个案管理模式，以社会工作者为核心，联结民政、公安、综治、公共福利等部门建立个案管理小组。但由于个案管理是一套较复杂的运作体系，个案管理小组成员来源复杂，个别对接较少，且部门工作各有侧重，社会工作者不知道调动谁参与到此次个案管理服务中来。同时，由于小组成员来源于社会工作者所派驻部门，甚至很多是部门领导，社会工作者在个案管理体系中属于核心地位，关系对调怎么处理？如何通过个案管理模式将小组作用更好发挥？

针对上述问题，首先，督导帮助岗位社工调整自身定位认知，发挥专业优势，站在用人单位角度去思考、解决问题。其次，督导协助社会工作者构建“一核多元，跨界合作”个案管理模式，以社会工作者为主体，突出社会工作者在服务中的核心作用，联动政府各部门、社会组织、服务对象家人与朋友等资源，跨界合作，共同处理服务对象。再次，督导通过培训和自学的方式督促社会工作者加强理论与方法的学习，并通过个别督导、现场督导等方式协助社会工作者将理论与方法运用于实践。最后，督导帮助社会工作者整合不同利益相关方资源，发挥不同资源方优势，共同助力服务对象问题解决。

（二）引导社会工作者正确定位专业角色

依托此案例，督导引导社会工作者与各方建立常态化专业关系，并能在岗位上正确定位自己的专业角色。

在本次个案服务中，社会工作者的个人角色定位是处理本案的较为关键的问题。参与本案的社会工作者小 P 一直在该部门工作，对该部门处理此类案例的方式极为熟悉，政府人员以往处理方式是直接将服务对象送至救助站或者异地遣送，或转到综治、公安等部门对接此服务。但出于社会工作价值观及社会工作的专业伦理，本着从服务对象需求出发案主自决的原则，岗位社工需要以社会工作者角色开展服务。作为此次服务主体，社会工作者应从原有部门角色中脱离出来，甚至把原有领导、同事变为社会工作服务的合作单位。此时，由于社会工作者很难作出抉择与处理，督导可帮助其重新梳理角色定位，引导社会工作者尝试用新的角色解决问题。

三、督导总体方案设计

（一）受督导者背景

1. 基本资料

社会工作者小 P，男，29 岁，深圳市坪山区大同社会工作服务中心岗位社工，助理社会工作师，心理咨询师，井冈山大学社会工作专业硕士，毕业至今 4 年，一直在从事坪山街道办困弱社工岗位。

2. 工作岗位情况

社会工作者小 P 从事的坪山区坪山街道办事处公共服务办困弱社工岗位已经设立 4 年。岗位主要服务内容涵盖优抚安置社会工作、殡改工作、防灾减灾工作、居委会换届选举工作、社区建设等传统民政业务。

3. 受督导者问题界定

通过与社会工作者面谈，督导发现受督导者行政化趋向严重，对于自身定位以及工作方法的定位存在一定的偏差，且在面对“流浪钉子户”服务对象时服务思路不清晰，没有有效的服务开展思路。但是政府希望能够进行职能转移，希望社会工作者以及社工机构能够帮助他们快速、有效解决“流浪钉子户”的问题。

（二）督导目标

1. 整体目标

协助社会工作者建立专业认同感，厘清并与政府建立专业关系，发挥专业优势，运用专业手法，协助政府解决各类社会问题。

2. 具体目标

(1) 协助社会工作者运用专业手法，解决“流浪钉子户”问题，获得政府认可。

（2）引导社会工作者对岗位社工身份、工作方法正确定位，避免“行政化”。

（3）引导社会工作者正确认知岗位社工与政府各部门的关系，与各部门建立并保持良好的专业关系，承接政府转移的社会服务职能，发挥岗位社工最大的作用。

（三）督导内容与安排

1. 前期：问题解决与关系建立层面

表7－2　督导前期内容

<table>
<tr><th>序号</th><th>督导目标</th><th>督导内容</th><th>督导形式</th><th>备注</th></tr>
<tr><td rowspan="3">1</td><td rowspan="3">协助社会工作者厘清服务目标与计划</td><td>引导社会工作者对自身定位的初步认知反思</td><td>个别督导</td><td></td></tr>
<tr><td>引导社会工作者对工作方法的反思与思考</td><td>个别督导</td><td></td></tr>
<tr><td>协助社会工作者对服务计划进行反思与修改</td><td>个别督导</td><td></td></tr>
<tr><td rowspan="2">2</td><td rowspan="2">协助社会工作者学会个案管理模式的运用</td><td>个案管理培训</td><td>培训</td><td></td></tr>
<tr><td>个案管理运用的分享</td><td>集体督导</td><td></td></tr>
<tr><td rowspan="2">3</td><td rowspan="2">协助社会工作者运用个案管理模式，与各部门建立专业关系，调动各部门的资源，共同促进“流浪钉子户”问题的解决</td><td>督导者现场督导、直接示范等方式，给予社会工作者专业支持</td><td>现场督导、示范</td><td></td></tr>
<tr><td>督导社会工作者与各方建立专业关系，建立个案管理服务小组，整合各方资源，协助服务对象问题解决</td><td>个别督导、现场督导、直接参与</td><td></td></tr>
</table>

2. 后期：专业认同与关系维系层面

表7-3　督导后期内容

序号	督导目标	督导内容	督导形式	备注
1	促进社会工作者建立专业认同与归属，巩固对岗位社工身份与工作方法的定位	反思案例，思考社会工作者与政府工作人员身份	个别督导	
		反思案例，思考社会工作服务方法与政府工作人员工作方法的区别	个别督导	
		评价、建议社会工作者巩固专业的身份与工作方法的认同	个别督导	
2	为岗位社工建立朋辈支持，促进产生专业认同与归属	集体督导，建立朋辈支持系统	集体督导	
		团建及行业活动的参与，促进专业认同与归属	团建	
3	促进岗位社工的专业成长与追求	协助社会工作者制订个人成长计划，促进专业成长	个别督导、文书批阅	
		协助制定职业生涯规划，促进社会工作者的专业追求	个别督导、文书批阅	
4	促进社会工作者建立资源库，协助与各方建立并维系好专业关系	协助梳理资源相关方，形成资源库	个别督导、直接参与	
		进行各利益相关方管理，走访、合作、意见征求等	个别督导、直接参与	

四、督导过程描述

（一）督导策略一：协助社会工作者建立关系

协助社会工作者运用个案管理模式解决问题，获得各部门的专业认同，与各方建立关系。

1. 调整岗位社工自身定位认知，协助其制定适合的服务策略

由于岗位社工被“嵌入”用人单位（政府部门），接受用人单位管理，与用人单位员工一起工作、生活，融入用人单位的团队。且部分社工机构在与用人单位的沟通中处于弱势的地位，在岗位社工的管理、工作等方面没有主导权，基本上都是用人单位主导。为此，岗位社工就形成了“自己是政府部门（用人单位）的人”“反正听机构的没用，就直接只听用人单位的安排”的错误认知，就会遵循用人单位的思路和方法去思考、解决问题。

督导案例：岗位社工定位偏差

岗位社工小P，男，助理社会工作师，从事社会工作4年，毕业后就在某街道做岗位社工。在接手“流浪钉子户”个案后，督导中，小P说：“现在河道治理，整个河道就他住的桥底没有修了，严重影响了工作进度。而且，河道一涨水，他那里就会被淹，很可能出现安全事件，每次台风、暴雨天气，我们部门都要派人去。我们部门跟进了几年了，他都不走，他就向我们要钱，说给他两万块钱他就搬去紫金，但是他要的钱超出了我们部门的范围。你们看一下，社工机构能不能帮忙介入一下，让他搬走。”

从以上社会工作者小P的叙述中可以看出，小P提及用人单位时一直用“我们部门”，说明其基本把自己定位为“用人单位”的人了。而且他提到“影响进度”“安全事件”“让他搬走”之类的词，说明他在工作思路上也出现了一定的偏差，“异地处理法”形成。

为此督导运用个别督导与社会工作者小P进行面谈，希望初步调整小P对于自身角色与工作方法定位。具体方法如下。

（1）仔细聆听。督导仔细聆听社会工作者的诉求，让社会工作者充分表达自己需要的支持，详细介绍遇到的问题（李晓凤，2016）。过程中，督导虽然听到了“我们部门”“让他搬走”等词，但是督导者并没有马上指出问题，而是仔细听社会工作者讲完所有的问题和诉求。

（2）提出疑问。督导需要不时地向受督导者提出启发式问题，打开受督导者的思路，开阔其思想与视野，激发其走进新境界（李晓凤，2016）。

督导在听完社会工作者的介绍后，通过提出一些有启发性的问题，让其思考，打开其思路。

督导案例：提出疑问

问题1：那我们可以换个角度，你觉得服务对象想要什么？

问题2：从政府角度分析，政府想要什么结果？

问题3：从社会工作专业的角度分析，服务对象有什么需要？

问题4：从社会工作角度出发，我们需要关注什么？可以做什么？

（3）进行评价。督导需要通过检视受督导者的工作情况，与其分享工作经验和想法，接纳其感受，以鼓励受督导者对问题与需要进行自我评价（李晓凤，2016）。督导在通过提出疑问引导社会工作者进行思考后，分享了其他岗位社工的工作经验、方法以及自己对于岗位社工定位的一些想法。同时，督导对社会工作者目前的感受表示同理，鼓励受督导者对自身现存的问题与需求进行自我评价。

（4）提出合理建议。对于受督导者提出的服务对象问题与需求处理的具体建议和策略，督导应仔细批阅、提出合理的建议，并运用规范性方法与技术来协助受督导者拟定有效的工作进程（李晓凤，2016）。在社会工作者提出了个案计划以后，督导应认真地批阅，在文书中作出批注，并约社会工作者进行一次面谈，给社会工作者提出一些建议。

督导案例：根据社会工作者的个案跟进计划，提出合理的建议。

社会工作者在认知改变以后，转变最初的“异地处理”原则，从促进服务对象的改变与发展，满足服务对象的需求入手，制订个案计划。督导认真阅读工作计划，了解了社会工作者的想法与工作思路，通过提出疑问的方式，引导社会工作者进一步思考，并提出了建议。

督导先是提出了以下几个问题，引导社会工作者思考：服务对象为什么流浪？服务对象为什么会一直在坪山？服务对象有没有家人？政府这么多年都没有解决的问题，我们社会工作者自己能够完全解决吗？

针对上述问题，社会工作者思考后，反思了与服务对象接触中发现的细节，与督导进行了讨论，督导也给出了个案开展的建议。

目标建议修改为：整体目标是协助服务对象回归家庭。具体目标是：

深圳市坪山区大同社会工作服务中心　　文件编号：QR-TR-008-A/1

介入计划

一、协定目标

（一）协助服务对象找到合适的居住场所

（二）协助服务对象找到正常的生活来源

二、介入理论

（一）马斯洛需求理论

（二）任务中心模式

三、社工跟进介入计划（可分步骤列明）

步骤	目标	介入计划内容	备注
1	建立关系	走访送生活用品，获得信任，获取其基本信息，建立专业关系	
2	协助寻找住所	联系救助站、寺庙以及包住宿的工作	
3	协助获得生活来源	申请政府救助金、整合NGO救助基金、协助寻找工作	

图7－3　社会工作者撰写的个案

保证服务对象基本生存，寻找服务对象家人，打开服务对象心结，协助服务对象回归家庭。

介入理论建议修改为：个案管理模式与任务中心模式。

社会工作介入计划的修改建议详见图7－4。

2. “一核多元，跨界合作”个案管理模式方法督导

本案例中，在对社会工作者认知调整进行督导后，还需要及时地给予社会工作者支持，最好的支持就是告诉社会工作者解决问题的方法，即服务模式与方法的督导。

由于服务对象的问题比较复杂，需要多方介入才能够解决。为此，督导与受督导者商量后，决定用“一核多元，跨界合作”个案管理模式开展服务。

“一核多元，跨界合作”个案管理模式突出社会工作者在服务中的核

深圳市坪山区大同社会工作服务中心　　文件编号：QR-TR-008-A/1

三、社工跟进介入计划（可分步骤列明）

步骤	目标	介入计划内容	备注
1	建立关系及保障生存	走访送生活用品，争取政府救助金，获得信任，获取其基本信息，建立专业关系	
2	寻找服务对象家人	整合各级政府资源，通过电话的方式，寻找服务对象的家人	
3	打开服务对象心结	通过正式以及非正式的访谈（如一起吃饭），通过同理、自我披露等方式，打开服务对象的心结	
4	协助服务对象回归家庭	联系服务对象家人、朋友、整合当地政府、服务对象老家政府的资源，协助服务对象回归家庭	

图 7－4　修改后的服务计划

心作用，需联动政府各部门、社会组织、服务对象家人、朋友等资源，跨界合作，共同服务。

为此，督导计划通过培训和自学的方式来促进受督导者学习理论与方法，通过个别督导、现场督导等协助理论方法的落地与运用。

3. 运用个案管理模式，整合不同利益相关方资源，共同助力服务对象问题解决

运用个案管理模式开展服务，最重要的就是组建个案管理团队。此时，社工小 P 需要解决的问题在于如何与各方建立关系。此阶段，督导应将工作重点放在帮助社会工作者与各方建立关系上。

（1）社工机构专业力量输出

社工机构是社会工作者的强大后援，在社会工作者遇到比较难解决的问题时，可以寻求机构的专业支援。在本案例中，督导与社会工作者共同讨论了服务方案后发现，仅凭社会工作者小 P 一人之力很难与服务对象建立关系。为此，督导引导社会工作者向机构寻求了专业支持，社工机构派出了资深社会工作者老 M 与督导 Z 共同协助小 P 直接介入个案。正是在社工机构专业力量的输出基础之上，才有了与服务对象年龄

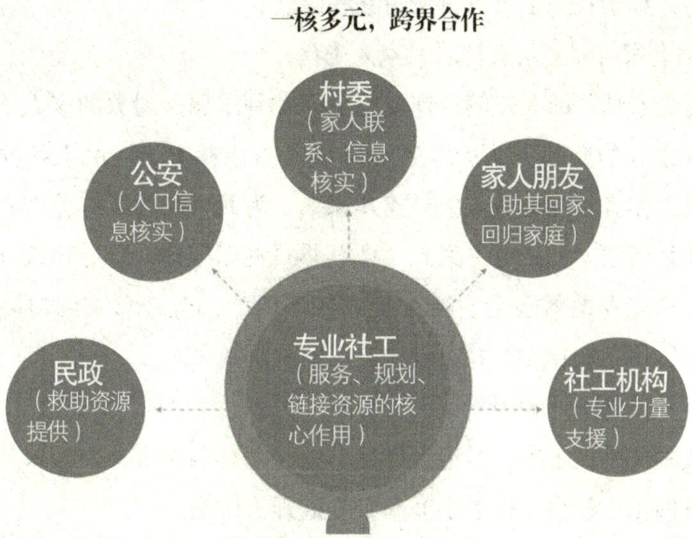

图7－5　一核多元

相当的资深社会工作者老M介入并与服务对象建立了良好的关系，与服务对象“勾肩搭背，称兄道弟”，帮助服务对象放下防备，打开心扉，道出流浪、不回家的原因。

（2）民政部门救助资源的整合与政策支持

针对社会工作者小P目前的用人单位即民政部门，督导通过提问的方式，开阔社会工作者思路，引导小P思考民政部门能够在本个案中起到哪些作用。社会工作者小P思路开阔以后，积极地将民政部门的一位领导拉入了个案管理小组之中，同时积极整合了民政部门的相关救助物资、资金用于服务对象，保障了服务对象前期的基本生活。

同时，在本次个案服务中，民政部门的领导还提供了良好的政策支持，为社会工作者提供了很多在服务中涉及的政策资源。

（3）公安部门的人口信息排查

督导通过亲身示范，带领社会工作者小P，走访辖区公安部门，访问片区民警，在各地公安部门网上查询人口走失、寻人启事等信息，共同寻找服务对象的家人。通过对辖区公安部门、辅警的走访，网络信息的查找，小P获得了服务对象的部分信息后，再电话询问外地公安部门，经过不懈努力，终于找到了服务对象的家庭信息。

（4）老家村委会信息比对，家人确认

通过公安部门的人口信息排查，小 P 找到了服务对象的家人信息，但却没有其家人的联系方式。服务对象家人居住在重庆。由于各种条件限制，社会工作者不能远赴重庆寻找其家人。为此，社会工作者小 P 找到督导商量，如何联系服务对象家人，帮其早日回归家庭。督导建议，可以联系服务对象老家的村委会，通过政府各部门的公开信息查到村委会的电话，先进行信息的比对，并由村委会协助联系其家人。

（5）家人配合，打开心结

在找到并确定了家人的信息以后，关于怎样与服务对象家人沟通，帮助其早日回家，社会工作者小 P 与督导展开了讨论。

督导案例：案主家人怎样介入

小 P：目前我们找到了服务对象的家人，我准备让服务对象的家人直接给服务对象打电话，劝说他回家。

督导：能让他的家人参与进来的想法非常好，现在我们可以假设一下，服务对象家人给他打电话会有哪些结果？

小 P：两种结果，一是说服服务对象，服务对象愿意回家；二是说服不了，服务对象不愿意回家。

督导：是的，那哪种结果的可能性会更大一些呢？

小 P：服务对象离家 20 多年都不愿意回家，个人觉得在服务对象心结没有打开的情况下，不能说服的可能性更大一些。而且还有可能为了躲避家人，服务对象又跑到其他地方去流浪了。

督导：嗯，完全有可能。那我们还是应该先想办法打开服务对象的心结，例如给服务对象讲讲他家里现在的情况，拍些家人的照片让他看，等等。

小 P：很好的建议，我觉得还可以让家人录一些视频，表示一下对服务对象的关心，等服务对象的心结打开了再让他们直接联系。

为此，小 P 联系了服务对象家人，了解到了服务对象现在家庭的状况，要了家人现在的照片，特别是服务对象妻子以及服务对象没有见过面的孙子的照片，还录了家人视频。而后，小P与资深社会工作者老M一起与服务对象进行了面谈，谈了其家人的情况，展示了家人的照片、视频，逐渐打开了服务对象的心结。服务对象表示愿意放下过去，回归家庭。

(6) 亲朋好友护送归家

在与服务对象家人、老家村委会商量后，社会工作者小P联系了服务对象在深圳打工的老乡李某，由李某护送他返家。并且引导李某在返家的途中多提一些老家的变化、家人为寻找服务对象而作出的努力，以及多说一些其孙子的事情，促进服务对象对家庭的了解。

(7) 保持与服务对象家人的关系，促进其尽快融入家庭

在服务对象回家后，社会工作者通过电话与服务对象家人保持联系，引导家人多理解、关心服务对象，促进其尽快融入家庭。

至此，服务对象的问题得以解决。社会工作者在案例中发挥了专业核心的作用，整合了机构、政府、村委、服务对象家人、朋友的资源，与他们共同合作，帮助服务对象最终回归家庭。

(二) 督导策略二：协助维系专业关系

通过后期反思、督导、培训促进社会工作者对行业的归属感，同时引导其与各方建立并维系专业关系。

1. 引导社会工作者反思案例开展过程，促进其自身定位与工作方法定位的认知产生转变

结案后，督导引导社会工作者小P进行反思，思考社会工作者在服务中的角色、思考解决问题的方法是什么？思考社会工作者与政府工作人员思考问题的方式与解决问题的方法有什么不同？以此，促进社会工作者对于自身定位与工作方法认知的转变。

2. 通过团体督导、团建活动，为岗位社工建立朋辈支持，促进岗位社工对机构、行业产生归属感

(1) 运用团体督导为社会工作者建立朋辈支持

团体讨论是指在团体督导时，督导组织社会工作者进行个案与案例的研讨，学习典型案例、分析潜在服务对象、讨论疑难个案。本案例中，督

导在开展社会工作者小 P 所在团队的团体督导时，加入了个案与案例研讨环节，引导该领域的所有岗位社工共同讨论该个案，分析服务对象情况，商讨应对策略，共同支持社会工作者小 P，为其出谋划策。

角色扮演是指在团体督导过程中，让社会工作者模拟服务场景、实验方法，并由观察社会工作者提出意见，共同完善服务方法。本案例中，督导在团队督导中，运用了角色扮演的方法，让社会工作者 C 扮演服务对象，小 P 尝试与 C 进行面谈，督导与其他社会工作者进行观察，共同为社会工作者小 P 把关。同时，督导也会在过程中，叫停或者打断扮演，指出扮演中的问题，与大家共同商讨建议，然后再进行模拟。通过角色扮演，帮助小 P 改进了面谈用语，给予了小 P 开展具体服务的支持，同时也为小 P 建立了良好的朋辈支持体系。

（2）运用团建活动促进社会工作者对机构产生归属感

由于岗位社工回机构的时间较少，与机构其他的社会工作者互动较少，导致岗位社工对机构缺乏归属感。而归属感缺乏将会导致岗位社工更将自己定义为“用人单位的人”，角色定位、工作方法就容易出现认知偏差。

督导在发现小 P 的问题以后，就制订了一系列的团建活动方案，促进岗位社工小 P 与其他社会工作者以及社工机构的互动，增强岗位社工小 P 对机构的归属感。结合岗位社工时间有限、上班时间离岗难等情况，督导制定了岗位社工团建活动“两个三”的原则。

三尽量，尽量在下班时间团建、尽量在用人单位不忙的时间团建、尽量在征询过用人单位的意见后再安排团建。

三结合，团建与督导培训结合、团建与减压相结合、正式团建与非正式团建相结合。

3. 通过个人成长计划、职业生涯规划，促进岗位社工专业的成长与追求

督导根据受督导者的实际情况，协助受督导者制订个人成长计划，协助受督导者在工作中不断学习专业知识与技巧，不断获得成长。另外，督导也将引导受督导者根据自身的情况，制定个人职业生涯规划，激励其保

持专业追求，不断前行。

4. 引导社会工作者梳理可运用的利益相关方资源，形成资源库，并做好专业关系的建立与维护

在社会工作者进行服务反思后，督导引导其进行利益相关方的资源分析，形成资源库，把各部门都变为资源提供方。

引导社会工作者制定利益相关方管理办法，定期走访、不定期合作、按时维护与各个利益相关方的关系，以专业社会工作者的姿态与各部门合作，坚持专业性与稳定性（协助各部门问题解决，维护社会稳定）相结合，以专业服务获得各部门认可。

五、督导成效分析

（一）受督导者视角下的成效分析

每次督导后，督导都让受督导者填写督导情况调查表，从行政督导、教育督导、支持督导三大维度进行评估，了解受督导者对督导工作的满意度及期待情况，并结合机构管理层、项目负责人等评价，从受督导者视角出发开展督导成效分析。

1. 服务理念转型，有利于发挥岗位优势

在案例服务初期，由于社会工作者理念固化、角色不清，只运用传统的行政手段介入服务，简单地成为政府工作的执行者。在系统督导后，社会工作者的服务理念开始转变，逐渐意识到自身的角色不仅仅是政府的工作人员，更是社会工作者，应积极调动自身的多元资源进行服务。

2. 对于用人单位关系的多重认识

经过督导后，社会工作者认识到自身与政府不仅仅只是单纯工作关系，更应该是合作伙伴式关系。一方面执行政府的社会救助政策，另一方面可以发挥社会工作者的职能角色，充分利用各方资源，弥补政府职能所不能触及的社会救助领域，整合社会力量开展社会救助服务。

3. 个案服务技巧提升

对于在政府部门岗位工作时间较长的社会工作者，其行政工作能力提

升的同时，个案服务的能力也会随之弱化，参加此次系统督导，经过培训、朋辈学习、小组督导、文书批阅等，该社会工作者专业知识及技巧得到提升，有助于其进行个案服务介入、个案跟进的反思、个案服务优势资源的运用，反思与政府工作关系的新模式。

（二）个人与政府关系成效分析

1. 与用人单位建立工作关系，形成定期与不定期相结合的汇报沟通机制

岗位社工在提供服务的同时，较少向用人单位进行工作汇报。经过系统督导后，受督导者在督导的督促下，每月定期向用人单位领导进行工作汇报。通过定期的工作汇报，让用人单位领导对社会工作者的工作内容、社会工作行业发展、社会工作者能做什么有一个概括的了解，并引发用人单位对社会工作者的工作、社会工作发展的建议。同时也可不定期进行工作新思路、工作新模式的汇报，让用人单位领导多一个工作伙伴，而不仅仅是多一名工作人员。

2. 有助于用人单位对社会工作的支持，推广社会工作服务

在本次社会救助中，社会工作者成功介入并获得救助对象家属好评，获得较好社会影响后，用人单位在迎接上级主管部门评估、接待来访人员和对外宣传时，都以此案例为亮点和工作成效进行介绍，增进了政府部门、社区居民对于社会工作者及社会工作服务的了解。一方面有利于社工机构、社会工作者承接更多的政府民生服务项目，发挥社会力量的优势。另一方面也有利于民生服务部门、社会服务机构争取更多的服务资源（人力、物力、财力等）开展社会服务，回应社会问题，有的放矢地解决社会亟须关注与解决的问题，以有利于社会的和谐与稳定，创造更加和谐、美丽的政社关系、党群关系。

六、督导服务反思

（一）服务案例本身

流浪乞讨一直是各级政府部门高度重视的问题，是社会的痛点，也是社会最大的安全隐患。以往解决此类问题的习惯性做法，仅能将矛盾转移，不能从根本上消除矛盾。习近平总书记在党的十九大报告中提出："打造共建共治共享的社会治理格局，加强社区治理体系建设，推动社会治理重心向基层下移，发挥社会组织作用，实现政府治理和社会调节、居民自治良性互动。"此次流浪人士的幸福归家是一次新的尝试，也是社会治理的创新之举。

一是解决问题的方法，将矛盾转移化解为矛盾消除，彻底解决矛盾隐患，为服务对象回归家庭提供全面支持网络。

二是建设多元社会治理网络，构建新救助机制及救助服务模式。以往政府主导的救助模式，极易引起群众对政府的误解，导致矛盾冲突激化。本案例通过社会组织介入，社会工作者从柔性关怀服务角度出发，了解服务对象的真实需求，并立足需求制定介入策略彻底解决了存在的矛盾和问题。

三是在社会层面呼吁，让流浪人士感受到来自社会的关爱。歧视、远离极易引起流浪人士破罐子破摔。人人关爱，共同努力，倡导社会责任感的建立，有助于将流浪人群拉回正常生活的轨道。

（二）督导过程的反思

本案中，督导全程参与，首先是协助社会工作者转变了对自身角色定位、工作方法定位的认知。其次是通过督导、服务支援，支持社会工作者解决了工作中遇到的难题，并引导社会工作者增强了对社工机构的归属感。在本次案例的督导过程中，督导也有以下反思。

一是新岗位社工入职时，社会工作身份定位的必要性。新入职的岗位社工，往往都是刚从学校毕业或者刚踏入社会工作行业的年轻人，可以说他们对社会工作和岗位社工的认识，都还比较肤浅。在这个时候，如果社工机构、督导不做好新入职岗位社工的引导，就会造成岗位社工对于自己身份的认知错乱，他们就会受到用人单位的影响，错误地将自己定义为“用人单位的人”“行政社工”等。由此，就会造成岗位社工的工作偏差，也会让政府各部门认为岗位社工就是给他们打杂的，就是他们的人员补充。为此，在新岗位社工入职时，社工机构、督导者必须做好社会工作者身份定位的引导工作。

二是对于岗位社工的支持有助于增强其对社工机构的归属感。在本督导案例中，督导通过引导社工机构团队对岗位社工开展支持，包括派出资深社会工作者协助其共同开展服务，团队督导提供支持等，让岗位社工不再“孤单”，感受到了集体的支持和机构的力量对自己工作带来的实实在在的帮助。在大家的共同努力中，岗位社工对机构归属感逐步建立。

三是机构专业力量的支援对于与用人单位关系建立的重要性。由于机构专业力量的介入，成功地解决了用人单位很久没有解决的问题，本案例中社会工作专业手法的运用，全面改观了用人单位对岗位社工的认知，用人单位逐步将社工机构作为伙伴、作为专业支援对待，合作关系趋向良性化发展。

（三）岗位社工与政府关系的反思

作为“嵌入”政府部门中的专业人员，由于原本政府社会管理的思路影响以及目前社会治理创新的思维，岗位社工的工作内容和工作范畴将会出现一些变化，社会工作者应当有所坚持、有所突破。

一是新治理理论视角下，岗位社工自身角色的变化。在新治理理论下，岗位社工需要转变自身的观念与定位，由“提供直接服务、政府部门中的一个服务人员”的角色认知转变为“社会倡导、社会力量发动为主”的角色认知。

二是随着政府职能转移，尝试承担更多工作。在政府职能转变的过程中，政府原本承担的很多服务型的实务工作，会逐步转移到社会组织的身上，由社会组织承接运营。鉴于此，一方面岗位社工可将社工机构的服务优势很好地展现在政府面前，推荐专业的社工机构承接社会服务，起到专业机构与政府的沟通桥梁的作用；另一方面，岗位社工跟进用人单位职能转移的工作进度，孵化、引入更多的社会组织，围绕在岗位社工的周围，承担更多的社会服务。

三是社工机构需对岗位社工提供更多支援，多与政府沟通、影响政府视角转变。督导在督导过程中发现，仅靠岗位社工与政府相关部门沟通相关工作的推进，存在很多局限性，用人单位会觉得身份不对等，而忽视很多重要的信息。为此，社工机构需要为岗位社工提供更多的支持，多与政府部门沟通，借助专业的理念和方法，影响政府部门转变视角。

四是在岗位社工的工作中，还可以通过联结、倡导、影响、博弈的方法与策略，不断影响政府各部门，变主管、管理部门为社工机构的合作、资源提供的部门。

第八章　情感支持议题

第一节　个人成长

一、案例背景

在社区服务了两年的一线社工小 A，在某次督导中提出，由于社区工作忙碌，除了开展大量的个案、小组、社区活动以外，还要承担较多的行政性工作，小 A 逐渐对工作产生了倦怠感，做任何事情都“提不起劲”来，每天的工作都像是在完成任务。另外，虽然意识到自己应该要去学点新东西，但通过分析发现自己有太多的“不懂”，一下子就“泄了气”，没了动力，也没了方向，偶尔想做一些自我学习的计划，但感觉总是很难实施或难以坚持。当初刚毕业时因为觉得社会工作者是充满希望的行业，所以义无反顾地踏入了这个行业。但现在两年过去了，有时候静下来想想，突然觉得前途一片茫然，身边的同事也存在一些相同的情况，希望得到督导的支持。

二、督导核心问题确定

（一）消极情绪引发个人缺乏成长的动力

1. 职场的压力导致进入职业倦怠期，进而导致缺乏动力

社会工作者所在的社区是深圳市的一个基层社区治理的示范点，除了日常的服务及行政工作以外，还承担着较多的社区治理事务，以及大量的不定期的对外接待工作。由于社区事务挤占了专业服务的时间，社会工作者不得不利用周末加班开展服务，造成了工作量上的压力。此外，由于烦琐的社区事务牵涉多个政府部门和利益相关方，一定程度上增加了社会工作者在沟通和协调上的成本以及在人际关系处理上的压力。另外，该社会工作者入职已经超过两年，对职业的新鲜感以及工作的积极性都有所下降，因此在外部环境的强大压力下，进入了职业倦怠期。

2. 社会工作者的迷失源于自我价值感的降低，进而带来消极情绪

小 A 自我价值感的降低主要源于两个方面。一是日常重复的社区事务逐渐冲淡了她从专业服务过程中获得的成就感，看不到自己在工作中的进步和成长。二是有意识地想要去学习，但因缺乏适当的规划和方法，失去了方向和动力，进而产生了失落感和挫败感，对自己的认同度也不断下降。当负面情绪不断累积，社会工作者开始质疑工作的意义，慢慢"迷失自己"。

3. 社会工作者陷入困境折射出其社会支持网络较弱

小 A 反馈，当自己有负面的消极情绪时，也会寻找周边同事的支持，但会发现身边的同事也有跟她相同的问题，于是寻找"支持"变成了"吐槽"，虽然有利于情绪的疏导，但依然没有从根本上解决她的困惑。而她毕业以后，基本没有与过去的同学和老师联络，身边的家人、朋友对于"社工"这个行业也知之甚少，因此给不了她太多的支持和帮助。此外，由于身边拥有"同质性"问题的同事较多，整个团队的工作氛围都比较低迷，需要督导尽快地介入和干预。

（二）缺乏科学的方法导致成长计划难以实施

案例中，小 A 反馈，自己曾经做了一些简单的自我学习计划，但是发

现“很难实施”。归根结底，这反映了很多社会工作者的共性问题，即在制订一些具体计划上缺乏科学性和逻辑性，导致计划目标过高，或采用的学习方法较不适用以致无法执行计划。很多社会工作者在遇到困难后感觉非常受挫，看不到自我成长的成效，最终放弃原先的成长计划。

（三）缺乏有力的执行导致学习过程难以坚持

此外，小A也提及个人成长不是一朝一夕的事情，有时候自己执行一些学习计划也存在“三天打鱼，两天晒网”的情况。个人成长需要时间积淀，这就要求社会工作者有良好的执行力，能够在长时间坚持对计划的有力执行。

三、督导总体方案设计

（一）督导理论和方法

结合上述问题，督导发现本案例中需处理的重点工作主要有激发动力及有效学习两大方向。故督导计划运用欣赏式探询及行动学习法，分别就激发动力及有效学习两个重点予以介入。

1. 欣赏式探询

欣赏式探询（Appreciative inquiry），顾名思义，是一种通过提问、发现、探索等行动，认识到自己、他人或者周围世界蕴藏的优势、资源和潜能，从而让自己、他人或者组织不断增值的方法。该方法多用在个人的发展及组织变革探索上，它的核心内容是“欣赏式面谈”。主要的运用是通过4D循环模式来实现。欣赏式探询有别于传统的以“解决问题”为核心的发展模式，主张、倡导以社会建构原则和乐观原则为依据，以挖掘个人潜能及组织积极变革核心为关键的发展模式。美国学者提摩西·加尔韦认为，人从消极转向积极，从悲观转向自信的关键就在于能否从内外两方面来影响个人的自我认知。不管从事任何职业，个人的表现（performance）都等于个人的潜能（potential）减去干扰因素（interference）之后的结果。欣赏式探询能够通过一系列谈话和探索，帮助人们建立良好的心理预期，从而激发个人的潜能，降低干扰因素，消除自我怀疑、错误的假设和对失败的恐惧。而这一方法，同时也适用于部分“学习动机较弱”“自信心不足”或者“自我资源发掘不足”的社会工作者，能够帮助他们重新认识自己，特别是发掘自身的潜能、优势、特点、资源，建立积极的心理预期和成长目标，从而更加主动地投入个人的学习和成长中来。在本节中，笔者主要分享的是“欣赏式面谈”，在社会工作者“个人督导”中的运用以及4D循环模型在社会工作者个人成长方面的实践。

2. 行动学习法

行动学习法是一小组人共同解决组织实际存在的议题的过程和方法。行动学习法不仅关注议题的解决，也关注小组成员的学习、发展以及整个组织的进步。通过一套完善的框架，保证小组成员能够在高效地解决实际存在的问题的过程中实现学习和发展。行动学习法的力量来源于小组成员对已有知识和经验的相互质疑和在行动基础上的深刻反思。本案例中，督导通过让社会工作者在团队中充分利用集体智慧，从而促进了社会工作者个人的成长。行动学习法的具体过程如下。

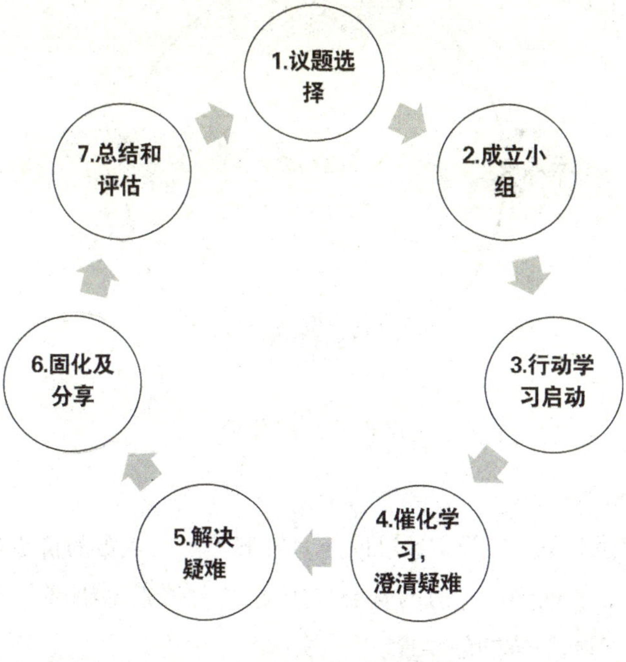

图8－1　行动学习法流程图

（二）督导目标

1. 个人层面

（1）协助社会工作者发现自己的潜能和优点。

（2）提升社会工作者个人成长的动力。

（3）降低社会工作者的消极情绪。

（4）督导社会工作者制订、执行合理的个人成长计划。

（5）提升社会工作者个人成长计划的执行率。

2. 团队层面

（1）促进团队成员之间的共同学习和相互支持。

（2）营造积极的团队学习氛围。

（三）督导计划

根据核心问题及本议题的督导目标，督导运用4D循环模式激发社会工作者的个人成长，主要包括以下四个关键阶段。

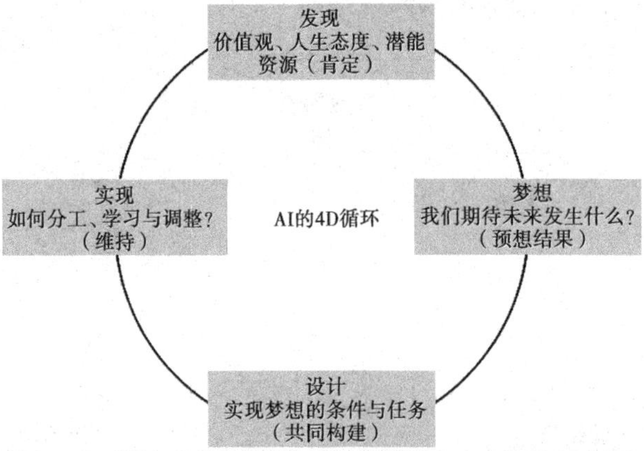

图8－2　4D循环

1. 发现阶段

鼓励面谈对象的参与，通过面谈，发掘其个人积极的价值观、人生态度、性格特点、优势、身边的资源及有意义的关系网络等，即我们“过去”或者“现在”成功的要素。

2. 梦想阶段

把发现潜能和更高的目标相结合。把面谈对象的注意力从过去、现在转向更有价值和更加美好的未来。即“蓝图”的描述，可以涵盖细致的描述，甚至于创造一个美好的“故事”。

3. 设计阶段

厘清我们要达到理想中的“蓝图”需要具备的各种条件，或者说，为实现自己的个人成长目标，我们需要达成的“任务”以及就我们所有经历的过程进行的设计和安排。

4. 实现阶段

在这个阶段，强调的是需要制定出可行的、具有可持续性的行动规划。如果这个过程中还需要他人的参与，则需要有明确的职责和角色分工，甚至于一定的监管办法，以保障我们前几个阶段的学习成果得以最终落实。

根据四个阶段的任务和行动学习的方法，可以简单地用一个表格来说明以“个人成长”为主题的督导过程的设计：

表 8－1　督导计划表

阶段/时间	任务	运用方法	督导形式
发现阶段 （1～2 次面谈）	发掘积极变革核心和动力	欣赏式面谈	1～2 次个别督导
梦想阶段 （1～2 次面谈）	把发现潜能和 更好的目标相结合		1～2 次个别督导
设计阶段 （1 个月）	制订个人行动学习成长方案	行动学习法	1 次个别督导 成立行动学习小组
实现阶段 （11 个月）	促进个人成长计划的实施 和成长经验的深化		每月 1 次个别督导 每月行动学习小组集会 1 次

四、督导过程的描述

（一）第一至第二阶段：发现阶段及梦想阶段

1. 任务

发掘积极变革核心和动力，把发现潜能和更好的目标相结合。

2. 运用方法

欣赏式面谈是通过一对一对话的方式，欣赏、聆听、肯定其成功之处，挖掘、发现其蕴藏的闪光点（包括潜能、特点、品格、资源等），从而激发对方改变的动力，达到自我增值的效果。虽然欣赏式面谈没有固定的模式可遵循，但通过不断实践，有前人总结出一套有效的谈话句式（见图8-3），能够帮助督导在面谈的过程中，尽快地发掘社会工作者身上的“积极变革的核心”，也就是帮助社会工作者发现其自身的优势和资源，强化其正向的自我认知。接下来笔者将以本文开头的案例为例，来详细阐述“欣赏式面谈”的具体操作方法和技巧。

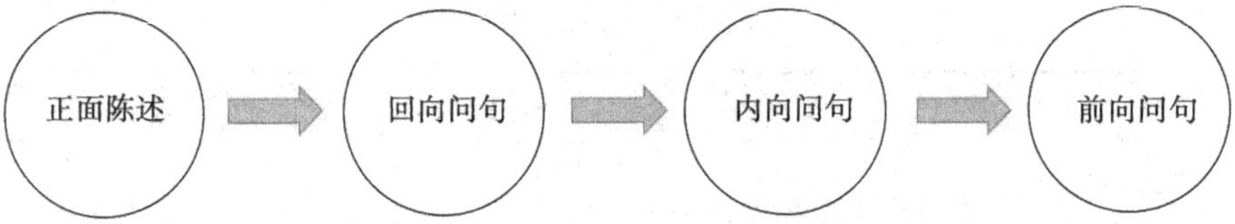

图8-3 欣赏式面谈的常用谈话句式

3. 具体过程

（1）督导运用正面陈述激发社会工作者内在动力

运用正面陈述的句式，可以有效营造轻松的环境，探索社会工作者从事这份职业的使命感和价值感，给人积极的体验，引发更多的沟通和表达。

常用引导句式如下：

- 非常感谢你接受我的访谈。
- 之前你向我提出了你在个人成长方面的需求，让我看到了你在学习方面对自己的要求，今天我想就这个问题跟你聊聊。

- 你在社会工作路上已经走了两年了，而且作为督导我也觉得你表现得很不错，那么是什么原因，让你选择了这个行业？
- 虽然当下社会工作发展还有很多不确定性，但我发现你依然在坚持做好自己这份工作，你是怎么做到的？

(2) 督导运用回向问句协助社会工作者梳理成功经验

通过回向问句，可以通过回顾过去1~2年中的成功经验，挖掘具有代表性的故事以及故事的意义。

常用引导句式如下：

- 从事社会工作以来，有没有你觉得印象深刻的事情？
- 在社区这么久，你一定开展过很多场服务，有没有哪一场特别成功的？你愿意跟我分享吗？
- 这场活动发生的时间、地点、有谁参与，为什么印象深刻？

(3) 督导运用内向问句协助社会工作者梳理个人优势

通过内向问句，协助社会工作者分析成功的内外部原因，找到社会工作者身上的闪光点，建立社会工作者的信心，挖掘社会工作者的优势和潜能，帮助其看到自己的收获和成长。

- 这么多困难你都坚持下来了，是怎么做到的？
- 你觉得这件事成功的原因是什么？
- 通过这件事，你发现自己身上有什么优点？
- 经过这件事，你觉得自己有什么不同？

(4) 督导运用前向问句协助社会工作者确定成长方向

通过前向问句，激发社会工作者对未来的憧憬和希望，帮助社会工作者订立一个大致的目标，提升社会工作者参与实现目标行动的动力。

- 如果再来一次，你会在哪些方面做些改进？
- 这次活动的成功举办，对你未来的职业发展有没有一定的影响？
- 如果给自己定一个大致的成长方向，会和这次的体验有关吗？
- 想象一下，如果你在两年后拿了一个奖，你觉得会是什么奖？
- 如果要拿到这个奖，现在开始你会先做些什么？

（二）第三阶段：设计阶段

1. 任务

制订个人行动学习成长方案。

2. 运用方法

个别督导及行动学习。

3. 具体过程

（1）组建行动学习小组

将有成长需求的社会工作者集合在一起，组建行动学习小组。小组组员明确小组的共同方向，建立学习小组的基本规范。并通过分别分享个人的成长设想，相互支持和鼓励，组成相应的次小组进一步进行研讨和学习。通过本次小组集会，督导团队小组成员相互交流、分享了各自的成长方向，针对成长规划中的重点及难点进行探讨，相互支持，贡献经验、方法和智慧，进一步提升了团队成员的成长动力及执行的决心。

（2）协助社会工作者运用 SWOT 分析等工具制订个人成长计划

通过分析个人的基本情况、兴趣，以及 SWOT（优势—劣势—机会—挑战）分析，明确个人的成长重点，确定个人成长任务的达成目标以及对应的达成策略，对目标达成确定表现指标，以及开展关于目标达成的评估设计。

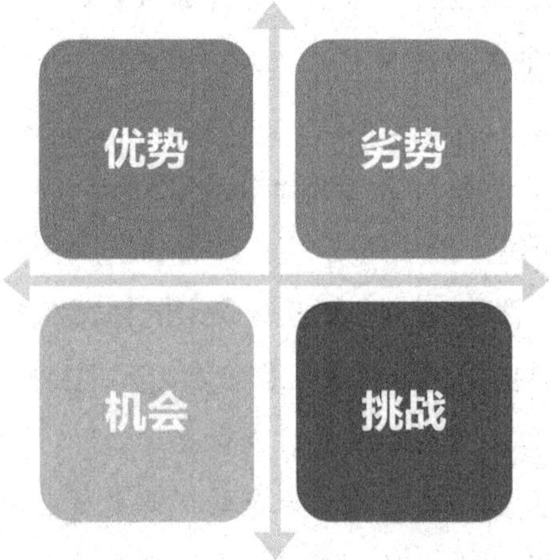

图 8－4　SWOT 分析矩阵图

一份完整的成长计划应包含以下内容：

- 个人基础情况阐述：介绍自己的专业背景、经验、负责工作情况及个人兴趣。
- 个人 SOWT 分析：通过 SWOT 明确自己需要成长的方向。
- 成长目标及策略：针对成长的需求，制定科学的成长目标及对应的实施策略。
- 成长成效评估设计：运用科学的测评方式，针对成长计划目标的达成情况进行科学的设计。

表 8－2　成长方案模版

成长目标	策略	执行期						目标达成的表现指标	评估工具	评估方法
		1 月	2 月	3 月	4 月	5 月	6 月			

（3）指导社会工作者优化个人成长计划

在这个环节，督导主要通过观察目标设置的科学性，以及实施策略对目标的回应及可执行性等几个方面来评判成长计划的科学性。为了保障成长计划成效的可视化，督导也应重视培养社会工作者对个人成长的评估设计能力，让社会工作者可以通过动态的监测看到自身的成长，从而进一步强化成长的动机和效果。具体而言，督导对成长计划修改的重点及标准见下表。

表8－3　成长计划督导指导重点及标准

重点	标准
目标设置	目标必须是具体的（Specific） 目标必须是可以衡量的（Measurable） 目标必须是可以达到的（Attainable） 目标必须和其他目标具有相关性（Relevant），目标必须有一定时间性（Time－bound）
策略方法	策略可以有效地达成目标 策略的执行是有有利条件的，是可行的
评估设计	选择的评估方法是否科学、合理 配合适合的评估工具

（三）第四阶段：实现阶段

1. 任务

促进个人成长计划的实施和成长经验的深化。

2. 运用方法

个别督导及行动学习。

3. 具体过程

（1）督导给予个别督导，社会工作者通过汇报及检讨个人的执行情况，探讨优化实现个人成长目标的策略和方法。此时可用的思考逻辑为PDCA模式（Plan计划：明确目标，形成理论，确定衡量方法，制订行动方案；Do执行：执行计划，采取行动，运用最好的知识去实现所期望的目标；Check检查：对结果进行监控，测试理论和计划的有效性，对结果进行分析，包括过程、成功或期望外结果，学习新的解决问题的方法；Act行动：运用所学到的方法修改理论，明确进一步的学习需求）。运用此思维工具，督导成功协助社会工作者探索个人成长计划的执行情况，并作出必要的调整。

（2）通过每月开展一次行动学习小组会议，促进小组成员共同分享交流个人的成长、学习、实践收获，共同监督团队的成长计划执行进度，互相针对学习过程中的困难提供建议和支持。

(3) 在整个个人成长计划接近尾声阶段，小组成员分别汇报个人成长计划的最终执行情况，以及结合计划中的目标达成评估设定，对个人成长成效进行评估。通过汇报分享，小组成员可以在他人的经验中获得学习和成长。

五、督导服务成效

(一) 社会工作者学习动力情况

督导介入前，与社会工作者共同商定了督导介入的目标，并在每个目标上建立了相对应的测量指标，继而在介入的过程中采用问卷和量表的形式进行测量和评估。基线期（介入前），社会工作者自评得出的自我认同感为 3 分（10 分制），学习动力为 2 分（10 分制），每天出现的负面情绪次数为 4 次。第一阶段“欣赏式面谈”结束后，社会工作者的自我认同感和学习动力都上升到了 6 分，每天出现负面情绪的次数下降到 1 次。第二阶段，社会工作者在督导的指引下制订成长计划，自我认同感上升到 7 分，学习动力维持在 6 分，但由于产生了一定的学习压力和不确定性，负面情绪出现的次数增加到 2 次。第三阶段，通过朋辈学习的加持，社会工作者减轻了在学习方面的压力，且逐步获得了学习上的成就感、自我认同感和学习动力，均上升到 8 分，负面情绪出现的次数持续减少，直至介入 6 个月后降为 0 次。就介入前后的数据对比分析可知，督导的介入是有较为显著的积极成效的。

(二) 社会工作者成长计划制订情况

通过收集、整理团队社会工作者的个人成长等资料情况来看，团队 21 名社会工作者均制订了个人成长计划，完成了执行记录和成长成效总结。可见，本案例中督导对社会工作者成长计划制订的促进作用显著。

(三) 社会工作者成长任务完成情况

从社会工作者个人成长计划的任务完成情况来看，团队 21 名社会工作者对此项的综合自评平均分（5 分制）达到 4. 4 分，其中 19 名社会工作者

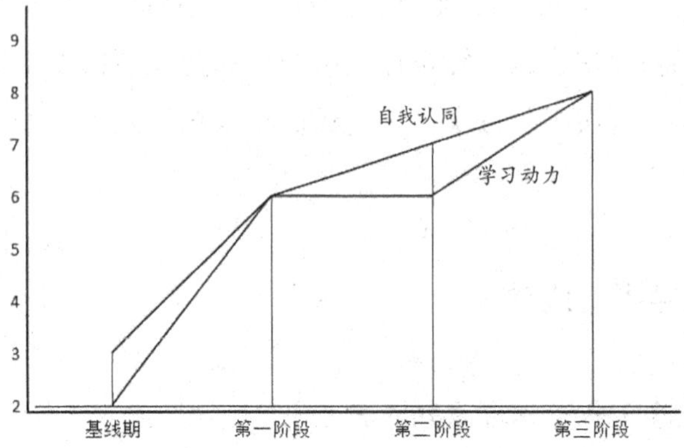

图 8－5　社会工作者自评自我认同感及学习动力打分情况

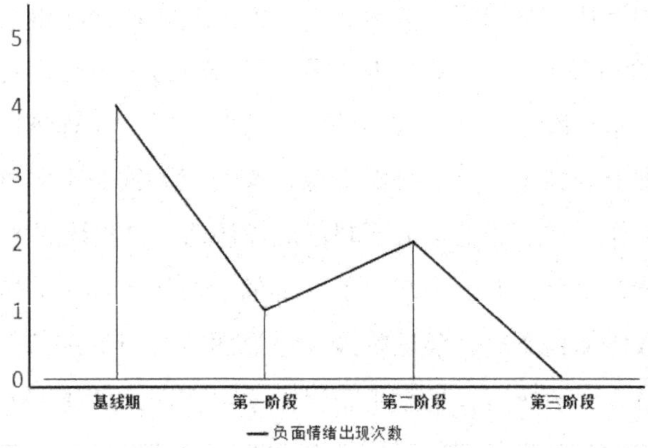

图 8－6　社会工作者自评负面情绪出现次数观察记录

的个人成长计划完成率达到 90% 以上。通过督导，社会工作者个人成长计划的执行率有一定程度的提升。

（四）社会工作者成长目标达成情况

社会工作者在制定个人成长目标时，针对每个目标进行了评估设计。根据评估设计情况，社会工作者对个人成长目标达成情况进行自评。一年成长周期结束后，团队 21 名社会工作者中，有 18 名社会工作者反馈个人成长目标达成率为 90% 以上，可见该项督导工作对社会工作者有效达成个人成长目标亦有一定的帮助。

（五）社会工作者反馈情况

表8－4　社会工作者反馈表

阶段	社会工作者的感受
第一阶段 欣赏式面谈	在与督导对话的过程中，不知不觉氛围就变得轻松起来。督导的引导让我意识到，原来我平常做了很多工作，且有些工作的成效是非常明显的。我开始慢慢产生了“获得感”和“成就感”，最后觉得自己应该顺着已经走了一半的路，再加把劲多学点东西，变得更好。 第一次尝试“欣赏式面谈”，觉得这个对话方式真的很“神奇”，就像督导说的，我自己找到了成长和学习的方向，好像接下来的事情一下子变得清晰而又迫不及待了
第二阶段 行动学习	通过行动学习，最棒的是我发现“一个人走得很快，但是一群人可以走得更远”。行动学习的讨论，让我清晰了自己的成长计划，并且在一群有共同方向的小伙伴那里，获得不同的经验和支持，特别是看到其他小伙伴都在很努力地自我成长，真的感觉更有能量和热情去执行自己的计划，去行动。有时候自己也想稍微“偷懒”下，但是想到会议时需要分享自己的情况，我也是更加自律起来，突然发现效率“棒棒哒”

六、督导服务反思

（一）经验总结

1. 欣赏式探询是优势视角下督导工作的一种范式

实际上，欣赏式探询就是将传统督导工作中的“问题视角”转化为“优势视角”的一种实践。部分社会工作者认为，督导是来帮助“解决问题”的。实际上，督导的意义更在于，挖掘社会工作者的潜能，促使社会工作者通过自身的成长去应对各项工作。由此可见，挖掘社会工作者的潜能，激发社会工作者的主动成长，是督导工作中非常重要的一个环节，而欣赏式面谈正是通过不同句式的组合以及面谈技巧的发挥，让督导的引导和启发工作更加行之有效。此外，欣赏式面谈还可以用在年终的个人总结和工作复盘上，以此激发社会工作者的向心力、成就感以及对下一年工作的信心和动力。

2. 行动学习可有效促进社会工作者主动学习的能力

行动学习有别于一般的学习模式，它通过议题导向激发学习动机，保证了学员参与的积极性和主动性。同时，该学习模式的逻辑性和严谨性，让其在成长计划制订的过程中可以听取不同组员的意见并进行优化，亦有机会获取组员间的支持和资源。而行动学习定期的集会，则很好地发挥了监督的作用，让参与者有了反思阶段成效的机会，促成参与者看见自身的成长和进步，从而进一步强化成长的动机和积极的行为。此外，行动学习的精髓就在于做中学，边学习边实践，边实践边学习。依托实践应用促进学习的成果切实落到实处，且通过实践应用加速成果落地。

3. 朋辈网络的建立是社会工作者个人成长的催化剂

朋辈学习的模式，运用了小组动力，从而加速学习进程。与个人学习不一样，团队学习更能激起火花，既可以相互分享自己的经验，又可以互相质疑、互相反思、互相监督，加速学习进程，以达到良好的学习效果。此外，不同组员共同分享经验，有效地扩大了学习成果的传播和应用，促成了团队内部的知识管理和分享。另外，朋辈网络可发挥“鲇鱼效应”，运用朋辈网络中的积极因子，促进其他组员的内部动力提升，从而全面提升小组的学习效果。

（二）案例反思

1. 案例研究的局限性

本案例探讨的主体是在深圳地区工作了一至三年左右的社会工作者群体，具有一定的地域限制以及成长环境的特殊性。譬如，在深圳工作两年左右的社会工作者可以算是具有一定经验的“老”员工了，其中有一部分人已经升职为项目主任，需要承担更多的项目研发及管理工作。但在其他省市，工作两年的社会工作者很可能还属于刚刚入行阶段，受政策、环境和资源限制，成长的速度要稍慢些，职业认同感及专业价值观的建立也会相对落后。本案例中采用的欣赏式探询对于社会工作者的自我觉察力、工作体验、社会工作的总结和反思能力都有一定的要求。因此，本案例并不适用于所有具备 1 ~ 3 年工作经验的社会工作者，请各位读者谨慎使用。

2. 时间及延续性对于督导介入的挑战

在社会工作者的个人成长方面，督导更多扮演的是引导者、使能者和陪伴者的角色。就本案例来看，督导需要跟进社会工作者将近一整年的学习和成长状况，这对于督导来说也是有一定的压力的，同时也是有一定的风险的。譬如，社会工作者或者督导的岗位调整，因故离职，或者是在执行个人成长计划的过程中出现了突发情况，社会工作者再次经历困境以后重新出现负面情绪等，这些都会对督导工作带来一定的挑战。因此，督导在介入的过程中也要不断地调整自己的心态和角色，做好风险预估，配合社会工作者的步调，和社会工作者共同成长。

3. 对督导的能力和技巧有较高的要求

无论是欣赏式探询还是行动学习，都需要督导本身具有一定的专业能力。这便需要督导人员不断提升自身的督导面谈技巧，以便在开展督导工作时准确把握欣赏式探询和行动学习的精髓，充分发挥这些方法的优势。

第二节　职业认同

经过十年的探索，深圳的社会工作取得了长足发展。深圳市社会工作者人数规模不断扩大，服务涵盖领域不断延伸，基本实现了社区党群服务中心的全覆盖，构建了具有深圳本土特色的社会工作服务体系。伴随着社会工作的快速发展，从业人员的高流失率成为业内热议话题，引起了社会关注。2013～2015年，深圳社会工作者流失率分别为19.8%、22.2%和18.8%。部分社会工作者流向了广州、东莞、佛山等珠三角地区，深圳俨然成为社会工作行业的黄埔军校。高流失率影响着深圳社会工作行业的发展，社会工作的服务品质及队伍的稳定性受到伤害。高流失率的背后，亦存在社会工作职业认同的问题。社会工作者的职业认同直接影响社会工作者的工作积极性。而社会工作者的职业认同感受到社会工作者自身价值实现、机构的管理文化、行业的发展前景影响。因此，作为一名督导，如何提升个人及团队的职业认同感，进而实现社会工作者的个人价值、提高服务质量、完善机构管理，降低社会工作者向行业外的流失率，是本次督导案例探讨的议题。

一、案例背景

（一）政府购买服务背景

为促进社会工作职业化、专业化发展，深圳市制定了社会工作专业岗位设置方案，在不增加行政、事业编制和社区工作站专职工作人员名额的原则下，按特定对象和需要在社会福利与社会救助机构、学校、医院、社区等设置社会工作岗位。派驻社会工作者的岗位职责主要是运用社会工作专业知识，为特定人群或事件提供专业化的社会工作服务。岗位社工的发展，探索建立了一条适合本土发展的社会工作实践模式。但随之而来的问题，促使深圳市社会工作往多元化发展。为了解决社会工作服务资助资金不稳定、经费拨付滞后、项目营运时间短、服务广度和深度受掣肘等困境（江国初，2017），深圳市政府借鉴我国香港地区的家庭综合服务中心模式，向社工机构购买社会工作服务，并开始大幅度地将社区资源向社区服务中心转移和聚集。在深圳市社区服务“十二五”规划的指导下，深圳市探讨建立以社会工作者为骨干、多种专业人才并存的社区服务队伍，以社区服务中心为基础阵地，构建跨部门、综合性的社区公共服务模式。

社区服务中心由政府主导、民间机构运作。为了更好地提升社区工作的服务质量，实现社区发展目标，机构授权给督导让其实现对社会工作者的行政、教育、支持、调解的功能。其中，行政功能包括让社会工作者合格的、负责的执行服务；教育功能包括职业继续发展；支持功能包括个人情感支持、动机恢复或提升；调解功能包括个人融入组织（Wonnacott，2015）。

（二）案例情况

L社区服务中心所服务的社区属于城中村类型，中心内有1名主管、3名社会工作者、2名行政助理岗位，现中心已在社区运营、服务一年。但是在过去的一年服务中，人员工作积极性不足，工作难以出亮点，且中心员工流失人数累计已达4名，导致社区服务受到了较大的影响。督导在对团队成员开展督导时，了解了目前团队情况及人员动向，人员基本情况见下表。

表8－5　L社区服务中心成员基本情况

序号	姓名	性别	年龄	学历	专业	从事行业时间	负责内容	备注
1	主管 A	女	27	本科	社会工作	4年	管理中心兼督导助理	–
2	社工 B	男	30	本科	基础医学	5年	负责青少年服务领域	妻子在成都
3	社工 C	女	25	本科	心理学	1年	负责妇女儿童领域	刚入职
4	社工 D	女	23	大专	社区管理	0年	负责老年服务领域	刚毕业
5	行政 E	女	32	大专	园林设计	1年	前台，志愿者管理	工作站推荐
6	行政 F	男	22	大专	物流管理	0年	前台，偶尔带活动	工作站推荐

督导在机构内部的服务测评中发现L社区服务中心的服务成效评比结果较为不理想，机构领导要求督导对L社区服务中心作出整改，全面提高团队服务水平。

目前L社区服务中心发展状况一般，而且团队新加入了由工作站推荐的人员。为更好地了解工作站对于服务中心的发展动向及部分成员情况，督导走访了社区工作站领导。工作站领导表达了其对L社区服务中心工作的不满，认为社会工作者流动性太大，人员不稳定，频繁换人，给日常工作的对接造成不便；同时，站领导认为L社区服务中心过去一年的工作并无亮点，只是按照合同指标完成工作，未能像其他社区一样打造出品牌服务。

（三）问题呈现

1. 服务品质受到质疑

在内部检讨及外部走访中，L社区服务中心的服务成效都受到较低评价。过往的一年，团队虽然按照服务规划和年度计划开展服务策划与执行，但日常工作很少为了服务的拓展和延伸进行思考，服务与服务之间缺少衔接和持续性，未能达到最初制定的服务目标。

2. 团队成员流动性大

目前团队成员流失率较高，其中社会工作者流失 3 名，行政助理流失 1 名，高流失率影响了团队的稳定性。面对人员的频繁更换，主管需要更多的时间带领新人熟悉社区环境，适应工作流程。另外，团队成员感到工作不确定，由于经常需要兼顾离职人员的工作内容，也受到他人离职的影响，偶尔自己也会产生离职的念头。

3. 团队成员工作积极性低

团队成员上班出现迟到情况，工作进取心不强，不想努力上进和有所作为，有“当一天和尚撞一天钟”的倾向。对待工作虽不至于敷衍塞责，但是安于现状，对于服务的突破与改变并没有作出太大的努力，更愿意待在办公室里面写文书，而不愿意走进社区接触居民，寻找更多的服务资源。

二、督导核心问题

基于对 L 社区服务中心的了解及日常的观察，督导发现该中心处于一个封闭的服务圈中，即居民对于该中心团队的辩识度不高，不了解该中心的服务内容，团队成员在服务中无法获得成就感，这导致团队成员服务热情降低，进而影响了团队服务的积极性，也影响了服务成效，进而影响社区居民对团队的认识度。因此在督导过程中需要找到服务的突破口，打破封闭的服务圈，促进中心与居民间的良性互动。

（一）团队的消极关系影响自我认同

萨提亚的家庭治疗模式理念为团队督导提供了较大的理论支持，人的生存模型包括自我、情景与他人（萨提亚，2007），而这三者关系影响着我们所有的关系，包括家庭、恋人朋友、工作。而督导关系亦师亦友，团队成员之间的关系更是相融的，因此，督导关系及团队关系的积极改变能够将彼此聚焦到现在、未来中，进而提升个人自尊，接纳自我身份。另外在家庭治疗模式中，其不仅只是作为团体性的治疗，而是更多的个体性与团体性的结合，这种模式也适用在督导服务中。“近朱者赤，近墨者黑”。如果团队中每个人都是积极、正向的，团队成员也会对自己充满信心；相反，如果团队中每个人都是消极的，则团队成员做得再好，也无法获得自我认同。

面对团队现状，主管A曾作出了许多努力，包括开展团队建设、合理分配工作、争取团队项目补贴等，期望可以调动团队成员的工作积极性，改善团队服务成效。但是团队成员们的配合度不高，成效也不足，更有社会工作者表示参加团建、培训都是机构要完成的工作，并不是自己想要的。而团队在督导及例会分享过程中，更多的是分享消极的工作情绪。如遇到的居民怎么不理解社会工作者，工作站又分派了很多行政工作，机构的文书资料相当烦琐等。

（二）职业回报率的不足降低服务积极性

霍曼斯的社会交换理论认为，社会行为是一种至少发生在两个人之间的、要获得报酬（或付出成本）的、有形或无形的交换活动，交换的资源可以是有形资源，如实物、服务，也可以是无形的资源，如权利、同情、认同等。人们通过交换获得所需。在此基础上，社会交换理论提出了人类行为的命题，包括成功命题、刺激命题、价值命题、剥夺－满足命题、攻击－赞同命题和理性命题。

过去一年，L社区服务中心的社会工作者不管工作表现如何，都能获得工作报酬。他们只需保证完成基本的工作指标，便能领取每月固定的薪资。工作表现好坏以及承担工作的数量，并不影响他们与机构行为交换获得的资源（薪酬）。即便机构有绩效考核，但是绩效奖金较低，对他们行为刺激不大，未能调动他们的工作积极性。同时，机构的晋升路径有限，职业的发展空间较小。因此，团队成员也没有积极性付出更多的行动，以获得更多的职业行为交换结果。

（三）多重因素下社会工作职业认同感难以提升

社会工作者职业认同与职业能力、职业荣誉、职业忠诚、职业地位和职业前景相关（徐道稳，2017）。而社会工作者职业认同测量方向分为两类，一是自我认同，二是社会认同。其中，自我认同是个体对自身现状、生理状况、社会期待、以往经验、显示情景、未来希望、工作状态等各层面的觉知，统合而成为一个完整、和谐的结构；社会认同则是从个人与群体之间的关系来界定的，社会认同是个人拥有关于其所从属群体，以及这个群体身份所伴随而来的在情感上、价值观上的重要性认知（王惠卿，2013）。

L社区服务中心的社会工作者在与朋友交流的时候，了解到朋友的职业薪酬及发展前景后，感到目前社会工作行业的薪酬较低，职业发展前景有限。而这时候，所在团队状况、机构管理、行业发展并不能让社会工作者在与他人的比较中获得自尊，社工无法看到自己的价值所在，缺乏安全感，感到迷茫，甚至在情感上、精神上感到耗竭。因此，多重因素影响下，社会工作者对待工作缺少热情，职业认同感不高。

三、督导总体方案设计

（一）督导目标

（1）提升社会工作者改变动机，增强个人能力。制定团队职业生涯发展规划，鼓励社会工作者参与团队及机构事务，增强个人职业能力，提升其职业认同感。

（2）促进团队互动，增强团队凝聚力。通过团队建设、朋辈督导等方式，增强团队成员人际满意度，营造团队成员互相关怀的氛围。

（3）完善机构政策，拓宽社会工作者的发展空间。改善机构人事及服务制度，增加职业发展路径，强化社会工作者的职业认同。

（二）督导整体方案

社会工作者的职业认同受到年龄、学历、人际关系满意度、工作环境、家人支持度以及人格、职业能力、职业荣誉、职业忠诚、职业地位和职业前景等因素的影响。结合学者们的研究成果及团队的实际情况，督导方案设计从社会工作者、团队、机构、行业四个维度入手。

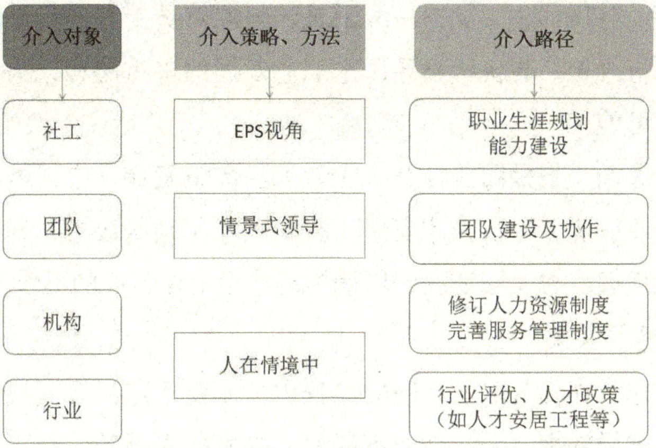

图8－7　督导整体方案

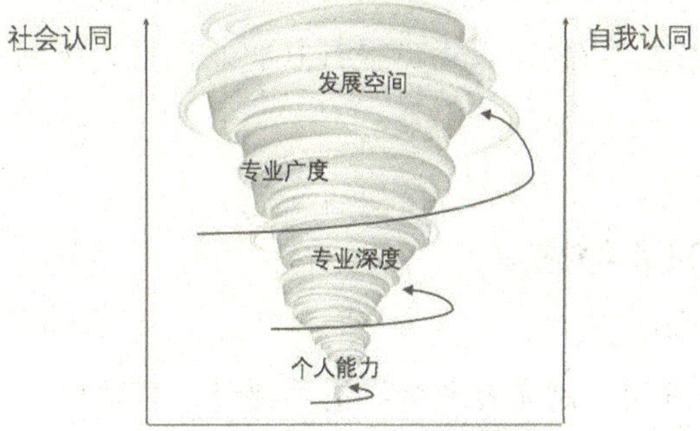

图8－8　督导策略

在社会工作者层面，在EPS视角下（Empowerment充权、Participation参与、Strengths强项），鼓励社会工作者依据兴趣、特长在不同事务的参与中获得成长。一方面，与社会工作者探讨个人职业生涯规划，了解个人兴趣能力，明确职业发展方向，设定个人成长目标。另一方面，鼓励社会工作者根据自己的目标多参与服务的设计规划及机构实务的参与。

在团队层面，根据情景式领导法，根据社会工作者的能力、工作态度及成长阶段采取不同的督导方式；同时，在小组内开展定期的团队建设，增强小组凝聚力，营造团队内互相关怀的氛围；定期开展朋辈督导，增强小组成员互相学习、肯定鼓励的氛围。

在机构层面，根据团队督导情况，完善培训体系，建立定期培训学习制度。此外，与机构领导反馈一线困难，争取对员工曾经反馈的服务流程烦琐问题进行改善。与机构领导讨论职业发展的多重路径，为员工的成长创造更多的可能。

在行业方面，鼓励团队社会工作者关注政策发展动态，鼓励社会工作者多参与行业评优，争取人才安居工程、人才奖励等政策，并在督导工作汇报中，多反馈一线实际情况，以期推动社会工作行业的不断发展。

（三）督导策略

社会工作者在提升职业认同的过程中，需要不断提升其自我认同和社会认同，而这样的提升是长期曲折迂回，螺旋式上升的，而不是能够立即实现或者持续高涨的。针对团队成员普遍存在的职业认同感不足的困境，督导的过程应侧重在社会工作者个人能力、专业深度、专业广度及发展空间四个方向的递进式协助，以逐步提升其职业认同，推动其自身及团队的旋风式成长。

四、督导过程描述

（一）第一阶段：建立专业督导关系提升改变动机

在过去的一年中，督导对于社区及服务中心的情况较为熟悉，但随着团队中新人员的加入，团队的情况有所变化。每位团队成员都有自身各自的困境及潜能，而就团队发展而言，团队困境的解决不仅需要解决个人困境，也需要团队成员之间的共同协助。因此，在督导前期，需与团队成员进行一对一、面对面的沟通，建立专业的、发展的、有效的督导关系，并就职业认同的问题进行沟通，制订一致的督导计划，达成督导共识。

在面谈过程中，督导了解了受督导者的个人情况，并就团队的职业认同问题，咨询其意见。

主管A表示自己已在社会工作行业服务4年，一直是在社区服务中心就职，虽然社区服务中心已经被“党建化”，但是所获得的支持也越来越多。社区服务也是近年来能够较好呈现社会工作服务价值的平台之一，未来个人也将在这一领域继续深耕。对于团队目前存在的服务热情不足、服务较为常规、社会工作者职业认同感不足的问题，虽然在管理上做了一些努力，但也较难推动团队作出新的探索，或者创造更多的有价值的服务。

社会工作者B表示自己现在在读社会工作硕士学位（在职），暂时是不会离开深圳的，但是妻子在成都，而且刚怀孕，未来可能在家庭和事业上需要进行取舍。在对于团队职业认同感和服务上，自己确实由于家庭和学业问题，与以前相比少了一些服务热情，但是服务都常规化了，认为并无太大影响。而职业认同的部分，其表示自身很喜欢社会工作这个行业，但是由于工资低、居民不理解等问题，影响了自身对于未来发展的抉择。

社会工作者C表示对于服务，其能够按时完成，而且在指标完成上并未有拖拉的情况，而服务的探索和创新，应该由团队负责人决定，自己只要完成任务就可以了。对于职业认同部分，社会工作者C表示对于目前工作说不上喜欢或者不喜欢，也不能确定自己未来会不会继续从事这一行业，目前在准备社会工作师和心理咨询师的考试。

社会工作者D表示自己刚毕业，对于社区服务仍在了解，但是自己也希望能够继续在这个行业提供服务。

行政E表示自己只是负责前台工作和志愿者服务登记，有服务对象来也能进行接待、转介，并不觉得自己服务上有问题。另外，在职业认同和发展上，其表示服务的社区也是自己居住的社区，相对比较熟悉、方便，暂时不考虑其他的晋升等，如果能够加工资就更好了。

行政F表示自己是负责前台，偶尔和社工一起带带活动，感觉社会工作服务也挺好玩的，而且有时候能够让他负责一部分游戏，自己也玩得很开心。对于未来发展，因为自己也是刚毕业，这是第一份工作，所以先做看看，未来也不知道会不会继续在这行业中发展。

通过面谈可以发现，团队成员每个人的状态和对社会工作行业的认同度都是不一样的。因此对于职业认同的问题，更多的是督导作为管理者角色发现并认为需要解决的团队困境，而未必是团队成员认为自身存在的问题或者需要解决的问题。因此，在本阶段督导应通过采用不同的反思性技巧及支持性技巧与每一位社会工作者逐渐建立开放、信任的督导关系，并在面谈过程中逐步引导社会工作者意识到其个人发展和职业认同对自身的重要性，继而通过认知的转变带动服务的进步及认同度的提升。

通过引导协助团队成员意识到在职业发展过程中，工作不仅只是获得工资，更多的是能够获得未来发展的能力资本。

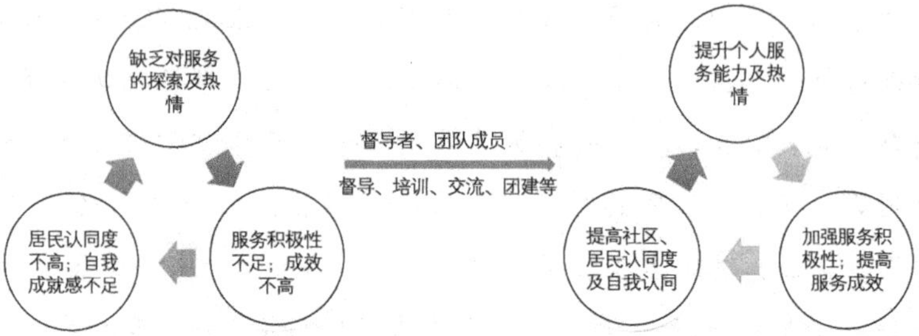

图8－9　督导导向

（二）第二阶段：整合多维度方式提供督导支持

在第一阶段通过建立专业督导关系提升改变动机的基础上，本阶段督导将综合运用个人督导、团体督导及外出团建的形式，提供多元的督导支持，帮助团队成员进一步提升其职业认同感。

1. 个人督导

结合每一位受督导者的实际情况，建立独特的沟通、督导模式。在督导过程中督导需要回应受督导者的实务能力、个人状态、团队融入情况以及机构管理四个层面的需求，除了回应其需求、协助其解决困惑外，更重要的是鼓励受督导者走出其舒适区，适当地参与挑战。在EPS视角下，督导者依据员工不同的强项，鼓励他们积极参与团队、机构和行业事务，如承担团队新项目开发、参加机构讲师团和年会筹备、报名行业趣味运动会等，增加其与团队、机构和行业的连接。在受督导者发展受限时，督导可参考Morrison的受阻学习周期对受督导者进行引导。很多时候受督导者不能有效地获得成长，并非其能力有问题，而是被自身所限，这时候需要督导对其进行引导，找到原因，摆脱阻力，实现自我质的飞跃。

同时，在督导过程中，应向受督导者积极透露一些相关的、最为关注的职业晋升、服务对象评价、政府人才扶持或支持政策等信息，以提升受督导者对行业发展的信心。

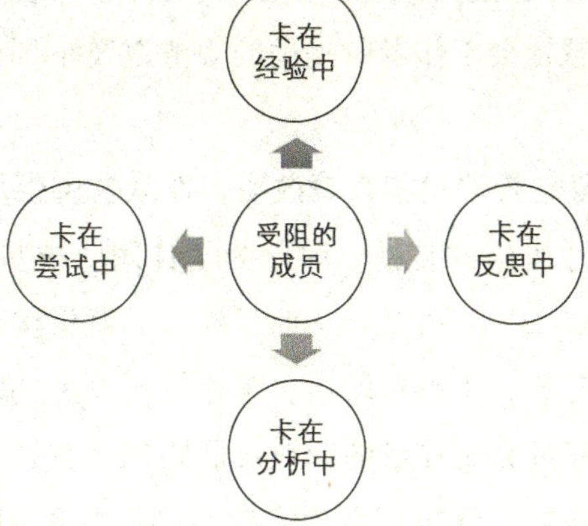

图 8－10　成员受阻情况

2. 团体督导

团体督导每月开展一次。在工作协调上，针对不同的受督导者的能力和积极性，依据情境式领导法采用不同的督导策略，为社会工作者分配不同程度和性质的工作内容。督导会上，除了受督导者各自简述每月工作情况外，增设了“我看到了”这一常规项。作为鼓励机制，受督导者在团体督导中，对团队成员（包括自己）在当月的成长进行鼓励、表扬，可以表扬所有人，也可以表扬其中几个人，也可以表扬自己。每次鼓励表扬前，都以“我看到了……”这一句式开始，如主管 A 说：“我看到了社工 B 在活动结束后，仍积极与服务对象进行交流，了解活动中的不足及建议。我觉得社工 B 对活动非常负责，也得到了服务对象的认可。”

另外，根据吸引力法则，越是关注某一领域，就越会被某领域所吸引。在团体督导中，会抽出大概 30 分钟的时间就社工成长、机构管理、行业发展等主题进行讨论，加深团队成员对个人、机构及行业发展的关注。但是为了避免讨论的倾向性过于负面，督导者需要适当地引导并发挥团队“天使”的作用，使讨论方向较为积极、正面。

3. 外出团建

外出团建的目的在于发挥团队的凝聚力。团建不仅只有本社区的团队参加，还可包括其他团队。部分团建还可涉及跨领域的团队。

开展不同方式的团建主要是希望团队成员能够接触不同领域的社会工作者，了解不同领域社会工作者所提供的服务以及不同的状态，打破其自身固有的认知。

（三）第三阶段：推动机构政策改变，发展多重生涯路径

督导服务离不开机构的支持，因此为了让团队成员获得更好的支持，督导作为机构管理层人员，可联合其他督导人员就机构全体社会工作者的职业认同现状进行分析，了解目前社会工作行业发展的现状及需求。通过分析可以发现，关于社会工作者的职业发展路径，在社会工作行业内有六个方向，在社会工作行业外也有六个方向，详见图8－11。对此，督导可在机构管理会议中提出建立多元化的晋升渠道、增加多元培训、强化中层人员的支持等建议。

1. 拓展晋升渠道

机构原有的晋升渠道较为单一，基本路径是从拓展晋升到项目主管，再晋升到督导助理，继而成为督导。而在新的晋升途径中，员工可以通过绩效、项目、资质晋升，也可以通过调整至机构行政人员序列继而获得晋升。在横向发展方面，机构成立了讲师团，员工可在机构内外部进行授课。同时，员工可在兼顾原有工作的同时，进行项目的开发与管理，拓宽职业生涯的宽度。

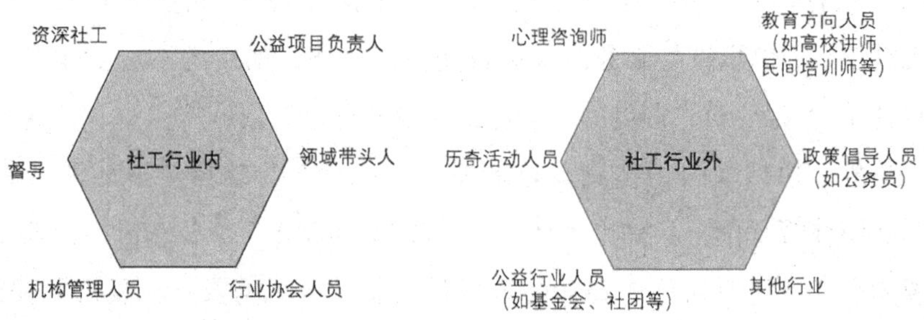

图8－11　职业发展方向

2. 构建多元化培训模式

从机构层面出发，鼓励不同服务领域、不同层级的团队联合举办各种培训和学习活动，例如新晋员工欢迎会、社会工作技能提升班、社工资格考试集训营、主题讲座、讲师训练营等，在培训过程中，着重学员之间的互动，通过服务经验的分享激发社会工作者的服务激情，同时也对过去服务经历作出相关的反思。另外，在活动结束后，参加培训的人员可以在个人督导或团体督导中进行分享，巩固培训感受。

除了组织面向全体员工的基础培训和学习活动外，还应加强对机构中层人员的支持。中层人员指的是已经在机构服务超过 3 年，或者职务已经到了项目主管及以上级别的人员，这部分人员是机构的宝贵资产。如果能进一步提升中层人员的职业认同度，将能够为机构、行业创造更多的价值。因此，机构督导可联合起来开展“中层管理提升班”的培训活动，既能提升中层人员的管理技巧同时也能对其在团队管理上的负面情绪进行疏导。此外，还可联合起来组织开展“区域茶话会”，定期在不同区域召开茶话会，引导中层人员彼此分享困境及成就，提升相互之间的支持。

上述措施的落地不仅有助于拓宽社会工作者的职业生涯发展，也能为机构和行业发展注入更多的人才资源。同时在公益服务发展的大背景下，即使社会工作者选择其他行业发展，也能在一定程度上彰显社会工作专业价值理念。

3. 完善服务流程

针对员工反馈的文书烦琐、表格不适用、服务流程不清晰等情况，督导团队收集了各团队意见，组织社会工作者参与服务流程规范和表格的完善工作。并结合实际工作，在机构内部标准化了服务流程，将原有的服务表格依据岗位及服务中心的需要进行了优化调整，以更适用于目前一线人员的工作需要。

（四）第四阶段：回顾督导历程，评估督导成效

在年终个人督导中，督导引导受督导者进行总结，运用行动后学习机制（After Action Review，简称 AAR）着重于受督导者的表现，让受督导者自行发现在过去一年的督导中，发生了什么、学会了什么，以及如何维持优点并改进缺点，并且让受督导者重新就职业认同问题进行相关的回应。

主管 A：在过去一年中，参加了中层人员集训营，认识了其他区域的主管，也彼此之间会分享管理难题，感觉有了很多支持，特别是在“党建

化”道路上，不是只有自己在孤军作战。而职业发展上，主要仍希望在服务中进行提升，因此将考虑参加初级督导考试。

社会工作者 B：虽然现在的团队之间合作较为顺利，而且机构也能给予更多支持，但是因为儿子刚出生，希望能够有更多时间陪伴家人，所以未来一年将离开机构，和妻子在成都开一间为青少年服务的社工机构。

社会工作者 C：过去觉得服务做了就完成任务了，但是现在发现原来社会工作这个行业能够提升很多能力，而今年也考取了社会工作师职业资格证，预计将在社会工作行业继续发展一段时间吧。

社会工作者 D：在社区中，基本上已经和居民混熟了。我觉得不管是团队还是社区居民都感觉挺好的，对于社会工作行业，虽然社会工作者工资不高，但是机构、团队氛围还是挺好的，能够给很多机会让我去做不同的尝试，未来可能还是想在个人能力、服务技巧上提升吧。

行政 E：今年最大的收获就是自己通过绩效晋升渠道，加了工资，原来付出是真的有回报的。我现在还是只想以家庭为主，所以暂时还是想在社区里做个行政（助理）就好了。

行政 F：通过参加不同的学习和活动，感觉社会工作还是挺有前景的，不过我不是专业出身，而且也不是本科，所以可能还是有点难。未来考虑进修社会工作专业本科课程及准备参加社会工作职业资格考试，在社会工作专业路上继续深造吧。

在年终团体督导中，督导者与团队成员一同回顾团队的变化，发现一个最重要的变化是社区工作站和居民对于社会工作的认可度提升了。而且在年终的评比中，L 社区服务中心的排名靠前，相对于上一年有了明显进步。

五、督导成效分析

（一）评估方法

督导者主要通过对团队成员观察、访谈和填写问卷的方式，对督导成效进行评估。

（二）评估结果

1. 督导自评

在与团队接触初期，团队成员对于其职业认可度相对较低，服务热情及积极性较低，服务亮点不足。在督导过程中，通过提升了受督导者的改变动机，运用多元的督导方式，创造良好的机构环境等方式逐步地提升了团队成员的职业认同度。其中，团队成员在团体讨论中，增加了对行业、机构发展前景的信心。同时在过去的一年中，团队流失率为零，团队凝聚力逐渐增强。另外，由于机构采纳了相关晋升的建议，团队中有两人通过绩效晋升获得工资上的增长，一人通过资质晋升获得了“优先参与机构职务晋升”的资质。在年终回顾中，团队成员的服务动机和积极性获得提升，服务质量得到改善，同时团队获得了社区工作站、居民的认可，并且团队成员表示将继续留在社会工作行业发展，明确了自身的职业方向。

不足地方在于，目前受督导者更倾向在个人能力的提升方面，对于未来职业发展的广度规划上仍显不足。原因在于受督导者在其熟悉的领域能够清楚地知道自己的能力，但是对于尝试新的领域或者更大的挑战时，较为被动，而督导对此也未能有更多的鼓励措施。另外，社区服务中心年团队人员流失率为零的情况较为普遍，这一指标并不能有效地评价服务成效，只能作为参考。

2. 受督导者评价

督导通过督导反馈问卷了解团队成员对于督导成效的评价。督导反馈问卷共计 20 个问题（每题分值为 5 分，满分 100 分），针对督导的管理能力、对受督导者支持度、受督导者获得成长度以及对问题调解能力四个方面进行评分，每位受督导者均需填写（共计 6 份问卷）。

其中，受督导者评价得分最高的 5 个问题是“帮助我澄清自己的角色”有 28 分（总分 30 分）；“鼓励实践中进行多元性的思考”有 27 分（总分 30 分）；“使我对社会工作保持热忱”有 27 分（总分 30 分）；“帮助我解释判断和决定背后的原因，让我更能理解团队和机构”有 25 分（总分 30 分）；“鼓励尝试未来发展的机会”有 25 分（总分 30 分）。

受督导者评价得分最低的 5 个问题是“鼓励运用研究来帮助分析”有

20分（总分30分）；“探索不良绩效的原因”有21分（总分30分）；“认识技巧和知识的缺陷”有21分（总分30分）；“鼓励我认识错误”有22分（总分30分）；“允许表达、宣泄不良情绪”有23分（总分30分）。

整体统计数据显示，受督导者对督导的问卷评分平均分为87.5分，大家普遍认为督导是有成效的。同时在其评分中，涉及督导对受督导者“多元性思考”“实践积极影响”“社工热忱”“鼓励发展”等方面，得分相对较高，足以看出督导过程能在社会工作者的“职业认同”因子（徐道稳，2017）中产生较好的影响。

3. 机构评价

机构采纳了督导提出的针对提升机构员工职业认同感的建议后，在年底的员工评价中，获得了员工认可，并且表示这样的改变能够让员工在合适的情景中获得晋升。由于督导的建议，机构的人力资源路径变得更为多元化，拓宽了员工的晋升渠道，也丰富了机构的人才储备。

六、督导反思

（一）运用整合督导方式提升社会工作者职业认同

督导从个人、团队、机构及行业四个维度入手进行整合督导。在个人督导中，通过有针对性的引导，提高受督导者的改变动机。在团体督导过程中，运用集体的力量进行合作，强化团队对于社会工作行业的职业认同。在机构层面，运用机构赋予的职权，推动机构进行制度上的改进，让员工获得更多的晋升渠道，同时机构也能获得更多的储备人才。在行业层面，鼓励社会工作者参与评优、人才补贴等申请，提升社会工作者的成就感和职业满足感。

（二）职业认同仍是行业的痛点

案例具有一定成效，不足地方在于受督导者的改变动机仍旧依靠其个人对于未来的认知。同时，一年的时长是否能有效测量社会工作者职业认同，值得考量。此外，社会工作者的职业认同受到多重因素影响，其中个人的观念、家人的理解、督导的努力、机构的发展、职业的前景等，都直接影响着社会工作者的职业认同。因此如何在机构、团队中营造职业认同，如何创造更好的行业支持及社会资源让社会工作者感受到社会对其的认同，如何提升社会工作者的职业地位仍是当前职业认同的难题。

（三）社会工作者职业认同的标准讨论

督导在对社会工作者的职业发展途径进行分类总结过程中，再次意识到如果社会工作行业需要发展，不仅仅只是扩大社会工作者人数或者提升社会工作者技能，也需要社会不同阶层的支持。因此是否只有留在社会工作行业的人员才对社会工作行业有较强的职业认同感或者才能被认为具有职业认同感，这是值得讨论的。

参考文献

1. 李晓凤．社会工作督导——理论与实务及本土经验反思［M］．北京：中国社会出版社，2016.

2. 李晓凤，等．社会工作督导的历史演进及其经验启示［J］．社会工作与管理，2015（06）．

3. 李晓凤，佘双好．质性研究方法［M］．武汉：武汉大学出版社，2006.

4. 李晓凤．学校社会工作［M］．北京：中国社会出版社，2010.

5. 李晓凤．社会工作原理、方法、实务［M］．武汉：武汉大学出版社，2008.

6. 李晓凤．企业社会工作服务标准研究［M］．北京：中国社会出版社，2017.

7. 李晓凤，李羿琼．新生代劳务工的现状及企业社会工作介入空间的初探［J］．广东工业大学学报，2012（02）．

8. 李晓凤，马洪波．自杀与应对——一例企业社会工作危机介入个案探讨［A］．王思斌．社会工作硕士专业学位研究生（MSW）教学案例集［M］．北京：北京大学出版社，2016.

9. 李晓凤．禁毒社会工作服务的“精细化”标准研究［M］．北京：中国社会出版社，2017.

10. 李晓凤．禁毒社会工作实务与案例［M］．北京：中国社会出版社，2016.

11. 李晓凤，龙嘉惠，林佳鹏．深圳社会工作立法讨论［J］．社会工作与管理，2017（02）．

12. 李晓凤，孙惟博．嵌入性发展 多元化建构——深圳社会工作十年发展的回顾与反思．社会工作与管理［J］．2017（03）．

13. 王思斌．中国社会工作的嵌入性发展［J］．社会科学战线，2011（02）．

14. 王思斌．社会工作导论［M］．北京：北京大学出版社，2011.

15. 高鉴国．社会工作价值与伦理［M］．济南：山东人民出版社，2012.

16. 何洁云，阮曾媛琪．迈向新世纪——社会工作理论与实践新趋势［M］．香港：八方文化企业公司，1999.

17. 孙健．西方社会工作伦理在中国本土化的探讨［J］．广西师范大学学报，2009（03）．

18. 汪鸿波，功利主义折射出的中国社会工作伦理本土化［J］．广东工业大学学报，2014（03）．

19. 潘绥铭，等．社会工作伦理准则的本土化探讨［J］．中州学刊，2012（01）．

20. 张威．社会工作督导的理论与实践分析：国际发展与国内现状［J］．社会工作，2015（03）．

21. 童敏．中国本土社会工作专业实践的基本处境及其督导者的基本角色［J］．社会，2006（03）．

22. 张洪英．中国社会工作督导研究的回顾与展望［J］．社会工作与管理，2017（04）．

23. 张威．如何确保社会工作的“专业性”和“质量”［J］．中国社会工作，2017（04）．

24. 毛新志．社会工作伦理的历史演变［J］．武汉理工大学学报，2012（6）．

25. 杨超，何雪松．社会工作的关系视角［J］．学海，2017（4）．

26. 翟学伟．人情、面子与权力再生产［M］．北京：北京大学出版社，2013.

27. 郭景萍．现代社会工作的基本特征：制度化利他主义［J］．社会科学研究，2005（04）．

28. 陈依鸽，晓萍，刘军．以焦点解决模式为基础的心理干预对2型糖尿病抑郁病人的影响［J］．全科护理，2016（14）．

29. 崔雨，柯宗平，马利，李万菊，姜丽．焦点解决模式在2型糖尿病患者健康教育中的应用［J］．解放军护理杂志，2008（25）．

30. 刘继同．医务社会工作导论［M］．北京：高等教育出版社，2010.

31. 李莉，金昌德，孙丽楠．焦点解决模式对颈椎病患者抑郁和生活质量的影响［J］．护理学杂志，2012（27）．

32. 杨文登．社会工作的循证实践：西方社会工作发展的新方向［J］．广州大学学报（社会科学版），2014（13）．

33. 张继红．焦点解决模式对永久结肠造口患者心理健康及自我护理能力的影响［J］．护理实践与研究，2015（03）．

34. 关信平．社会政策概论（第三版）［M］．北京：高等教育出版社，2014.

35.（美）罗伯特·施奈德，洛丽·莱斯特．社会工作倡导：一个新的行动框架［M］．韩晓燕，柴定红，等，译．上海：格致出版社，上海人民出版社，2011.

36. 张宇莲，刘梦．社会工作倡导：概念、策略与边界——以失独家庭服务为例［J］．中华女子学院学报．2017（6）．

37. 刘斌志，沈黎．社会工作督导反思：学习成为有效的社会工作督导老师［J］．社会工作．2006（9）．

38. 罗琼．社会工作介入大学生校园网贷问题的实务研究［D］．井冈山大学硕士毕业论文，2017.

39. 陈仲丹．我国艾滋病防治政策法规及其特点［J］．经济与社会发展．2010，8（1）．

40. 韩晶．ITP环形模式在社会工作督导中的运用与反思［J］．社会工作与管理，2015，15（4）.

41. 陈仲丹．我国艾滋病防治政策法规及其特点［J］．经济与社会发展．2010，8（1）.

42. 王思斌．社会工作综合能力（中级）［M］．北京：中国社会出版社，2015.

43. 关信平．社会政策概论（第三版）［M］．北京：高等教育出版社，2014.

44. 刘斌志．艾滋病防治的社会工作研究［M］．北京：中国社会科学出版社，2013.

45. 乔世东．新管理主义对社会工作的影响［J］．华东理工大学学报（社会科学版），2004（02）.

46. 阿尔弗雷多·卡杜山，丹尼尔·哈克尼斯．社会工作督导（第四版）［M］．郭名，等，译．北京：中国人民大学出版社，2008.

47. 陈锦棠．社会工作督导：经验学习导向［M］．香港：巨流图书公司，2012.

48. 拉尔夫·多戈夫，等．社会工作伦理：实务工作指南（第七版）［M］．隋玉杰，译．北京：中国人民大学出版社，2005.

49. 费孝通．乡土中国［M］．上海：上海人民出版社，2007.

50. 梁漱溟．中国文化要义［M］．上海：上海人民出版社，2003.

51. 文军．西方社会工作理论［M］．北京：高等教育出版社，2013.

52. 陈钟林，黄晓燕．社会工作价值与伦理［M］．北京：高等教育出版社，2011.

53. 金艳．探索我国社会工作的专业化［J］．唯实：现代管理，2017（04）.

54. 郭伟和，郭莉强．西方社会工作的专业化历程及对中国的启示［J］．广州工业大学学报（社会科学版），2013（05）.

55. 张宇莲．“专业性”社会工作的本土实践反思——以灾后重建为例［J］．社会，2009（05）.

56. 赵芳．社会工作专业化的内涵、实质及其路径选择［J］．社会科学，2015（08）.

57. 徐选国. 从专业性、本土性迈向社区公共理解社会工作本质的新线索［J］. 社会科学战线，2016（08）.

58. 童敏. 社会工作本质的百年探寻与实践［J］. 厦门大学学报（哲学社会科学版），2009（05）.

59. 雷杰，黄婉怡. 实用专业主义：广州市家庭综合服务中心社会工作者“专业能力”的界定及其逻辑［J］. 社会，2017（01）.

60. 徐永祥. 社区工作［M］. 北京：高等教育出版社，2004.

61. 闫丽. 社会工作介入社区服务的经验分析——基于深圳市C社区服务中心项目的实践反思［D］. 昆明：云南大学社会学院，2013.

62. 王思斌. 社会工作概论［M］. 北京：高等教育出版社，2006.

63. 包福存，邱云慧. 老年社会工作研究综述［J］. 重庆文理学院学报（社会科学版），2010（09）.

64. 曹书丽. 中国社会工作项目督导的研究——以“大爱之行”某项目为例［D］. 沈阳：山东大学，2016.

65. 李莉. 实用社会调查方法［M］. 广州：暨南大学出版社，2008.

66. 李莉. 系统理论视角下的社区需求评估研究——以广东×社区服务中心为例［D］. 江西：井冈山大学，2016.

67. 水延凯. 怎样搞好社会调查［M］. 北京：中国人民大学出版社，2009.

68. 薛薇. 统计分析与SPSS的应用［M］. 北京：中国人民大学出版社，2011.

69. 钱铭怡. 心理咨询与心理治疗［M］. 北京：北京大学出版社，1994.

70. Gerald Corey. 心理咨询与心理治疗［M］. 石林，程俊玲，译. 北京：中国轻工业出版社，2000.

71. 维吉尼亚·萨提亚，约翰·贝曼、简·格伯，等. 萨提亚家庭治疗模式［M］. 北京：世界图书出版公司北京公司，2007.

72. 郭景萍. 社会工作机构的运作与管理［M］. 北京：北京大学出版

社，2015.

73. 刘春湘．社会组织运营与管理［M］．北京：经济管理出版社，2016.

74. 徐子彬，梁昆．被抑制的角色：岗位社工行政化研究——以 A 市为例［J］．社会工作与管理，2017（03）．

75. Wonnacott，J. 社会工作督导［M］．上海华东理工大学出版社，2015.

76. 李越．深圳市政府购买岗位社会工作服务的问题与对策研究［D］．福州：福建师范大学，2013.

77. 江国初．坪山区坪山街道基层党建“大走访、大摸底、大调查”报告，2017（内部资料）．

78. 王惠卿．社会工作者职业认同的结构与测量［J］．四川理工学院学报（社会科学版），2013（28）．

79. 深圳市社会工作者初级督导人才选拔考核评估指引．

80. 深圳市社会工作者协会 2017 年第三季度数据．

81. 促进“岗位社工”行政化与专业化的融合发展［EB/OL］．中国社会工作协会官方网站．http：//theory. swchina. org/exchange/2014/1013/18190. shtml. 2014－10－13/2017－02－01.

82. 温馨和谐的新加坡社区服务中心［EB/OL］．http：//www. xici. net/d119089503. html.（2010－12－02）/2018－01－24.

83. 徐道稳．社会工作者职业认同和离职倾向研究——基于对深圳市社会工作者的调查［J］．人文杂志，2017（06）．

84. 深圳市社会工作十年发展报告［EB/OL］．中华人民共和国民政部．http：//mzzt. mca. gov. cn/article/sggzzsn/jlcl/201611/20161100887275. shtml. 2016－11－07/2017－02－01.

85. 深圳市福田区人口老龄化与养老公共服务策略研究［EB/OL］．福田政府在线 http：//www. szft. gov. cn/zf/zwgk/tjxx/tjfx/201706/t20170627_944371. html. 2017.

86. 福田区人口老龄化状况评价研究［EB/OL］．福田区政府在线．ht-

tp：//www. szft. gov. cn/zf/zwgk/tjxx/tjfx/201706/t20170602 _ 823009. html. 2017 -06 -02/2018 -01 -24.

87. NASW（2012）. DRAFT BEST PRACTICE STANDARDS IN SOCIAL WORK SUPERVISION －Task Force on Supervision Standards.

88. Reamer，F. G.，Social Work Values and Ethics，Third edition，Columbia University Press，2006，pp13 －14.

89. H. Goldstein. Social Work Practice：A Unitary Approach. Columbia [M]，SC：University of South Carolina Press，1973.

90. Shulman，L. Interactional Supervision [M]. Washington，DC：NASW Press，1993.

91. Vayda，E.，& M. Bogo（1991）A teaching model to unite classroom and field. Journal of Social Work Education，27（3），271 －278.

92. Frank Loewenberg and Ralph Dolgoff，Ethical Decision for Social Work Practice，New York：F. E. Peacock，1988.

后　记

《社会工作督导实务案例分析》一书是中国社会工作教育协会督导专委会和中国社会出版社联合开发的社会工作督导培训系列教材之一。从教材框架设计到成稿，历时一年多。在编写过程中，和参与编写的各位同行的沟通、交流增多，更多了解到他们繁忙的日常，朋友圈里每天都看到他们忙碌的身影，对这样一群有专业情怀的老师和一线社工充满敬佩，被他们对社会工作的热爱和投入而感动。繁忙也使他们难以静下心来反思督导历程，他们的辛苦让人心疼，以致我每次催稿都要鼓起勇气，担心给他们本来压力很大的状态增添焦虑。今天，本书终于成稿，回顾编写历程，虽然不易，但是最终成果却让人欣喜。

本书案例的编写者有来自高校的社会工作专业老师，他们多年既教学又作科研，更一直扎根社会工作实务一线，从事社会工作一线服务，开展专业督导；也有一线专业社会工作机构的社工；案例呈现了我国东西南北多个省的社会工作督导实践；案例内容的编写没有按照社会工作的领域，而是根据在社会工作专业实务过程中常见的议题来编写。本书的编写作者为：黄耀明（闽南师范大学）编写第一章，刘斌志（重庆师范大学）编写第二章，毕兰凤（安徽农业大学）编写第三章，邱正平和周红萍（深圳市温馨社工服务中心）编写第四章第一节，黄楠和王良玉（深圳市温馨社工服务中心）编写第四章第二节，李新梅（深圳市盐田区海云社会工作服务社）编写第五章第一节，付芳（复旦大学）编写第五章第二节，彭思敏和钟慧琴（深圳市东西方社工服务社）编写第六章第一节，李一丹（深圳市升阳升社会工作服务社）编写第六章第二节，王璐（深圳市温馨社工服务中心）编写第六章第三节，张玲（云南大学）和胡燕（云南省连心社区照顾服务中心）编写第七章第一节，谭超华、赵莹莹和彭佳慧（深圳市坪山区大同社会工作服务中心）编写第七章第二节，张伟（深圳市阳光家庭综合服务中心）和王璐（深圳市温馨社工服务中心）编写第八章第一节，廖碧婷（深圳市龙岗区彩虹社会工作服务中心）和谢玉宝（深圳市龙岗区第二职业技术学校）编写第八章第二节。全书由黄红（黑龙江省社会科学院）、李晓凤（深圳大学）、苏光（黑龙江工程学院）统稿。由于时间关系，又因为作者来自祖国东西南北中，每天辛勤工作在社会工作教育与实务一线，没有更多的时间坐下来一起碰撞，讨论，也没有能一次一次精心打磨，书中难免有很多不足之处，恳请同行们批评、指正。但我们相信行动是成功的阶梯，行动越多，登得越高。本书的出版仅仅是个开端，希望有更多的社会工作教育者、实务工作者反思我们的实践，形成本土的督导实践模式，形成中国化的社会工作话语体系和学科体系。

最后，感谢在本书编写过程中付出辛苦的出版社老师，感谢参加框架讨论但由于时间关系没能提供案例的各位老师。由于篇幅和案例地域分布的考虑，还有部分征集到的优秀督导案例没能编入此书，在此感谢作者的辛勤付出，后续，我们希望能继续编写督导系列案例丛书，再将这些优秀案例呈现给广大读者。

黄　红